你应该具备的——

语言文字知识

朱鸿儒　主编

全国百佳图书出版单位
时代出版传媒股份有限公司
安徽人民出版社

图书在版编目(CIP)数据

你应该具备的语言文字知识 / 朱鸿儒主编. -- 合肥: 安徽人民出版社, 2012.3

ISBN 978-7-212-04813-6

Ⅰ.①你… Ⅱ.①朱… Ⅲ.①汉语—语言学—通俗读物②汉字—文字学—通俗读物 Ⅳ.①H1-49

中国版本图书馆 CIP 数据核字(2012)第 043540 号

你应该具备的

语言文字知识

朱鸿儒 主编

出 版 人:胡正义

责任编辑:黄 刚

封面设计:光明工作室

出版发行:时代出版传媒股份有限公司 http:www.press-mart.com

安徽人民出版社 http:wwwahpeople.com

合肥市政务区文化新区圣泉路 1118 号出版传媒广场八楼

邮 编:230071

营销部电话:0551-3533258 0551-3533292(传真)

印 制:合肥瑞丰印务有限公司

(如发现质量问题,影响阅读,请与印刷厂联系调换)

开本:787×1092 1/16 印张:13.5 字数:210 千字

版次:2012 年 3 月第 1 版 2023 年 1 月第 2 次印刷

标准书号:ISBN 978-7-212-04813-6 定价:45.00 元

目　录

第一章　语言文字

第二章 语种

第三章 说文解字

第四章　数字趣谈

第五章　语言文字专家

第一章 语言文字

语言的产生

在远古时代，群居产生了人类原始语言。随着社会的瓦解与统一，语言产生分化和融合。随着等级和国家的出现，语言的分化过程和融合过程交叉进行。这样就形成了现在的多种语言。

社会的动荡分化，促进了某一种语言的独立，而新的国家政治力量又把这种分化结果固定下来。语言的统一过程，除了不同方言集中为民族共同语之外，还有异族语言的交融。在11世纪，法国征服不列颠岛后，英国贵族开始讲法语。1362年，英语才成为英国统一的语言。

现代汉语普通话也经历交融和统一的过程。北京在近一千年的时间里成为五个朝代的首都，其中有四个朝代是由少数民族建立，并受少数民族贵族的统治。但是外来文化在汉族这个高度发展的文明里败下阵来，在语言交融过程中汉语最终成为胜利者。

语 系

语系是依照谱系分类法分出的，具有共同历史来源的语言组成的最大语言系属。世界主要语系有：汉藏语系、印欧语系、阿尔泰语系、闪米特—含米特语系、班图语系、伊比利亚—高加索语系、达罗毗荼语系、马来—波利尼西亚语系和南亚语系9种。在九大语系中，使用人数分布范围最广的是汉藏语系和印欧语系。另有一些特殊的语群或语言的亲属关系无法明确，如朝鲜语和日本语。

我国各民族语言分属5个语系，即汉藏语系、阿尔泰语系、澳亚语系、印欧语系、马来—波利尼西亚语系。我国最大的语系是汉藏语系，包括汉语和壮侗、藏缅、苗瑶3个语族，计有32种语言，即汉语、壮语、布依语、傣

语、侗语、水语、仫佬语、毛南语、黎语、藏语、羌语、门巴语、珞巴语、嘉绒语、彝语、傈语、纳西语、白语、拉祜语、哈尼语、基诺语、阿昌语、载佤语、景颇语、独龙语、普米语、怒语、土家语、橙语、苗语、畲语、瑶语。仡佬语和凉语也暂时归入到汉藏语系。这个语系使用的区域遍布于全国各地。我国第二大语系是阿尔泰语系，这个语系包括3个语族，即突厥语族、蒙古语族和满·通古斯语族，共有18种语言，即维吾尔语、哈萨克语、撒拉语、乌兹别克语、塔塔尔语、柯尔克孜语、西部裕固语、蒙古语、达斡尔语、土族语、东乡语、保安语、东部裕固语、鄂伦春语、鄂温克语、满语、锡伯语、赫哲语。朝鲜语的语系因未确定，暂时也归入这个语系。这个语系的语言主要分布在新疆、内蒙古、甘肃、青海和东北诸省。

另有澳亚语系(也称南亚语系)。我国属于这个语系的只有佤·崩龙语支的佤语、崩龙语和布朗语，都分布在云南省的西南部。我国台湾省的高山语属于马来—波利尼西亚语系的印度尼西亚语族，主要分布在台湾省本岛的山区和东部沿海纵谷平原以及本岛东南的岛屿。国内属于印欧语系的语言只有俄罗斯语和塔吉克语，使用的人口不多，都分布在新疆。

语种

语种是一种独立的语言系统。它有自己独立的语音、语义、词汇、语法，且使用群体相对稳定。如汉语、英语、日语、俄语等都是独立的“语种”。世界上已发现的语种多达6000种，其中仅有100多种是发展完善的语种。

英语

英语是一种相对年轻的语言。

公元5世纪，在欧洲大陆的撒克逊人、盎格鲁人和裘特人，北渡海峡，到了不列颠，征服了当地的部落，成为岛上的主人。他们后来被称为盎格鲁·撒克逊人，使用的古日耳曼方言就成了盎格鲁·撒克逊语，也就是古英语。9~10世纪，居住在斯堪的纳维亚的北欧日耳曼人(即诺曼人)，征服了今天法国北部的高卢地区。但是诺曼人在语言和文化上很快就被当地说

古法语的高卢人同化了。这部分法语同化了的诺曼人在 11 世纪又渡海北上征服了整个大不列颠,统治英国达数个世纪,最后也逐步地被当地人同化了。这一时期,古英语吸收了大量的古法语和法语化了的希腊拉丁语词汇,使英语的词汇和语法结构发生了巨大的变化。

从 16 世纪开始,英语的发展进入了近代英语和现代英语的时期。16 世纪和 17 世纪的英语以英王詹姆斯钦定《圣经》英译本和莎士比亚戏剧为代表,但和现代英语还有相当大的差距。18 世纪后,英语的书面语就和我们现在看到的基本上一致了。

英语发展到今天已有 60 万 ~ 70 万个单词和一整套系统的科学的语法。目前,全世界用英语作为日常用语的人口约有 7 亿,其中英国人仅占 8%。

世界语

全世界的语言加起来共 3000 多种,这么多的语言任何一个人都是无法样样精通的。为了使人们能够方便地交流,波兰的柴门霍夫决心创造一种"世界语"。当时,柴门霍夫住在比亚斯托克,居民有俄罗斯人、波兰人、日耳曼人和希伯来人(犹太人)。这四个民族的居民由于语言各不相同,彼此相处得很不友好,有时还因误解而发生争斗,因语言纷争所导致的不幸事件经常发生。1878 年,柴门霍夫终于设计出第一个世界语言方案。他的"新语言"刚开始遭到人们的嘲笑,但他坚持用自己的"新语言"写文章、翻译作品。1887 年,柴门霍夫在他妻子施尔柏妮的帮助下,终于以"希望者博士"的笔名,自费出版了他的《世界语第一书》。目前,全世界有 1000 多万人学习过世界语。

古埃及象形文字

古埃及文字的最初书写形式被称为象形体。后来经过进一步发展,有些文字变成了表意符号,有些象形文字发展成为表音符号。

埃及的象形文字经过演变逐渐形成两种书写形式,一种是祭司体,多

用于碑铭和宗教方面;另一种为民书体,它从祭司体衍化而来。

古埃及文字,尤其是它的象形文字十分复杂,就是在当时也只有祭司阶层和富家子弟才有条件掌握,广大劳动者是不能问津的。后来随着外来文化的入侵,这种象形文字竟无人能够辨识了。1822 年,法国青年学者商博良通过对“罗塞达石碑”与方尖碑上铭文的研究,终于破译了若干埃及象形文字,并由此产生了一个新的学科——埃及学。

古埃及文字并没有获得充分发展,基本上处于表意文字阶段,但古埃及文字仍然对周边民族的文字产生了重大影响。地中海东岸的腓尼基人就是在古代埃及 24 个表音符号的影响下创造了 22 个字母,这 22 个字母不仅构成了腓尼基表音文字的基础,而且后来又派生出希腊字母,希腊字母就是现代欧洲一切字母直接或间接的源头。

纸 草

纸草是古埃及沼泽地区的一种高秆植物,茎部富有纤维素,将其切成薄片长条,再用树胶粘连起来,即可成为很好的书写材料。埃及文字除象形字多用于铭刻外,祭司体和民书体字一般写在纸草上。在古埃及地区发现的纸草书内容包括公文、宗教、文学、医学和数学等。

纸草不但是古埃及人使用的纸张,随后也成为地中海东部地区通用的纸张,许多古代文献都是以纸草书的形式得以保留下来的。有的纸草书卷长达几十米。汉语中的“纸”字,例如英语 paper,即从 papymus(纸草)衍化而来。

普林尼是古罗马作家,他在其《自然史》中记叙:人们将纸草的主茎截成30 ~ 40 厘米长,去掉外皮,把里面白色的木髓割成薄薄的长条。把这些长条放在平板上,铺成两层。其中第一层所有的长条平行地横向铺展;第二层铺在第一层的上面,所有的长条平行地纵向铺展。接着,对两层纸草用力进行挤压,纸草内的汁液被压出后,就成了一种天然的胶水,从而使上下两层纸草紧紧地粘在一起。晾干后,用石头或贝壳进行打磨,然后把边缘修剪整齐,就成了一张纸草纸。书写时,把多张纸草粘接在一起,便形成一个卷轴,一般是由 20 张纸草纸拼成,长度为 6 ~ 8 米。现在所知最长的卷轴,长度达 42 米。卷轴的宽度,也根据所记载内容而各不相同,如

文学类文献，一般宽度为 10 厘米左右，会计类文献有的宽度超过 40 厘米。古埃及人书写纸草纸卷轴方式为左手握着纸草纸卷起的左侧，纸草纸的右侧展开，右手书写，自右向左书写，写完后，就将纸草纸卷起来，成了一卷卷轴。目前所知的最早的纸草纸，发现于埃及塞加拉(Saqqara)的一座古代墓葬中，时间约为公元前 3000 年，不过是空白的纸草纸，无文字记载。在阿布西尔(Abusir)，出土了现存最早的写有文字的纸草纸，时间约为公元前 2450 年。纸草纸是一种理想的书写材料，尺幅很长，可书写，而且易于绘画，古埃及人创制了大量的纸草文献。仅在维也纳，就收藏了来自埃及法儿姆(Faiyum)的纸草文献约 7 万件。

楔形文字

楔形文字是苏美尔人发明的一种文字，也叫“钉头文字”或“箭头字”，古代西亚所用文字，多刻写在石头和泥版(泥砖)上。笔画成楔状，颇像钉头或箭头。苏美尔人还用它来表示声音，几个表意字合在一起就可以代表一个复杂的词或短语，这就使得许多符号都成为多余。楔形字原来是从上而下直行书写，后来改为从左而右横行书写，于是全部楔形符号转了 90°，从直立变成横卧。由于右手执笔，从左而右横写，楔形笔画粗的一头在左，细的一头(钉尾)在右。苏美尔楔形字有意符和音符。经过巴比伦人、亚述人、阿拉米人的使用和改造，成为一种半音节文字。这种文字在字母发展史上有所贡献。楔形符号共有 500 种左右，其中有许多具有多重含义，其“准确含义”只能根据上下内容来确定，这就使得楔形文字体系比后来的字母文字体系更难以掌握。尽管如此，在两千年间，楔形文字一直是美索不达米亚唯一的文字体系。

早在公元前 4000 年，苏美尔人已成为两河流域(西亚的幼发拉底河和底格里斯河流域)南部的主要居民。两河流域的自然资源并不十分丰富，木材、石头等可用来书写的材料都相当贫乏。可是，这里有一种优质的黏土，可以制作陶器，掺上草屑制成土坯还可建筑房屋。于是，苏美尔人就用黏土做成一块块长方形的泥版，用芦苇或骨棒削成三角形尖头，趁着泥版还湿的时候在上面刻出各种文字符号，然后把泥版晒干或用火烤干，这就制成了泥版砖块。泥版砖块上留下的一道道刻痕呈现出上宽下

窄的楔形,因而人们把这种文字称为“楔形文字”。

楔形文字是公元前2000年到公元前1000年中期中亚的通用文字,当时各国的外交往来都使用楔形文字。100多年来,人们在两河流域挖掘出了几十万块这样的泥版。

楔形文字传播的地区主要在西亚和西南亚。在巴比伦和亚述人统治时期,楔形文字有更大的发展,词汇更加扩大和完备,书法也更加精致、优美。随着文化的传播,两河流域其他民族也采用了这种文字。公元1500年左右,苏美尔人发明的楔形文字已成为当时国家交往通用的文字体系,连埃及和两河流域各国外交往来的书信或订立条约时也都使用楔形文字。后来,由于商业的发展伊朗高原的波斯人,对美索不达米亚的楔形文字进行了改进,把它逐渐变成了先进的字母文字。

楔形文字是苏美尔文明的独创,最能反映出苏美尔文明的特征。楔形文字对西亚许多民族语言文字的形成和发展产生了重要影响。西亚的巴比伦、亚述、赫梯、叙利亚等国都曾对楔形文字略加改造,来作为自己的书写工具,甚至腓尼基人创制出的字母也含有楔形文字的因素。楔形文字是世界上最早的文字,可是,由于它极为复杂,到公元1世纪,就完全消亡了。在古代的苏美尔,经常可以看到有人拿着芦秆或木棒做成的尖头呈三角形的笔,在泥版上写字。这种字从左到右横着写,每一个笔画总是由粗到细,像木楔一样。这就是苏美尔人留给后世西方文明的三大珍贵礼品之一的“楔形文字”。

最早的拼音字母

世界上第一套拼音字母是由腓尼基人创制的。由于腓尼基发达的航海和国际商业贸易,一方面经济需要及时编制商业文件,要求有一套普遍易懂的、简单方便的文字体系;另一方面,由于腓尼基从事国际商业活动,广泛接触并熟悉古代各国的文字,使它创造新的字母文字成为可能。于是,腓尼基人利用埃及的象形文字和巴比伦的楔形文字创造了世界上第一套拼音字母。古代希腊字母和阿拉米亚字母都来源于腓尼基字母。希腊字母后来又发展为拉丁、斯拉夫字母;阿拉米亚字母后来发展为印度、阿拉伯、亚美尼亚、维吾尔族等字母。可以说,腓尼基字母是现今世界

各族字母的共同祖先。

拉丁字母

拉丁字母是由希腊字母演变而来的，在24个希腊字母中，拉丁字母吸收了13个。最初创造的拉丁字母只有20个，后来增加到26个，成为我们现在见到的“A、B、C、D……X、Y、Z”。由于拉丁字母形体简单清楚，笔画匀称美观，便于认读书写，流传很广，成为世界上最通行字母。据统计，目前世界上正在使用的近千种主要语言文字中，有一半以上部分或全部用拉丁字母，或以拉丁字母为基础。

在早期的拉丁字母体系中并没有小写字母，公元4世纪~7世纪的安塞尔字体和小安塞尔字体是小写字母形成的过渡字体。公元8世纪，法国卡罗琳王朝时期，为了适应流畅快速的书写需要，产生了卡罗琳小写字体。传说它是查理一世委托英国学者凡·约克在法国进行文字改革整理出来的。它比过去的文字写得快，又便于阅读，在当时的欧洲广为流传使用。它作为当时最美观实用的字体，对欧洲的文字发展起了决定性的影响，形成了自己的黄金时代。

15世纪是欧洲文化发展极为重要的时期，在这一时期德国人古登堡发明铅活字印刷术，对拉丁字母形体的发展起了极为重要的影响。原来一些连写的字母被印刷活字解开了，开创了拉丁字母的新风格。同时这一时期正是欧洲文艺复兴时期，技术与文化的发展、繁荣迅速推动了拉丁字母体系的发展和完善，流传下来的罗马大写字体和卡罗琳小写字体通过意大利等国家的修改设计，完美地融合在一起。卡罗琳小写字体经过不断的改进，这时得到了宽和圆的形体，它活泼的线条与罗马大写字体娴静的形体之间的矛盾得到了完美的统一。这一时期是字体风格创造最为繁盛的时期。

18世纪法国大革命和启蒙运动以后，新兴资产阶级提倡希腊古典艺术和文艺复兴艺术，产生了古典主义的艺术风格。工整笔直的线条代替了圆弧形的字脚，法国的这种审美观点影响了整个欧洲。法国最著名的字体是迪多的同名字体，更加强调粗细线条的强烈对比，朴素、冷严但又不失机灵可亲。迪多的这种艺术风格符合法国大革命的精神，是有现

实意义的。在意大利,享有“印刷者之王”和“王之印刷者”称号的波多尼的同名字体和迪多同样有强烈的粗细线条对比,但在易读性与和谐性上达到了更高的造诣，因此今天仍被各国重视和广泛地应用着。它和加拉蒙、卡思龙都是属于拉丁字母中最著名的字体。

拉丁字母是意大利半岛最早的岛民拉丁人创造的，拉丁文后来也成了罗马文字,所以,又称为“罗马字母”。

盲文的发明

盲文是法国盲人布莱尔发明的。路易·布莱尔 1809 年出生在巴黎,3岁时不慎双目失明。后来他被送进巴黎的一所盲人学院。当时他们还是学习健全人使用的法文,书籍是用厚纸和布条糊成的,由一个个凸起的法文字母组成。有一次,他偶然听说军队里有一种“夜文”,是供战士在黑夜里“阅读”的。这种“夜文”是由一个个凸起的小圆点组成,小圆点组成不同的形状,代表不同的含义。从此,布莱尔专心研究这种“夜文”,经过无数次排列和实验,他终于编排出了一整套用手摸的法文字母和音乐符号。当时,布莱尔称它为“点字”。1829 年,他首次公布他的“点字”,到 1887 年,才得到国际公认。1895 年,为了纪念这位盲文的创造者,人们将布莱尔的姓作为世界盲文的国际通用名称——“布莱尔盲文”。

我国语言文字种类

我国 56 个民族使用着 85 种语言,但并非每一种语言都有它相应的文字。据统计,除汉族外,蒙、藏、维吾尔、满、朝鲜、锡伯、哈萨克、乌兹别克、塔塔尔、柯尔克孜、傣、彝、景颇、拉祜、纳西、傈僳、苗、佤、俄罗斯、壮等 20 个民族有自己的文字,其中,傣、苗、蒙、纳西族分别使用两种以上文字,因此,实际上使用的文字共有 27 种,目前经常使用的只有 23 种。

方言

方言是语言的变体,根据性质,可分为地域方言和社会方言。地域方

言是语言因地域方面的差别而形成的变体,是全民语言的不同地域上的分支,是语言发展不平衡性在地域上的反映。社会方言是同一地域的社会成员因为在职业、阶层、年龄、性别、文化教养等方面的社会差异而形成不同的社会变体。二者的相同点:第一,都是语言分化的结果,是语言发展不平衡性的体现;第二,都没有全民性特点,社会方言通行于某个阶层,地域方言通行于某个地域,当然,就地域而言,地域方言在一定的范围内是有一定的全民性的;第三,都要使用全民语言的材料构成。当前我国语言学界对现代汉语方言划分的意见还未完全统一,大多数人的意见认为现代汉语有七大方言:

北方方言,是汉族的基础方言,以北京话为代表,使用人口占汉族总人口的70%。北方方言又分为华北东北次方言、西北次方言、西南次方言和江淮次方言等四个次方言。

吴方言,包括上海、江苏长江以南镇江以东和浙江大部分地区,以苏州话为代表。

湘方言,包括湖南省大部分地区,以长沙话为代表。

赣方言,包括江西省大部分地区,以南昌话为代表。

客家方言,主要分布在广东东部和北部、福建西部、江西东南部和广西南部,以广东省梅县话为代表。

闽方言,包括福建省大部分地区,广东省东部和浙江省南部部分地区以及台湾省大部分汉人居住区,以厦门话为代表。

粤方言,包括广东省中部、西南部和广西的东部、南部,以广州话为代表。

通用语言

我国自古以来就是一个多民族的国家,各民族都有自己的语言,就是同一民族也有许多语言分支。那么,我国古代是怎样进行人与人之间的思想交流呢?据《辞海·雅言》载:“雅言,古时指‘共同语’,同‘方言’称。”这就是说,雅言是我国古代的通用语,即现在的普通话。据说,孔夫子在山东讲学,他的三千弟子来自四面八方,他就是靠雅言来讲学的。

据有关资料的记载,我国最早的雅言是以周朝地方语言为基础。约在

公元前1027年,周武王打败商纣,周朝建立。在这以后的800年周朝历史上,周朝理所当然地成为全国的政治、文化中心。周朝的国都丰镐(今陕西省西安西北)地区的语言就成了全国的雅言。由此可见,我国古代最早的通用语是以陕西地方语言,特别是西安一带的语言为雅言的标准音及基础方言。以后,各朝随着国都的迁移,雅言的基础方言也随之修正。

通语:汉代将共同语叫"通语",这一名称直到宋代还在使用。苏轼贬居海南时,即同友人设馆教书,以通语执教。唐宋以后,把官场中通用的话叫"官话"。元代以后,京城都在北京,北京语言很快就成为全国通用的"雅言"了。

官话:在清代,读书人、官员都要说官话。后把北方话诸方言系统称为"官话"。

普通话:"普通话"之名由清末学者朱文熊在1906年所著《江苏新字母》中首先提出,他把汉语分三类,其一即为"普通话",解释为"各省通用之话"。民国初定名为"国语"。今天中华人民共和国使用的普通话的科学含义是:现代汉语的标准话,是以北京语音为标准音,以北方话为基础方言,以典范的现代白话文著作为语法规范的现代汉民族共同语。

汉语拼音

汉字拉丁化拼音的历史绝不止90多年。反溯上去,前清的刘献廷曾"遍考华严字母、泰西拉丁话",于1692年编制《新韵谱》;著有《声韵同然集》的杨选杞,经7年探索,于1658年制成一套汉字拼音方案;更早于1639年,方以智便在《通雅》中提出:"事属一字,字各一义,如远西因事乃合音,因音以成字。"以上诸人,均受益于一部最早的汉字拼音专著——《西儒耳目资》。此书作者是法国传教士金尼阁。

周恩来于1958年在政协有关会议上明确指出:"采用拉丁字母为汉字注音,已经经历了350多年的历史。1605年,来中国的意大利传教士利玛窦最初用拉丁字母给汉字注音。1625年,另一个法国传教士金尼阁又用拉丁字母给汉字注音的办法著了一部《西儒耳目资》。"

金尼阁于利玛窦去世的1610年来华。他于1618年回欧洲募集了7000部图书带到中国,并转赴晋、陕开教。他在山西结识了精于数学

的韩云。两人经过半年研究，将成果理为初稿。在泾阳，他又找到了志同道合的王征。从此，二人“互相质证，细加评核”，在利玛窦等传教士学习汉字注音的西书《西字奇迹》基础上，修订编制成中国第一部拉丁化拼音汉字字汇。

白话文运动

1840 年以来，中国民族资本主义在外国资本主义和本国封建统治的双重压迫下，缓慢增长。民族资产阶级开始要求在政治上有更多的发言权，对于清王朝与列强勾结起来继续维持旧秩序更是表示强烈不满。为了制造上台的舆论，宣传自己的主张，他们深感原有的、与时代相脱离的文言文越来越不能适应在政治、经济等方面的要求了。一些改良派人士首先起来抨击文言文，要求推广白话文。

1898 年春，裘廷梁在上海《苏报》上发表《论白话为维新之本》，明确提出“崇白话而废文言”。接着他创办了中国第一份白话报——《无锡白话报》，为变法摇旗呐喊。在裘廷梁看来，推广白话文，首要条件是废除文言文，把推广白话文作为变法的根本。

1903 年，陈天华用白话文写下了脍炙人口的《猛回头》、《警世钟》。他认为，帝国主义列强“把我们十八省都划在那各国势力圈内，丝毫也不准我们自由；中国的官府好像他的奴隶一般，中国的百姓好像他的牛马一样”，若再这样继续下去，“亡国亡种，就在眼前”。

女革命家秋瑾在《白话》、《中国女报》上发表许多白话文章，要求妇女们关心政治，投身革命，去“灿祖国文明之花，为庄严国民之母”。

陶成章、蔡元培等也写了不少白话文章，宣传革命真理。

陈少白更在香港组织白话剧团，所演白话剧皆是时人评为唤醒国魂、解放专制之作。

白话文运动伴随着资产阶级革命的洪流，冲击着清王朝的腐朽统治，引起了清吏的极大恐慌，为戊戌变法、辛亥革命做了大量舆论工作，传播了反帝爱国思想，推动了社会的进步。

成 语

成语是一种结构简练而富有表现力的语言,是人们长期以来口头惯用的固定词组。成语在我国有着悠久的历史。例如“青出于蓝”这一成语出自《荀子·劝学》;“守株待兔”出自《韩非子·五蠹》;“完璧归赵”最早见于《史记》中的《廉颇蔺相如列传》;“一鼓作气”最早见于《左传》中的《曹刿论战》。许多成语从产生起一直流传到今天,被人们所传用,原因就在于成语是在语言实践中经过了长期的提炼,已经具有两个基本特征:第一,意义的整体性。也就是说一个成语就是一个完整的意义单位,构成成语的每一个语素一般都失去了自己单独的意义。第二,结构的定型性。成语是固定不变的词组,不能随意换掉或者插入别的字。它在结构上一般都由四个字组成,多于或少于四个字的虽然也有,但为数较少。

人们喜欢成语,经常使用成语。但在使用成语的时候,对成语的来源是否了解呢?成语的来源是多方面的,有从古代的寓言中来的成语。如“愚公移山”这一成语,出自《列子·汤问》里的一个寓言;“刻舟求剑”这一成语,出自《吕氏春秋·察今》里的寓言故事。在我国古代,先秦寓言是比较丰富的,出自这个时期的成语就比较多。有从历史故事中来的成语,如“退避三舍”、“破釜沉舟”。有从古典文学作品的词句中来的成语,如“一刻千金”、“集思广益”。“集思广益”最早出现于诸葛亮《诸葛丞相集·教与军师长史参军掾属》:“夫参署者,集众思,广忠益也。”后来,明初著名的思想家王夫之在《宋论·英宗》里写下了“集思广益,而功不必自己立”的名句。从民间口语中来的,如“信口开河”、“虎头蛇尾”、“南腔北调”等等,这是人们在实践中总结概括出来的。

我们在运用成语时,一是要弄清楚成语的意思。有些成语表示什么意义,是约定俗成的,不能照字面去推测。如“面面相觑”是表示大家都惊讶,不知道如何是好。如果从字面上去推测,就会闹出笑话来。有些成语有褒贬意义,使用时就要注意对象,不能随便乱用。例如“自食其力”含有褒义,“自食其果”含有贬义,我们在引用这类成语时,就要特别注意。二是要了解成语的来源,这不仅有助于准确理解成语的意义,而且也是正确使用成语的关键。三是要注意成语的变化。随着时代的发展,有些成语的感情色彩变了,有些成语的意义会有新的转化,还有些成语适应的范围发生

了变化。了解成语的这些变化，对于理解成语的意义和正确运用成语是非常有益的。

谚语

谚语是在群众中长期流传的固定语句，它用口头流传简单通俗的话反映出深刻的道理，是劳动人民的智慧结晶和经验总结。谚语虽是一种固定语句，但由于它是口头流传的，有些谚语在表述上又是不固定的。如“三个臭皮匠，合成一个诸葛亮”，其中“合成一个”有说“顶个”的，有说“凑个”的，也有说“赛过”的。这种表述上的变化，都没有离开它的原意。

我国的谚语源远流长，内容也极其广泛，涉及自然和社会的各个方面。据《古谣谚·凡例》记载，谚语在文字产生以前就有了，有了文字后，才被记录下来。殷代甲骨文和先秦一些古籍中的“辅车相依，唇亡齿寒”、“亡羊而补牢，未为迟也”等构思精巧、哲理深奥的语言，可能就是我国文字记录下来的最早的谚语。宋、明、清代，陆续有人辑录汇编成册。新中国成立后，谚语的研究，更加得到重视。

从内容上看，谚语大体上可分为社会谚语和生产谚语两大类。

社会谚语是指理想与立志、真理与实践、阶级与爱憎、知识与学习、勤劳与节俭、谦虚与诚实、团结与友谊、爱情与家庭、体育与健康等方面的内容，一般多具警策、醒人的特点，富于哲理性和教育意义。

生产谚语则涉及农、林、牧、副、渔、气象、日星运行、自然环境、医药卫生等各个领域，关联到地理学、天文学、气象学、生物学、土壤学、医药学等各方面的科学知识，对生产具有指导作用。

谚语的特点是用浓缩、简洁的语言表达丰富的内容。谚语多用比喻、夸张、拟人、对照、摹状、对偶、排比、反问和形象等修辞手法，表现形式生动活泼，有声有色，诙谐有趣，说理有力。例如“庄稼一枝花，全靠肥当家”、“富人一席酒，穷汉半年粮”、“看菜吃饭，量体裁衣”等谚语，不仅思想含义深刻，而且非常形象、生动。谚语的句式一般较整齐，音节匀称，押韵顺口。如“空谈，水之泡沫；实行，金之点滴”、“有麝自然香，何须大风扬”，读来朗朗上口，使人得到艺术的享受。

在运用谚语时，我们要采取分析的态度，要认真甄别，慎重对待，不可人云亦云，要汲取精华，去除糟粕。有些关于生产常识方面的谚语，由于地理等自然特征的不同，在内容上是有一定的局限性的，在运用时必须把握它的本质特征，正确使用。

歇后语

歇后语是一种措辞在此而寓意在彼的常用语句，是人们熟识的形象而诙谐的语言形式之一，包括喻意歇后语和谐音歇后语。早在1300多年前就有人对它进行整理。唐代李商隐在《杂纂》中搜集了为数较多的歇后语。唐以后，历代有《杂纂》的续集，宋代苏轼的二续《杂纂》所辑更加丰富。元代以后进一步发展，在元杂剧和明清小说中屡见不鲜，在现代作品中更是俯拾皆是。歇后语由前后两部分组成，前部分是形象的比喻，后部分则是对前部分进行解释，或者说前部分是譬，后部分是解。让听者自己去领会，显得意味深长。

歇后语前部分语言形象生动、活泼、风趣，其作用是唤起人们的联想，与后部分紧密配合，顺理成章地表达本意。歇后语后部分是对前部分进行解释、说明，也是歇后语的点题。

绕口令

关于绕口令的产生，我们可以间接地追寻到5000多年前的黄帝时代古籍中侥幸保存下来的《弹歌》："断竹，续竹，飞土，逐夫('夫'，古'肉'字)"，相传为黄帝时所作。据考证，这是比较接近于原始形态的歌谣。其中，已经有了绕口令的基本形成——双声叠韵词。由此推想，很可能在文字出现以前，绕口令就已经萌动于人民群众的口头语言之中了。

至此我们可以断定早在西周以前，就已经有了绕口令的雏形。当时流传于我国南方的汝水、汉水一带的民歌《周南·关雎》中，就有了"参差"、"辗转"、"窈窕"等双声叠韵的连绵字，有时还是几次出现，缠来绕去。《周南·关雎》收进我国第一部诗歌总集《诗经》，是"十五国风"的第一篇，也是全书的首篇。《周南·卷耳》中，也出现了如"顷筐"、"高岗"、"玄黄"、"崔

嵬”、“飑聩”这些双声叠韵的词汇。绕口令巧妙地运用双声、叠韵的词语，这种修辞造句的方法，这种诗歌语言形容的技巧，使诗歌中的思想感情表现得更为深刻，把自然界的景色描绘得更为生动，极大地增加了诗歌的音韵美和修辞美。《诗经》中这些语言现象的存在对于绕口令的成熟、完善，起了很大的作用。正如刘勰《文心雕龙·物色》中所说，“属采附声，亦与心而徘徊”、“皎日嘒星，一言穷理；参差沃若，两字穷形”。需要指出的是，《诗经》民歌语言的这一特点，并不是像后世文人那样苦心经营出来的，它产生于劳动人民对事物的细致观察，对语音语言的反复玩味，烂熟于心，浑然天成，因而才那样朴素、鲜明，没有雕饰的痕迹。随着语言文字的发展，人们发现了越来越多的双声叠韵词。这使得一些人想到寻找规律，练习发音，训练口头表达。于是，他们开始有意识地把一些声韵相同的字组合在一起，连接成句子，在人群之间口头传诵。在流传过程中，人们又不断修改完善，使它更近似于一首首诙谐的歌谣，更加妙趣横生。

稍后于屈原的楚国作家宋玉，就曾经把双声叠韵的词汇引进了诗歌创作的殿堂。长篇政治抒情诗《九辩》是他的代表作，其中大量采用了声韵相通的词，使得语句音节错综变化，读来音韵谐美，情味悠长。这无疑大大扩展了它的地位和影响。不少文人还在喝茶饮酒的时候，即兴编上几句，当做酒令，或者教给儿童念诵。保留至今的古代绕口令，差不多都是文人模拟民间绕口令作的。现在，我们还可以看到唐代诗人温庭筠在1000多年前的《李先生别墅望僧舍宝刹作双声诗》：“栖息消心像，檐楹溢艳阳。帘栊兰露落，邻里柳林凉。高阁过空谷，孤竿隔古岗。潭庭月淡荡，仿佛复芬芳。”宋代大文学家苏轼作过《吃语诗》（“故居剑阁隔锦官”），明代文学家高启作过《吴宫词》（“筵前怜婵娟”）。从内容上看，这些绕口令大都是酒足饭饱之余的乘兴消遣之作，没有多少价值；从形式上看，几乎都是咬文嚼字的文字游戏，书卷气浓重，晦涩难懂，最广大的下层民众和少年儿童只有敬而远之。这大大影响了绕口令的语言价值和文学价值，影响了绕口令的普及和提高。关于古代的绕口令，明代文学家谢肇淛所撰的《文海披沙》卷五，曾作过一些记载。

由于绕口令的逐步完善，在人民群众中日渐流传，民间流传的绕口令保持和发扬了它的通俗浅显的特点，更加促进绕口令的完善，并且被收集整理出来。

"五四"新文化运动以后,我国现代文学越来越贴近下层人民,随之而起的儿童文学也逐渐成为文艺大军的一个支队,这为绕口令的发展又开辟了一条道路。但是,由于社会意识和创作者思想的局限,不少绕口令的基调还是很低的。例如《螺蛳和骡子》:"胡子担了一担螺蛳,驼子骑了一匹骡子。胡子的螺蛳撞了驼子的骡子,驼子的骡子踩了胡子的螺蛳。胡子要驼子赔胡子的螺蛳,驼子要胡子赔驼子的骡子。胡子骂驼子,驼子打胡子,螺蛳也爬到骡子头上去啃鼻子。"

这反映了旧社会"人不为己,天诛地灭"的社会意识,反映了人与人之间赤裸裸的利害关系。新中国成立后,绕口令的思想内容也发生了明显的变化,例如20世纪60年代流传的绕口令《赔钵钵》:"你婆婆借给我婆婆一个钵钵,我婆婆打烂了你婆婆的钵钵。我婆婆买来一个钵钵,还给你婆婆。你婆婆说什么也不要我婆婆赔钵钵,我婆婆硬要把买来的钵钵还给你婆婆。"这就反映了60年代人与人之间的关系,充满了新的时代气息。

姓氏难辨字

1. 仇:读音:qiu(求)——战国时宋国大夫仇牧的后代,后成为一姓。不可读作:chou(仇恨的仇),也不可读作:jiu(九)。明代有大画家仇英(号十洲)。

2. 乜:读音:nie(聂)——此姓是由西部少数民族地区内迁流入的。不可读作:ye(也)。

3. 翟:用作姓时可分读:①zhai(宅);②di(狄)——读音为"狄"的翟姓是虞封黄帝之后,春秋时世居北方。后迁移到西河一带(在今陕西省内)。读音为"宅"的翟姓,据传是世居汝南(今河南省内)的。今已混为一姓,读音仍不一。有的地区读作 di,也有的地区读作 zhai,这是习惯所致的俗成的读音。

4. 郗(通"郄"):读音:xi(希)——据《辞源》载:"苏氏支子封郗,为郗氏。"这就是说,苏氏的旁系子孙被封在郗地,就产生了"郗"姓。《战国策》中有郗疵,王羲之的夫人也姓郗,世称"郗夫人"。古代又读作 chi(吃),不为误读。

5. 芮:读音:rui(锐)——此姓是古代由姬姓分出的一个旁支。周国卿士芮伯的后人。不可读作nei(内)。

6. 佘:读音:she(蛇)——据《姓氏寻源》辨释,古代有余姓而没有佘姓,后来读转音了,又析出一姓"佘"。如宋代有佘太君。此字不可误读为yu(余)。

7. 朴:读音:piao(瓢)——《集韵》:"披尤切,音瓢,夷姓。"《魏志》记:"建安二十年,巴夷王朴胡举巴夷来附。""朴"姓概由此进入中原。现代吉林省朝鲜族此姓尤多。读者易与"朴素"的"朴"相混,误读为pu。

8. 恽:读音:yun(运)——恽姓都是汉代杨恽的后代。他的儿子为了避祸,逃奔潜隐,以父名为姓,由此生出"恽"姓。《姓氏寻源》与此说不同:"其先出楚成王,为熊姓,盖以成王名恽故也。"今江苏武进一带此姓甚多,如明代画家恽南田,今有革命家恽代英,均武进人。不可误读为jun(军)。

9. 亓:读音:qi(其)——唐有亓志,宋有亓宣、亓骥等人,都是亓姓。不可读为bian(卞)。

10. 仉:读音:zhang(掌)——古姓。孟子母亲即为"仉氏",不可读为ji(几)。

11. 逄:读音:pang(旁)——古姓。《广韵》:"出北海逄丑父之后。"也可写作"逢",二字通。《颜氏家训》不同意二字姓通作一用,辩云:"逄逢别,岂可雷同?盖至六朝,已别为二字。凡姓读如庞者,皆作逄也。"

12. 邵:读音:shao(少)——古姓。晋公族邵献子的后代,封于邵地,因地名而得此姓。

古人名的读音

古代人名,有一些特殊的读音,我们读古书时,如果不了解这一点就容易读错。现将一些容易读错的古代名人名字的读法按时代先后集注于下:1.召公奭,周初政治家。召音shao(邵),奭音shi(式)。2.褒姒,周幽王宠妃。姒音si(四)。3.曹刿,春秋时鲁国大夫。刿音gui(贵)。4.老聃,道家创始者,即老子。聃音dan(耽)。5.曾参,春秋末鲁国人,孔子学生。参音shen(申)。6.伯嚭,春秋末吴国大臣。嚭音pi(痞)。7.乐羊,战国魏国将领。乐音

yue(月)。8.李悝，战国初政治家、法家。悝音 kui(亏)。9.墨翟，春秋战国之际思想家，墨家创始人。翟音 di(迪)。10.郭隗，战国燕国大臣，隗音 wei(委)。11.郦食其，秦汉之际策士。食其音 yi ji(义几)。12.吴芮，汉长沙王。芮音 rui(瑞)。13.冒顿单于，匈奴单于。冒顿音 modu(莫独)。14.兒宽，西汉大臣，水利家。兒音 ni(泥)。15. 隗嚣，东汉名士。名字读 wei ao(委熬)。16.祭遵，东汉将领。祭音 zhai(寨)。17.曹大家，后汉班昭夫家姓曹，她曾担任皇后和妃子的教师，被尊号"曹大家"。大家音da gu(大姑)。大家，对妇女的敬称。18.毌丘俭，三国时魏国将领，毌音guan(贯)。19.范晔，南朝宋史学家。晔音 ye。20.暾欲谷，后突厥大臣。谷音 yu(裕)。21.李煜，五代十国南唐国君。煜音 Yu(玉)。22.明镐，北宋官吏。镐音 hao(号)。23.米芾，北宋书画家。芾音 fu(黻)。24.赵汝适，南宋地理学家，适音 kuo(括)。

最早的文字

中国的甲骨文、古埃及的象形文字以及苏美尔人及古巴比伦的楔形文字，当属世界上最古老的文字了。《中国大百科全书·考古学卷》认为，公元前3500年的美索不达米亚物卢克的象形文字是世界上最古老的文字，也是后来楔形文字的起源。

19 世纪，法国学者商博良则认为，古埃及的象形文字出现于 5500 年前，它分为表音和表意两大类。由此可见，似乎埃及的文字比美索不达米亚物卢克的象形文字还早。

我国仰韶文化的半坡村遗址出土的陶器上的符号是中国最早的文字.这些陶器上的几何刻痕都是单个的符号，有类似笔画的结构，它们距今已有6500 年的历史了。

楼兰文字

考古发现，楼兰人使用的官方文字是怯卢文。楼兰发现的怯卢文只是一种宗教和官方用语，并不是生活语言。怯卢文属于腓尼基字母体系的拼音文字，是从阿拉美文演变而来的。

目前所知道的最早的怯卢文，是公元前3世纪古印度阿育王颁布的《摩崖法敕》。要完全了解楼兰文化的内涵，就需要全面解读怯卢文资料。就目前发现的怯卢文简牍数量而言，在我国新疆发现的材料最多，也最系统和完整。

石鼓文

石鼓文于唐代在天兴县(今陕西凤翔)出土，石鼓共十只，高二尺，直径一尺多，形像鼓而上细下粗顶微圆(实为碣状)，每块石上均刻有四言诗一首，由于诗歌内容多记录和歌颂渔猎之事，又由于石形如柱础，故又称"猎碣"。石鼓文在文学、历史学、书法等诸方面，均有很高的价值。宋徽宗为使石鼓文字免受损害，曾填嵌金泥加以保护。

金人获得后剔去金泥进行拓印，辗转流传至今，现藏北京故宫博物院。然而，石鼓文系何国文字，作于什么时代，长期以来成了难以解答之谜。

唐代李吉甫《元和郡县志》和张怀瑾《书断》等，都认为石鼓文系周宣王时史籀所作。可是，遍考史书，未见有周宣王在岐阳田猎之事，似与刻诗内容不符。

武亿《金石跋》认为，石鼓文作于汉代，唯一的理由是石鼓文提到天子驾六马，而汉代天子有驾六马之制。可是，他忘记了秦代赤数尚六，亦有皇帝驾六马之制。

清人俞正燮《答成君瑾书》指出，石鼓文作于北魏。还有人认为石鼓文来源于北周。

另有一种意见，认为石鼓文是秦国的器物。此说又有秦襄公、文公、穆公、灵公、惠文王至秦始皇之间等数种主张。

总之，学术界对这一问题争论不休。探索石鼓文制作年代与创于何地的问题，看来还大有研究发展的余地，随着时间的推移，肯定还有种种"新说"问世。

拉丁字母表

拉丁字母表是罗马文明对世界文化的一大贡献。由于拉丁字母表比其他语言文字的字母表具有更多的优点,我国现行的拼音文字也借用了拉丁字母。

关于拉丁字母表的产生有两种说法:

一、希腊字母诸分支中有两个最大的分支:一是西里尔字母,9世纪时圣西里尔(约826~869年)和圣美多迪乌(约815~885年)根据安色尔体希腊文所创制;另一个是埃特鲁斯坎字母,产生于公元前9世纪或前8世纪初,通用于意大利中部的托斯卡纳人中,传留有许多铭文,但大都未被释读。

西里尔字母后变为俄语、乌克兰语、保加利亚语和白俄罗斯语等诸民族的文字。同时,埃特鲁斯坎字母表则发展成拉丁字母表。古典的拉丁字母表当直接来自埃特鲁斯坎字母表,其受希腊字母表的影响则是间接的。

二、最初的拉丁字母表有20个字(ABCDEFHIKLMNOPQRSTVX),直接来自坎帕尼亚的库迈城的希腊字母表。拉丁字母表之所以有此种起源说,是因为某些拉丁字母的古老形式与库迈字母表相对应的字母形式非常相似。

鉴于上述分歧和当今证据的匮乏,拉丁字母表产生的两种可能性均不能排除。

女书

女书,严格讲应称为"女字",即妇女文字,是一套奇特的汉字。这种文字只在妇女范围内使用,因而被称为"女书"、"女字"。它不仅符号形体奇特,记录的语言奇特,标记语言的手段奇特,流行的地区、社会功能和传承历史也很奇特。女书流行在湖南省江永县潇水流域,至今仍在一些高龄妇女中使用。

女书是方块汉字的变异,其基本单字共有1700多个,其中借源于汉字而造的占80%,不明来历的自制字仅占20%。女书字的外观形体呈

长菱形的“多”字式体式，右上高左下低，斜体修长。

女书所记录的语言既不是湘语、西南官话，也不是瑶语，而是一种汉语土话，是一种单音节音符字的表音文字。

女书是当地乡村妇女的文化工具。女书具有独特的社会功能，基本用于创作女书作品、记录女歌，一般为七言诗体唱本。每篇长的可达四五千字，短的只有几十字。女书作品一般书写在精制手写本、扇面、布帕、纸片上。女书具有文字学、语言学、社会学、民族学、人类学、历史学等多方面的学术价值，因而被国内外学者叹为“一个惊人的发现”、“中国文字史上的奇迹”。

汉字渊源

一、古文字

一般认为中国最古文字是始于公元前1300年至前1028年之间殷商的甲骨文。不过现已证实在甲骨文前有一种陶文，这种文字比甲骨文早600年到1000年，约在夏朝晚期。所以，文字萌芽时期可能在公元前3000年左右。山东大汶口遗址发现陶器，上刻原始文字，称陶文，据考证，时间约在公元前3000至前2500年，离今已5000年左右。

商人用的文字已在3000字以上，可以表达当时的语言及一切的事物思想。我国的语文因为是单音、孤立的，所以我国的文字有许多特殊的形式。句子可以很短，如《三字经》和《诗经》的句子。因为是单音、孤立，每句可以同样的长短，讲究“双声”、“叠韵”，讲究“对称”，做对子、做诗都以此为基础。

我国文字与其他文字最显著的分别，在于它们是“象形”方块字，而不是拼音文字。在商代的甲骨文里，许多字都是多形的。如“羊”字，可以写成四十几种样子。可见这种字的创造，最早只是要表达某一种事物。字形之大小，字画的繁简，都不甚重要，而且这许多字形，都不必要表示该字的声音。

二、汉字演变

汉字从甲骨文、钟鼎文(即金文)，到秦小篆(音 zhuan)、小篆(统一以前

的文字称为大篆)，一直在演变。就汉字形体来说，篆书、隶书、楷书、草书、行书都是汉字形体演变的结果。这个演变的总趋势是从难到易，由繁到简。从陶文、甲骨文到现在的汉字，有过三个阶段的变化。

第一阶段是图形化。

第二阶段是线条化。它比图形简单、统一，汉字笔画都成为线条。这种线条化的汉字叫大篆。秦朝统一中国后，规定一套新写法，叫小篆。

第三阶段是笔画化。这时汉字成为用点、横、直、曲、撇、捺、钩等笔画构成的字。汉朝已广泛使用毛笔，又发明了纸墨，写字工具大大进步，于是汉字越来越好看了。在象形字的基础上，我国汉字的发展，还有形声、会意等特点。

最早的汉字是商代的甲骨文，它是刻在龟甲上的文字，带有图画特征。由甲骨文发展而来的是钟鼎文(即金文)，是刻在青铜器上的文字，其字体逐渐规范，盛行于周时。秦始皇统一中国，将文字统一起来，定为标准的小篆(统一以前的文字称为大篆)，小篆的产生结束了春秋战国以来的文字异形，宣告它本身是古文字阶段的最后一幕，为今天的方块汉字奠定了基础。

在小篆书写过程中，古人在笔画方面省繁就简发明了隶书，秦时就开始作为小篆的辅助字体，汉时盛行而有“汉隶”之称。在隶书草写的基础上，出现了草书，草书之初为章草，又称隶草，保留了较多的隶书成分，流行于两汉。由隶草又发展为今草，也叫今草为草书，盛于唐。汉魏以来从隶书、隶草演变出一种较规整的楷书，又称真书、正书，古时也叫“楷隶”、“今隶”。隋唐时楷书更加成熟，成为普遍通行的字体。唐以后楷书规定为书写官府文书和科举文章的正式字体。伴随着楷书出现的同时，还从隶书、隶草中演化出一种行书。行书没有规定的写法，笔画比较灵活随意，写得规矩些的叫行楷，写得放纵些的称为行草。

印刷术发明后刻印书籍多用楷书，到明末清初逐渐出现横轻竖重的方块字，它是楷书的变体，是从宋代刻书字体演变而来，故称为“宋体”。今日书籍报刊印刷多用这种字体。

汉字统计

汉字的历史非常悠久。仅就我们今天所能见到的最古老的甲骨文汉字算起,已有四五千年的历史了。汉字随着社会的发展,有的旧字虽然消失了,但更多的新字又出现了,因此汉字总的趋势是日益增加。

夏商 陶文500余字

商 甲骨文有3500~4500字

汉 扬雄:《训纂编》选收了5340字

汉 许慎:《说文解字》选收了9353字

魏 李登:《声类》选收了11520字

魏 张揖:《广雅》选收了18151字

梁 顾野王:《玉篇》选收了22726字

宋 陈彭年等:《广韵》选收了26194字

宋 张麟之:《韵海镜源》选收了26911字

宋 司马光等:《类篇》选收了31319字

明 梅膺祚:《字汇》选收了33179字

明 张自烈:《正字通》选收了33440字

清 张玉书等:《康熙字典》选收了47035字

民国 欧阳溥存等:《中华大字典》选收48000字

今台湾《中文大字典》收约50000字

日本《大汉和字典》收49964字

今《汉语大字典》选收54678字

汉字在国外

汉字是世界上最古老的活着的文字,今天全世界至少有13亿人在使用它。数千年来,它对中国文明作出了重大贡献,同时对世界文明也有巨大影响。除我国(包括台湾省)使用汉字外,汉字还是新加坡、日本和韩国等国的通用文字,也是联合国组织的书面文字之一。

新加坡华裔居民占人口的3/4,汉字是官方文字之一。

汉字在两千年前即传入了日本。现在日文中使用的汉字为1926个。

韩国使用谚文和汉字混合的汉字。当局于1961年公布的《常用汉字表》收1300个汉字,1972年又规定了中学生教学用汉字收1781个。

泰国、马来西亚以及美国等国的华人社会也通行汉字,并出版中文报刊。

新加坡先后三次公布或修订简体字总表,现收入的简体字2238个,与我国的简化字完全相同。

1973年,马来西亚成立简化汉字委员会,着手研究、编制在马来西亚使用的简化汉字。1981年出版《简化汉字总表》,收简化字2238个,与我国的简化字的形体相同,并且规定该表是马来西亚各族人民学习汉字的主要参考书。

1983年,泰国批准本国各兼教华文的民校(小学)用简化汉字教学。教育部还着令有关部门发行简体字与繁体字对照手册,并在兼教华文的小学课本上附加简体字与繁体字对照表。

1980年后,日本对当时汉字重新进行审订,次年公布《常用汉字表》,收1945个汉字。《人名用字别表》增至166个字。目前,日本政府要求小学六年级毕业生掌握996个汉字,初中生掌握《常用汉字表》中的全部汉字,会写1000个字以上。

说文解字

文字是语言的书写符号。《说文解字》是我国语言学史上一部很重要的文字学著作,也是一部很重要的字典。那么,它为什么不叫字典而取名“说文解字”,要将“文字”拆开来说呢?

原来,古代的文和字是有区别的:独体的不可分析的象形字、指事字叫做“文”;合体的可以分析的形声字、会意字叫做“字”。

《说文解字·叙》说:“仓颉之初作书,盖依类象形,故谓之文。其后形声相益,即谓之字。文者,物象之本;字者,言孳乳而浸多也。”意思是,仓颉在开始创造文字时,大都是依照事物的形象画出它们的图形,所以叫做“文”。

后来,形旁声旁互相结合,出现的形声字、会意字就叫做“字”。“文”是事物的本相,“字”是由“文”滋生出来而逐渐增多的。换句话说,依类象形,

即独体，即“文”；形声相益，即合体，即“字”。这就是这部字典所以题名“说文解字”的缘由。

“文字”连用始见于秦始皇琅琊台刻石：“器械一量，同书文字。”遂成为一切书写符号的通称，也指连缀而成的文章。

六书

“六书”是指汉字的六种造字方法。“六书”的具体内容，有几种说法：

《汉书·艺文志》谓：“古者八岁入小学……教之六书，谓象形、象事、象意、象声、转注、假借。”

郑众注《周礼》谓：“六书”是指象形、会意、转注、处事、假借、谐声。

许慎在《说文解字·叙》中认为，“六书”是指指事、象形、形声、会意、转注、假借。

清代以后的文字学家认为，“六书”是指象形、指事、会意、形声、转注、假借。但转注和假借是用字，与造字无关。

象形，六书之一。字形摹写实物的形状，或用比较简单的线条来摹写事物的特征部分。“象形者，画成其物，随体诘诎，日月是也。”如《牙部》：“牙，壮齿也，象上下相错之形。”《皿部》：“皿，饭食之用器也，象形。”象形字有独体象形与合体象形之分。合体象形所合之二体，有一体不能单独成字，有一体可以单独成字。如“石”，其中“厂”(han 四声)成字，意思是山边岩石突出覆盖处；“口”象石块之形(非口舌字)，不成字。王筠说：“石与果一类，本以O象石形，而此形多矣，乃以厂定之。”象形造字法及象形字是汉字历史上的一个重要里程碑，它奠定了指事、会意、形声、转注、假借等造字方法的基础。

指事也叫“象事”、“处事”，以点画等象征性的符号来表明意义。指事字在汉字中为数不多，这可能与以符号表意的局限有关。指事字可分为两类：一类是所谓纯指事字，全部用指事性的符号来表示，如一、二、三、四；+(甲骨文“七”字)；1(甲骨文“十”字)等。这类指事字可能是来自原始刻画符号。另一类是在象形字的某一部位加上点画性符号，以表明造字的意图所在。如“刃”是在刀口处加一点，指明刀刃。“本”是在“木”字下方加上一短画，指明是树木的下端，“末”与此相反，指明是树木的上端。这一类指事

字，有些文字学著作称为合体指事或加体指事。

会意也叫"象意"，组合两个以上的字表示一个新的意义。会意字中较普遍的是用不同的字组成的"异文会意"。如《说文·林部》："戍，守边也，从人持戈。"《手部》："挚，握持也，从手执。"还有相当一部分会意字是"叠文会意"。如《说文·林部》："林，平土有丛木曰林，从二木。"《说文·车部》："轰轰，群车声也。从三车。"会意字的结构有助于认识一些汉字的本义。如《说文·斗部》："料，量也，从米在斗中。"段玉裁注："米在斗中，非盈斗也。视其浅深而可料其多少，此会意。"

形声也叫"象声"、"谐声"。由形符和声符两部分组合成的字，其中形符表义，声符表音。形声字是汉字中最能产的合成字。因此，形声字在汉字中数量最多，占80%以上。形声字可能是比较晚起的造字方式。早期甲骨文中形声字还比较少；后期甲骨文中，形声字约占20%。由于这种方式灵活，适应性强，在汉字发展中，它得到了最广泛的运用。

转注是古人制造同义字的方法，换言之，转注就是用同义字辗转相注的方法造字。"同意相受"是统一字首的具体方法，即授予一个同义字，也就是说用一个同义字相注释，作为它的义符。例如：语言(指"口语")里"老"(lao 三声)这个词，即已制造了"老"字来记录它。后来口语里起了变化，"老"念成"丏"(kao 三声)，于是就在"丂"的上面注一个同义的"耂(念lao 三声，即现在的"老"字)"字，写成"考"（即造出了一个新字"考"）。"产(老)"对于"丏(考)"，就是"同意相受"（即：同义相注。就是说，用"产"作了"丏"的义符)。"耂(老)"、"丂(考)"的基本意思都是"年纪大"，它们是同义字，当然也是"转注字"。

假借意思是说语言中的某一个词，本来没有替它造字，就依照它的声音假借一个同音字来寄托这个词的意义。语言中的长久的"长"、长老的"长"、县长的"长"，和长发之"长"同音，没有造字，于是古人就假借它来寄托长久、长老、县长等意义。这种方法，古人叫做"假借"。假借的主要条件是依声。假借和被借之间的关系，除声音上的联系外，也可以有意义上的联系。

甲骨文的发现

殷墟所在地的河南安阳小屯村的农民，早在清光绪二十四年以前就把刻有商代文字的甲骨卖给古董商，但古董商却不认识。1898年，潍县古董商人范寿轩到天津向王襄、孟定生等宿儒请教，他们判断可能是古代的简策。1899年，范寿轩将购回的甲骨请王襄、孟定生等鉴定，始确定为古代文物与古文字，甲骨文就是这样被发现和鉴定的。

甲骨文是中国商代后期(前14～前11世纪)王室用于占卜记事而刻(或写)在龟甲和兽骨上的文字。殷商灭亡周朝兴起之后，甲骨文还延绵使用了一段时期。它是中国已发现的古代文字中体系较为完整的文字。

清朝光绪年间，有个叫王懿荣的人，是当时最高学府国子监的主管官员。有一次他看见一味中药叫龙骨，觉得奇怪，就翻看药渣，没想到上面居然有一种看似文字的图案。于是他把所有的龙骨都买了下来，发现每片龙骨上都有相似的图案。他确信这是一种文字，而且比较完善，应该是殷商时期的。后来，人们找到了龙骨出土的地方——河南安阳小屯村，那里又出土了一大批龙骨。因为这些龙骨主要是龟类兽类的甲骨，是以人将它们命名为“甲骨文”，研究它的学科就叫做“甲骨学”。

甲骨文是中国的一种古代文字，被认为是现代汉字的早期形式，有时候也被认为是汉字的书体之一，也是现存中国最古老的一种成熟文字。甲骨文又称契文、龟甲文或龟甲兽骨文，是一种很重要的古汉字资料。绝大部分甲骨文发现于殷墟。目前发现有大约15万片甲骨，4500多个单字。这些甲骨文所记载的内容极为丰富，涉及商代社会生活的诸多方面，不仅包括政治、军事、文化、社会习俗等内容，而且涉及天文、历法、医药等科学技术。从甲骨文已识别的约1500个单字来看，它已具备了象形、会意、形声、指事、转注、假借的造字方法，展现了中国文字的独特魅力。商周帝王由于迷信，凡事都要用龟甲(以龟腹甲为常见)或兽骨(以牛肩胛骨为常见)进行占卜，然后把占卜的有关事情(如占卜时间、占卜者、占问内容、视兆结果、验证情况等)刻在甲骨上，并作为档案材料由王室史官保存，这就是甲骨文的由来。除占卜刻辞外，甲骨文献中还有少数记事刻辞。甲骨文献的内容涉及当时天文、历法、气象、地理、方国、世系、家族、人物、职官、征伐、刑狱、农业、畜牧、田猎、交通、宗教、祭祀、疾病、生育、灾祸等，是研究中国古代特别是商代社会历史、文化、语言文字极其珍贵的第一手资料。

金文

甲骨文随着殷亡而消逝，金文取而代之，成为周代书体的主流，因铸刻于钟鼎之上，有时也称为钟鼎文。据考察，商代铜器上便刻有近似图画之金文，其后继续演进，至商末之金文亦与甲骨文一致。此种金文至周代而鼎盛，续延至秦汉。但商代器物和铭文皆少，秦汉已至末流，所以应算周代为主流。

古代称铜为吉金，金文就是各种青铜器上或铸或刻的铭文。金文的字数多寡不一，简单的仅一族徽符号，多者可达三四百字。商周金文的单字共3500字左右，可释者在2000字以上。它的构字方法完全可用“六书”作解释。其中以形声字为最多，并逐步冲破了象形、会意造字方法的局限性，应该说金文已经是一种相当进步的文字了。殷周金文的书体，比较明显地表现出对书法美的有意识的追求。

金文的内容是关于当时祭典、赐命、诏书、征战、围猎、盟约等活动或事件的记录，都反映了当时的社会生活。金文字体整齐遒丽，古朴厚重，和甲骨文相比，脱去板滞，变化多样，更加丰富了。金文基本上属于籀篆体。这些文字，在汉武帝时就已被发现，当时有人将在汾阳发掘出的一尊鼎送进宫中，汉武帝因此将年号定为元鼎(前116年)。以后金文又陆续有所发现。宋代文人欧阳修、赵明诚都对金文做过研究和记载。

小篆的形成

迄至目前，几乎所有的论著都说小篆是秦始皇统一天下后才应用的，而且大多数还认为它是李斯等人所创。但准确地说，小篆是在战国就有的一种文字。理由是：一、历代出土的战国时期的秦国文物，上面的文字结构、笔形，都和后世所谓小篆基本相同。二、距秦较近的史学及语言学著作都没有叙及小篆是秦统一六国时李斯等人所创制的意思。三、从理论上说，把一种文字说成在一个短时期内，由一人或数人之力创制的说法，不符合汉字逐渐发展的客观规律。

汉字书写顺序

方块汉字，一字一义，既不用拼读组合(古汉语的词绝大多数都是单个字)，又少有连写，横写的书写速度和阅读速度都并不比直写快，因此“横竖就是那么一回事”。最早的书写材料甲骨是呈狭长形的，竖着在上面刻字比横着刻字显然要方便得多，在这些专为占卜用的甲骨上写字都是严格规定了部位和书写顺序的：在龟甲上刻字，一种是在左右边缘部分刻，顺序是从外向里；一种是在龟甲中缝两边刻，顺序是从里向外。殷代文字已是成熟的文字，其直写的习惯肯定会对后代产生相当的影响。

至于汉字从右往左的写法，有人认为因为写字总是右手书写，其左手来执简，每写完一简由于手顺的关系，放在右侧较为方便，顺次排列起来，就自然形成从右到左的顺序。但这样的解释似乎还缺乏说服力。

如果仅从书写的方便这一角度来看，倒是左手握简，写完一简之后置于左边比较方便。之所以会采用一种不那么方便的顺序，应该是和古人的尚右有关系的。竹简的年代正是尚右的时候，也就是认为右比左要尊贵，因此一物之“首”当然要置于右而“尾”置于左了。

汉字横行始于何时

中国古代汉字书写是竖行，这大约和汉字初期的书写材料是木简、竹简，书写工具是毛笔，汉字是方块字等有关。木简、竹简狭窄而长，竖写起来很方便，毛笔也是从上往下写方便。从上到下，从右到左，这是古代的书写方式。等到汉代以后纸虽然发明出来了，但汉字书写已有很久的历史了，习惯的力量是强大的，仍然是通行竖写。隋唐雕版印刷出现，到宋代活字印刷发明，都仍是竖排竖行。到了清朝末年，一些知识分子学习西洋文化，提倡汉字改革，提倡拼音文字，力主改变传统的书写方式，改用从左到右的“横行”排列方式。1909年，我国已有了用“横行”排版的书，它就是提倡文字改革的刘世恩写的《音韵记号》一书。刘世恩在书中讲解拼音方案，说“无师自通，兼识汉字”。有人说汉字“横行”是从新中国成立后开始的，这是不了解历史情况的臆猜。又有人说汉字“横行”始于1915年出版的《科学》月刊创刊号，这也是不正确的，显然把汉字“横行”排列的方式的使用时间，推迟了若干年。

字典与词典

汉字中的字和词是两个不同的概念。古汉语所用的词多数为单音词，所以字和词的界限不怎么严格，因而字书也就是辞书。至近代特别是现代，汉语所用的词多数为复音词，所以字和词的界限就比较明显了。由于解字释词的重点不同，近代便有了字典和词典的区别。字典兼收语词，以释字为主；词典以单字为词头。

标点符号

在我国古代并没有系统的标点符号，到了汉朝才发明了“句读”符号，语意完整的一小段为“句”，句中语意未完，语气可停的一段为“读”(音逗)。约在宋代时，开始有了“。”和“，”，明代时出现了人名号和地名号。1897年，广东人王炳耀，首先根据我国古代断句法，吸收我国新式标点，草拟了“读之号、句之号、节之号、段之号、问之号”等十种标点符号。1919 年，陈望道写出《新式标点的用法》，详细、具体地介绍了 10 种标点符号的使用方法。1920 年，国语统一筹备会制定出 12 种标点符号，我国开始有了“标点符号”这一名称，其体例一直沿用到新中国成立之前。新中国成立后，国家出版总署总结了“五四”以来人们使用标点符号的规律，于 1951 年公布了《标点符号用法》，标点符号更趋完善。

苗族的文字

由于分布的不集中，方言差别的悬殊和历代统治者压迫等各方面的原因，苗族历史上没有过统一通行的语言文字。

就所见到的资料而言，在苗族社会中曾先后出现过以下几种文字：18世纪，湖南城步苗族使用的篆字式苗文；波拉苗文；英国传教士在贵州赫章及黔东南(凯棠)设计的汉字注音字母拼音苗文；法人陆西代在云南泸西、路南、陆良等地为当地苗族设计的篆体象形苗文；湘西圣板塘苗文；新

中国成立初边胞大学苗族同学在吴玉章指导下设计的拉丁字母苗文方案;20世纪50年代在共产党、人民政府的帮助下,设计的拉丁字母苗文方案(③套,①个方言①套)。其中还不包括民间传说中的文字和在苗区发现的不能认识而被怀疑的苗字(如黔东南雷公山上雷苗公坪碑文)。

以上诸苗文中,作用较大的为波拉文字(③套)、拉丁字母文字和圣板塘苗文。

古代文体溯源

1.论辩

这一类文章现在叫议论文或论说文。论就是论述,辩就是反驳。它包括哲学论文、政治论文、史学论文、文学评论等。这类文体一直传下来了,古今没有大的区别。如《墨子·公输》、《荀子·劝学》是先秦诸子的哲学论文,《孙子·谋攻》是军事科学论文,苏洵的《六国论》是一篇史学论文,贾谊的《论积贮疏》从内容上看,是一篇有名的政治论文,它是论述当时政治措施上采用某一政策的重要性的。韩愈的《师说》,也是一篇政治论文,它从理论上阐明了从师的重要性。文学评论有名的如曹丕的《典论·论文》,白居易的《与元九书》等。

议论文从表现手法分,又可分为二类:一类是以论述为主的,如贾谊的《过秦论》;另一类是以反驳为主的,如范缜的《神灭论》。

2.序跋

这类文章就是一本书前面的序言或后序,现在也有这种文体,只是名称改了,一般叫做“前言”。南北朝以前,序都是放在书的后面的,如《史记》的《太史公自序》、《汉书》的《叙传》等。从萧统的《文选》开始序才移到书的前面,它主要介绍全书的内容、体例等,但也有些序是发挥某一个道理或叙述某一事情的经过的。

3.奏议

这类文章是封建时代臣子上给皇帝的书信。有表、书、疏、封事等名称,如李斯的《谏逐客书》、晁错的《论贵粟疏》、胡铨的《戊午上高宗封事》

等。它的内容,有的是对皇上有所劝谏,有的是对国家大策有所建议,有的是弹劾某一大臣的。

“对策”也属于这一类,它是汉代察举人才时,由皇帝出题,应举者陈述他对某一政治问题的意见的一种文体。如贾谊的《治安策》、晁错的《贤良对策》等。

4.书说

“书”就是指一般的书信。如司马迁的《报任安书》、吴均的《与朱元思书》等。“说”大多是战国时游说之士游说别国君主的言辞。如《苏秦以连横说秦》中的大篇言辞就属于这一类。王安石的《答司马谏议书》是一篇“书”;《邹忌讽齐王纳谏》是邹忌劝告齐威王听取全国臣民的意见,以革新政治。

5.赠序

这是一种特殊的文体,它是由古代的“赠言”演变而来的,到唐初才成为一种文体。它和序跋类的“序”不同,是一种临别赠言。如《送东阳马生序》,是宋濂在他的弟子、同乡马君则要回家乡时,送给他的一篇赠序,内容是劝马生要虚心好学,发奋读书。

6.诏令

这类文章是皇帝写给臣民的书信。有命令性质。如汉代的《高帝求贤诏》、《武帝求茂才异等诏》等。

还有“檄”也属于这一类。有的檄是用来晓谕的。如司马相如《谕巴蜀檄》,它是向蜀人阐明朝廷政策的。有的檄是用来声讨的,如唐代骆宾王给徐敬业写的《讨武瞾檄》,就是历史上有名的檄文。

7.传状

“传”这类文章就是传记体散文。这种文体在我国历史上特别发达,从司马迁的《史记》开始到清代,简直数不胜数。它是记述某一个人生平事迹的,一般是记叙死者的事迹的。如《史记》的《项羽本纪》、《留侯世家》、《淮阴侯列传》,《三国志》的《诸葛亮传》等等。

“状”又叫“行状”、“行略”、“事略”等,它和“传”稍有点区别,“传”一般

是记叙某一个人一生的事迹的,要求越全面越好。"状"没有这个要求,只要求记载某一人某一方面的事迹就可以了。本来它是封建时代呈给礼官为死者议谥号或给史官为死者立传提供材料的,如柳宗元的《段太尉逸事状》就是有名的一篇状。

8.碑志

这类文章分两类:一类是碑铭,一类是墓志铭。从内容看,碑铭就是记事性散文,墓志铭就是传记体散文。不过它们的用处比较特别。碑铭是刻在石碑上的,我们在游览名胜古迹时经常可以见到。它的内容很广泛,有的是记载皇帝封禅(祭祀)的,如李斯的《泰山刻文》,是记载秦始皇封禅泰山这件事情的。有的是记功的,如韩愈写的《平淮西碑》,它是记载唐代李愬等人平定淮西藩镇割据势力的功勋的。有的是记载寺观、桥梁等兴建过程的,如王简栖的《头陀寺记》、韩愈的《南海神庙碑》。这种文章当代也有,如某一大桥建成了,桥头立一块石碑,上面的碑文就相当于古代的碑铭。

墓志铭是记载死者生前事迹的。将它刻在一块石头上,死者安葬时,把它埋在墓穴里。据说是为了防备山陵河谷的变迁,以便后人辨认的。如韩愈《柳子厚墓志铭》就是写得很出色的一篇墓志铭。

9.杂记

这是包括传状、碑志类以外的一切记叙文在内,有刻石的,有不刻石的。

(1)以说理为主的散文

寓言属于这一类的散文,如《庄子》的《庖丁解牛》,《韩非子》的《郑人买履》、《扁鹊见蔡桓公》,《列子》中的《愚公移山》,《吕氏春秋》的《刻舟求剑》,还有柳宗元的《三戒》之一《黔之驴》,马中锡的《中山狼传》。它的故事性很强,有人物,有情节,但它主要是通过叙述故事说明某一个道理,如《中山狼传》,柳宗元的《捕蛇者说》,范仲淹的《岳阳楼记》,王安石的《游褒禅山记》,都属于这一类。另外,韩愈的《马说》,龚自珍的《病梅馆记》,也可以归入这一类。

(2)记事性散文

它是记叙某一件事情的。如《口技》、《李愬雪夜入蔡州》、《赤壁之战》、《狱中杂记》等。

(3)写景物的散文

这类文章是描写景物的，大部分是游记。《三峡》、《石钟山记》、《游黄山记》，它们都是描写高山大川的景色的。《核舟记》也属于这一类，它是详细描写核舟这一件手工艺品的。《桃花源记》虽不是写实景，但也可以归入游记这一类。

(4)笔记体散文

这类文章也叫随笔。明清时特别发达，它是作者在读书和工作过程中有些心得，随手记下来的。它不像其他的散文那样，是经过缜密地构思后写成的，不追求情节曲折，形象动人，而只是要求把它所要写的事情或道理明明白白地记下来就行了，如《梦溪笔谈》中的《活板》、《采草药》、《雁荡山》。而有的笔记体散文，作者也是经过周密地构思后写成的，可以说是一篇优美的记事散文或传记体散文。

10.箴铭

这一类文章是用于规诫的，大多是用来诫勉自己的，如刘禹锡《陋室铭》就是这一类文章中的名篇。

11.颂赞

这一类是用来歌颂或赞扬别人的文章。如《左传·子产不毁乡校》，柳宗元《伊尹五就桀赞》等。现在也有这样的文章，如茅盾的《白杨礼赞》。

12.辞赋

赋作为文体是汉代才开始盛行的。它是介于诗与文之间的一种文体。它的特点是“铺采摛文，状物写志”。用现在话说就是用排比事类，堆砌大量的华丽辞藻描写某一事物，来达到讽喻的目的。从形式看，它的句式以四言六言为主，要求押韵、对仗、用典等。其实汉代的赋大部分空洞无物，都是替统治者歌功颂德、点缀升平的，哪里有什么讽喻!有名的赋如扬雄的《甘泉赋》，司马相如的《子虚赋》，班固的《两都赋》，张衡的《二京赋》等。东汉以后的小赋，有的还比较有意义，如《阿房宫赋》。

13.哀祭

这一类是哀悼死者的文章，平常我们叫祭文。如韩愈的《祭十二郎文》，欧阳修的《祭石曼卿文》等。还有“诔”也属于这一类，也是哀悼死者的。如《红楼梦》中的《芙蓉诔》，就是贾宝玉用来哀悼晴雯的。这类文体传

下来了，只是名称改了，现在叫"悼词"。

从上可以看到，有的文体已经消亡了，有的传下来了，有的虽传下来了，但名称改了。

大学英语考级

是指全国大学英语四、六级考试，英文为 College English Test，缩写为CET。是根据理工科本科和文理科本科用的两个《大学英语教学大纲》，由教育部(原国家教育委员会)高等教育司组织的全国统一的单科性标准化教学考试，分大学英语四级考试(CET-4)和六级考试(CET-6)。大学英语四、六级标准化考试自 1986 年末开始筹备，1987 年正式实施。大学英语四、六级考试无论在信度上还是在效度上都符合大规模标准化考试的要求，其考试结果得到了社会的承认，目前的考试规模已达到每年240 万人次。大学英语考级经历了一个不断完善的过程。为提高考试的效度和信度，近年来采取了一系列的改革措施。例如：①采用新题型，增加主观题的比例；②设作文最低分，使师生更加重视写作能力的培养；③报道平均级点分，以准确反映学校的总体教学水平。经教育部主管部门的批准，于 1999 年 5 月起在部分院校逐步实施大学英语口语考试，报考对象暂定为大学英语四、六级考试成绩达到 80 分的在校本科生及在校研究生，符合报考条件者自愿参加。考试每年举行两次，合格者发给证书。此外，全国大学英语考试委员会已开始开展 CET 计算机化考试的研究，使CET 考试更具科学化和现代化。

雅 思

是国际新兴起的英语水平考核方式，英文全称为 International English Language Testing System，缩写为 IELTS，意为国际英语水平测试系统。是英国文化委员会在海外组织的，以要在英语环境中学习或培训母语为其他语言的人为测试对象的英语考试，是到澳大利亚、新西兰、加拿大、英国等英联邦国家留学或移民所要求的重要考试。俗称"英国使馆考试"，亦被称作"雅思"考试。在全球 105 个国家共设有 224 个考试中心，1990 年 4 月在中国开始推广。雅思考试由英国驻华使馆负责管理,内地已设有 10 个考点,并安排了具体的时间。1999 年全球 IELTS考试的 15 大考试中心中,中国的北京、上海、广州、香港分列第一、三、四、十五位。考试分听、说、读、写四个部分,每部分满分为 9 分,总分是四部分成绩的平均分。目前我国公派到英国学习的访问学者或攻读硕士、博士学位的研究生均需参加此考试。一般来说,访问学者要求达到 6 分,研究生6.5 分。越来越多的澳大利亚学校在录取海外学生时要求申请人参加此考试并获得 6-7 分的成绩。题型设计较为科学,尤其是口语项目,要求考生与考官进行一对一的谈话,精确评估考生的听说能力;而与 TOEFL 相比,有固定的作文项目,能更清楚地体现考生的写作能力。雅思考试是一种新型的语言水平测试,与人们熟知的托福考试不同的是,雅思考试不强调学生的死记硬背,而是要求考生灵活地运用语言。不过,权威人士并不认为托福考试已行将没落,并称托福考试在成熟性方面仍优于雅思。

托 福

是指由美国教育测验服务社(Educational Testing Service,ETS)在全世界举办的,一种针对母语非英语的人进行的英语水平的考试,英文写为 Test Of English as a Foreign Language,缩写为 TOEFL。TOEFL 是出国留学(美国、加拿大)的必备考试成绩,美国和加拿大已有超过 2400 所大学和学院承认这项考试成绩,规定了申请者的最低 TOEFL 录取分数线。TOEFL 成绩与奖学金的成功率是相关的。一般来说,如果我国考生的 TOEFL 成绩能达到 580 分,则有可能被美国普通大学的研究生院录取;如果能考到 620 分左右,则申请奖学金的机会就更大了。国外许多政府部门、私人和机构奖学金计划、执照证明机构等,也是依据 TOEFL 成绩来评审接受人的英文程度。在国内,TOEFL 亦是英语水平的一种证明,有一些单位(特别是三资企业)采用它衡量应聘者的英语水平。从 1998 年 7 月起,托福考试在许多国家从传统的纸笔方式转变成电脑方式。

HSK

是指专为测量外国人、华侨和国内少数民族汉语水平而设立的专门考试。它是中国自己研制并首次推向海内外的汉语语言考试,是在世界上逐步确立中国对外汉语教学权威性地位的重要手段之一。由北京语言学院承担的汉语水平考试(HSK)是国家教委“七五”规划博士点基金项目之一,从1984年开始研究以来,就汉语水平考试的一系列问题进行了理论上的探索,并先后编出4套试题在全国33所高校试用。迄今为止,已有85个国家的8390多人参加过这种考试,在国内外引起很大反响。汉语水平考试从1990年起每年举行3次,其中1月15日、10月15日在北京语言学院举行,6月15日在北京(北京语言学院、北京大学)、天津(南开大学)、上海(复旦大学)、大连(大连外国语学院)等四大城市的5个考点举行。凡考试成绩达到规定标准者,由国家对外汉语教学领导小组办公室颁发相应的HSK证书。

GRE

是研究生入学考试的简称,英文写为Graduate Record Examination,缩写为GRE。GRE考试不但是美国大学研究生院选拔培养高级研究人才的重要依据,同时也是其他各大学研究生院决定是否向申请人提供奖学金资助的重要参考条件之一。GRE由美国教育考试服务(Educational Testing Service,简称ETS)主办,中国国外考试协调处负责中国归口管理和承办GKE等国外考试。GRE考试分为普通考试(General)和专业考试(Subject)两种。考生需要根据自身的条件和申请学校的要求参加其中一项或双项考试。普通考试的目的在于:根据大学毕业生的基础知识和能力水平,对考生在高级阶段从事学术研究的一般潜在能力做出衡量,而不涉及任何专业的特殊要求。专业考试的目的则在于测试考生在某一学科领域或专业领域中所获得的知识和技能以及能力水平的高低。GRE普通考试共分7个部分试题。每个部分考试时间为30分钟。其中包括词汇部分、数量部分和分析部分三类题型。有人说,GRE普通考试很难,其实,难就难在单词上。GRE普通考试的词汇量要求20000个左右。在我国进行的GRE专业考试,包括数学、物理学、生物学、化学、生物化学、细胞与分子生物学、计算机科学、工程学、经济学、教育学、地质学、历史

学、英国文学、音乐、政治学、心理学和社会学等。

GMAT

GMAT是Graduate Management Admission Test (研究生管理科学入学考试)的简称。美国、英国、澳大利亚等国家的高校都采用GMAT考试的成绩来评估申请入学者是否适合于在商业、经济和管理等专业的研究生阶段学习,以决定是否录取。GMAT考试不仅考查申请人的语言能力和数学能力,还要测试其头脑反应、逻辑思维和解决实际问题的能力。一般来说,GMAT考试可以比较真实地反映应试者的英语水平,因而受到越来越多学校的重视和好评。目前,全世界的近千名大学采用GMAT考试。GMAT考试是由美国经企业管理专业研究生入学考试委员会(GMAC)委托新泽西州普林斯顿的美国考试中心(ETS)主办的,在我国的举办单位是中国国外考试协调处(CIECB)。我国的GMAT考试已经使用计算机化考试,在考试过程中,屏幕上一次只显示一道题,题目是根据内容和难度从题库中任意选出的。通常情况下,第一道题难度适中,后面的题则根据考生答题情况给出。计算机化考试对计算机操作的要求并不算太高,考试之前,考生会有时间上机练习,熟悉鼠标的使用和选择答案、打字、下一道题等操作。考试过程中,还可随时按“帮助”键。考试中间有两次5分钟的休息时间。考试包括语文(Verbal)、数学(Quanfiafive)和分析性写作(Nalytical Writing Questions)三部分试题。数学部分包括数据充分性和问题解答,75分钟37题;语文部分包括句子改错、阅读理解和评论性推理,75分钟41题;而分析性写作则是测试逻辑思维能力和表达复杂思想的能力,30分钟两道作文题目。我国内地考生通过中国国外考试协调处报名参加此考试,一般考试4个星期后,考生就将收到成绩通知单。另外,考生想参加几次GMAT考试都可以。但是,如果重复参加考试,考生的最后一次成绩将和最近两次成绩一起交到报名的学校,学校会将几次成绩加以平均。除非有理由确信可获得实质性的进步,否则不必重复参加考试。这一点,GMAT和GRE是一样的,只有TOEFL考试可以无数次地参加而不受前面成绩的影响。

WSK

WSK 即出国人员全国外语水平考试，是国家教育委员会设立，由国家教委考试中心组织实施的外语水平考试，是为检测非外语专业人员的外语水平而设立的，其成绩主要用于选拔公费出国留学人员，也用于评定专业技术职称、聘用外语人才或其他用途，每年考试 3 次。最初只有英语水平考试(EPT)，专门用来鉴定赴英语国家留学人员的英语水平。随着我国对外交流的扩大，考试的语种逐渐增至英语、法语、德语、日语和俄语 5 个语种。WSK 的英、日、俄语 3 个语种的考试，程度相当于大学外语专业本科二年级结束时水平。英语考写作、听力、语法结构和词汇、完型填空、阅读理解 5 个部分。日语考听力、文字词汇、语法、阅读理解、对话理解、翻译 6 个部分。俄语考试项目与英语相同。以上 3 个语种的考试时间均为 140 分钟。考试成绩满分为 160 分，出国合格线为110 分，其中听力成绩必须达到 24 分。成绩合格者可申请办理“全国外语水平考试合格证”并可申请公费出国进修。德、法语两个语种除了参加笔试以外，笔试成绩合格者还须参加口试，口试合格方可申请办理“全国外语水平考试合格证”。因为 WSK 是对非外语专业人员的外语水平考试，所以具有不同于专业外语考试的一些特点。首先，它不依据某一教学课程的学习内容来命制试题，凡能满足考试要求的课程或教材都适于考生的语言训练和应试准备。其次，作为非外语专业人员的外语考试，测试的重点不在于考生掌握外语的精确性，而在于运用外语进行交流的能力。WSK 是标准参照性考试，各语种评价标准的设定，比照了国内或国外有关语言能力的等级。考虑到各种的语言特点及其普及程度的不同，它们的某些能力要求也不相同。但是，它们通过严格的试题编制程序、题目预测、专家定性分析、计算机评卷、分数加权及线性回归等标准化技术手段，保证了参加同一语种不同年度间考试的考生成绩的等值。目前 WSK 除用于考核出国留学人员外，还适用于有关外语培训中心对其学员外语水平的评估，以及企业、事业单位对其工作人员外语水平的鉴定，非外语专业人员职称评定时的外语水平鉴定，其他外语自学者对其外语水平的评估等多种用途。实际上，WSK 的英语考试成绩已经得到了某些外国院校的认可。1994 年以后德语考试的成绩，还被德国驻华使馆作为对中国赴德留学生人员签证的德语水平依据。

WSK 每年举行三次考试,在全国设立了 31 个考点,考生个人或集体可就近报考。第一次考试定于 3 月的第四个星期六,考英语、日语和俄语,报名时间为每年 1 月的第一个星期一,持续 10 天;第二次考试定于 7 月的第一个星期六,考法语和德语,口试于次日举行,报名时间为 5 月的第一个星期一,持续至 10 天;第三次考试定于 9 月的第三个星期六,考英语,报名时间为 5 月的第一个星期一,持续 10 天。考生报名可以函报,但必须提前 20 天与考点联系。报名又分别采取集体报名和个人报名两种办法。集体报名须持单位介绍信,详细写明每位考生的出生年月日和姓名;个人报名须持本人的居民身份证或护照(军人凭相应的身份证件)。报名时,考生须交近期二寸正面免冠照片一张。英语、日语和俄语 3 个语种可在全国各考点报名考试。WSK 的考试成绩由教育部考试中心签发,成绩报告单一般在试后六周左右,由各考点转发给有关单位或个人,考试成绩对于出国人员有效为 2年,如作为其他用途的参考则不受此年限限制。

BEC 商务英语证书

商务英语考试是中国教育部考试中心和英国剑桥大学考试委员会合作设置的英语水平考试。1993 年起开始举办商务英语证书(Business English Certificate)考试。该系列考试是一项水平考试,根据商务工作的实际需要,对考生在商务和一般生活环境下使用英语的能力从听、说、读、写 4 个方面进行全面考查,对成绩合格者提供由英国剑桥大学考试委员会颁发的标准统一的成绩证书。该证书由于其颁发机构的权威性,在英国、英联邦各国及欧洲大多数国家的商业企业部门均获得认可,作为确认证书持有者英语能力证明的首选证书,也是在所有举办该项考试的国家和地区求职的“通行证”。在一些国家,许多大学要求获得 BEC 证书者才能获得工商管理硕士(MBA)学位和参加学位课程学习。目前,BEC 考试已经从中国推广到亚洲、欧洲、南美洲、澳洲等 60 多个国家。商务英语证书考试(BEC)由中英双方合办。英国剑桥大学考试委员会负责命题、阅卷、颁发证书,中国教育部考试中心负责报名、印制试卷和组织考试。

PETS

是中国教育部考试中心设计并负责的全国性英语水平考试体系，英文写为 Public English Test System，缩写 PETS，意为全国公共英语等级考试。共有五个级别：PETSl 是初始级，其考试要求略高于初中毕业生的英语水平。PETSlB 是 PETSl 的附属级。PETS2 是中下级，其考试要求相当于普通高中优秀毕业生的英语水平。PETS3 是中间级，其考试要求相当于我国学生高中毕业后在大专院校又学了 2 年公共英语或自学了同等程度英语课程的水平。PETS4 是中上级，其考试要求相当于我国学生高中毕业后在大学至少又学习了 3–4 年的公共英语或自学了同等程度英语课程的水平。PETS5 是最高级，其考试要求相当于我国大学英语专业二年级结束时的水平。这五个级别的考试标准建立在同一能力表上，相互间既有明显的区别又有内在的联系。目前 PETS–1B 至 4 级，每年开考1 次，PETS–5 级每年开考 2 次。PETS 重点考查交际能力，但并不完全排斥对语言知识(语法、词汇等)的考查。所以，PETS 考查的内容包括：听力、语言知识、阅读写作、口语。PETS 在考生资格方面，无年龄、职业以及受教育程度的限制，原则上任何人都可参加。人们可以根据自己的英语水平选择参加其中任何一个级别的考试。

MSE

是英国剑桥大学考试委员会根据欧洲委员会制定的语言教学大纲设计的英语等级考试，剑桥大学考试委员会称之为主体系列考试，英文写为 Main Suite Examinations，缩写为 MSE。教育部考试中心和英国剑桥大学考试委员会合作，于 1996 年引进英语入门考试(Key English Test)和初级英语考试(Preliminary English Test)，于 1999 年引进第一英语证书考试(First Certificatein English)。这三项考试分别是五级证书考试中第一、第二和第三级。该系列考试是一种对考生的英语听、说、读、写能力进行考查的水平考试。对成绩及格者提供由英国剑桥大学考试委员会颁发的成绩合格证书。该证书由于其考试的科学性、稳定性、权威性，在世界各国获得承认，

被用于入学、就业等各种用途。目前英国剑桥大学考试委员会在全世界135个国家设有考点,每年参加MSE考试的人数达30多万。

TSE英语口语测试

是美国教育考试服务处为母语为非英语国家的学生提供的英语口语水平考试。英文写为Test of Spoken English,缩写为TSE,意为英语口语测试。该考试主要是测试考生的口语能力。TSE考试分为TSE(A)和TSE(B)两种。凡是打算申请美国、加拿大大学助学金的申请者都应参加TSE(A)考试,申请其他类型奖学金者可以参加TSE(B)考试。TSE考试由中国国外考试协调处负责承办。报名一般应该在考试日期的前两个月开始。考试全部过程约为60分钟,实际考试时间20分钟,考生答题录到磁带上的答案录音累计时间约为6分钟。试题的指导说明在试题册和制好的试题磁带上,考生对试题的回答将录在空白的答题磁带上。

洋话连篇

是现代英语口语教材。《洋话连篇宝典》是中国第一本提出“生存英语”概念的英语口语大全,一本地道的现代英语口语教材。风行全国各省市60余家电视台的“洋话连篇”节目就是取材于本书。该书系统地把英语划分成100个情景,每一个情景仅有10句话解决实际问题;打破国际音标的限制,用最现代的“美式拼音”彻底“美”化发音;它还注重学习心理与技巧相结合,依据中国人学英语的特点,充分调动耳、眼、口,将最常用的生活美语印在人们的脑海。即使是英语初学者也可以在4–6个月,掌握本书的内容,精通英语口语。

《走遍美国》

是一套在中国畅销数百万册、在全球35个国家同步使用的生活化美

语教材，英文定为Family Mbum USA。它不同于一般所谓“情景对话”的教材。它是以“电视影集”的形式出现的。故事围绕着一个典型的美国家庭四代人生活展开，具有常有的人情味、隽永的幽默感。这套教材使用典型的美语。由于故事角色覆盖了祖孙四代，因此，读者可以熟悉属于不同年龄层次的美国口语。这套教材体现了当代课程教学理论，其中最突出的是“交际教学法”，尤其以“非语言交际”和“跨文化交际”为其特点，前者通过剧中演员们的演技，把表情和体态语言发挥得淋漓尽致，使学习者有如面对美国人交谈的“临场感”，后者则接着美国文化与生活的单元，细述美国生活的形形色色，使学习者透过对美国文化和生活的体验，学到活生生的美国英语。

《走向未来》

是由4家世界闻名的英国教学权威机构——英国广播公司英语教学部、朗文出版公司英语教学部、英国文化委员会和剑桥大学考试委员会——合作，历经数载编制而成的大型多媒体英语教学系列课程。英文写为Look Ahead。这套课程从初级开始，到课程结束可达中级水平。三位英美主持人以纯正的英国英语和美国英语及自然风趣的主持风格为整个节目穿针引线，画龙点睛。情景对话，卡通片，图示，字幕，采访，实录，系列剧，彼此相辅相成，既体现了活生生的语言交际功能，又突出了英语学习的重点。

AAA英语

是旅美华人君亮·W教授针对中国人而设计的，是一套易学易记、生动、实用、强效的“最新自学速成”教材。1992年出现在我国。它采用一种独特而科学的“正向迁移法”使不同层次的人都能适应。它有几个重要的概念，即“正向迁移”，“Assurance(安全感)”，“Achievement(成就感)”，以及“Acceleration(加速度)”。所谓正向迁移，就是指一个人，尤其是成人，在学习或接受一个新东西时，总要用自己已有的观念和知识来分析、评价这个东西。这样，就可能造成语言上的错误和文化上的误解。但是，只要学习者

有意识地将两种语言、两种文化进行对比、对照，能够自觉地改变和调整自己固有的框框，并且利用母语作为支援力量，大胆地利用它，就能造成"正向迁移"。Assurance(安全感)是指，教材在内容上、单词量上、编排上都比较接近学习者的心理(AAA 英语主要针对成年华人)，使他们一接触到教材就有一种安全感。Achievement(成就感)是指，该教材是按场景来编排的，每学一个单元，熟悉一个场景，对这个场景所有的对话、内容都了如指掌，而且学了就能用，能产生一种成就感。有了这两种感觉，加上教材通俗易懂，语法讲解详细，利用母语作为支援，这样便容易达到速成的效果，即 Acceleration(加速度)。

疯狂英语

是由李阳创立，在 20 世纪 90 年代中期流行于中国的英语学习方法。李阳在阐述了"一个典型的中国人学习英语的故事"以及"英语学习者的痛苦心声"之后，提出了自己的解决方案。他的学习理念是，首先要有疯狂的学习精神和若干导致"疯狂"的技巧，其次是以句子为中心的学习方法。疯狂的实质就是学习者必须进入某种状态，即自我营造一个学习的环境，依靠激情来消除人的惰性和学习时的羞怯心理。以句子为中心，一方面，是将语言的形式和某些典型句子的内容绑定，而不是直接对语言形式进行记忆。这样，在记忆语言的形式时，就有了固定的参照内容，从而易于记住语言的形式。另一方面，这些句子表达了某些典型的场景或思想，记住它就记住了语言的内容。疯狂英语受到了很多人的欢迎。它激发了中国人学习英语的热情，指出了许多学习者的误区。但是也有专家认为它依然存在某些局限。其一，尽管很多人都承认"疯狂"的重要性，但由于性格、环境等诸多问题的限制，要长久地保持"疯狂"的状态是十分困难的。其二，尽管它搜集了许多典型的流行句子，但是，这些句子之间缺乏有机的联系。要把这么多缺乏联系的、缺乏现实应用环境的句子记住，是困难的。

英语学习逆向法

是由钟道隆教授提出的英语学习方法。这种方法强调英语学习成效

不大的原因有三点:一是基础不扎实,二是急于求成,三是得不到指导和鼓励。对于这些原因,逆向法一一逆之。对于基础不扎实的问题,逆向法以录音带上的声音为学习内容 (不用课本, 也没有老师一课一课地进行讲解),以录音机和各种词典为老师,进行"听、写、说、背、想",由自己将录音机上的内容写下来,完全消化。对于急于求成的问题,逆向法强调先扎扎实实地学好基础英语,主张树立长期刻苦努力学习的思想,同时特别强调要争分夺秒,一个词一个词,一句话一句话地学。对于得不到指导和鼓励的问题,逆向法认为自己可以使学习英语成为一种兴趣,一种享受。具体地说,在听录音的过程中,遇到不懂的地方,将这些记下来,经过努力后听懂了,所取得的成绩明明白白地记在纸上,因此会很有成就感,由此产生兴趣而得到享受。应该说,逆向法抓住了中国学生学习英语的通病。这就是基本功不扎实。逆向法提出的解决方案,就是回溯到学习者力所能及的地方,通过心无旁骛地"听、写、说、背、想",将听到的语言内容自己写出来,使学习者对语言内容及语言形式达到深刻的理解。

捷进英语

是英国当代英语教学大师亚历山大继《跟我学》以及《新概念英语》之后的精心之作。英文写为 Direct English。亚历山大强调:"这部作品几乎已耗尽我全部精力,以后不会再有如此大而全的作品产生了。"对于那些学了10年英语还不敢张嘴的英语学习者来说,解决问题的办法也许就在眼前。《捷进英语》是一本结合 20 世纪 90 年代语言发展特点而编著的"新一代交际式英语教材"。由于历史原因,我国的英语教学体系重语法、轻实用,致使许多学生考试时分数很高,到了实际运用时却成了"聋子"、"哑巴"。而《捷进英语》将会改变这一尴尬的状况。

沛沛英语

是由著名语言教育专家辛沛沛经过几年的潜心研究创造出的英语学习方法。学英语的关键是要有个"随身"的英语环境,你走到哪里都能听到,最重要的是听起来不费劲,能不知不觉地迅速提高英语水平。1. 用录

音带创造语言环境。(用汉语描述场景)2. 让学习者不费劲地就能把每句英语听进去。(用汉语场景提示)3. 听起来"轻松随意"。一个单词造出8个句子,每句英语的节拍设计在7个之内,使用高效记忆背景音乐。

东方快车

是目前最流行的中英互译系列软件。它包括《东方快车2000》、《东方快车3000》、《东方快车世纪号》等等。它有多个专业词库可以使用,操作简单。主要功能包括:1. 英中翻译:能够将英文软件界面、窗口、文本,快速汉化翻译成中文。2.网页翻译:智能汉化网页,识别该译与不该译的内容,而且汉化快捷,平滑滚屏如同浏览中文网页。3. 东方快文:交互式操作可以让用户编辑整理翻译结果,并且将结果进行保存。英汉对照,译文与原文对比显示,操作更加直观。4. 东方快典:指即译,鼠标指到哪里就翻译到哪里。5. 词库维护:用户可以自主添加和维护自己的词库。

金山快译

是目前最流行的中英互译系列软件。是金山公司最新推出的全能汉化翻译平台。它能进行网页、文本高智能的快速汉化与高质量的全文翻译,同时有近200个常用软件的汉化包,可以进行常用英文软件任意界面的汉化。该软件向用户提供了十个涉及面广、使用频繁、译文精确的专业词库,它们是:医药词库、电子词库、海洋词库、航空词库、化学词库、经贸词库、计算机词库、机械词库、冶金词库、数学词库。

美国之音

是由美国政府资助的国际广播服务机构,英文写为Voice of America,缩写为VOA。每周向全世界播放900多小时的节目。其中Special English又叫"慢速英语",是VOA电台专为全世界非英语国家初学英语的听众安排的一种简易、规范的英语广播节目。该节目创始于上世纪50年代末期,是VOA电台的专家们研究如何与世界各地的英语学习者进行交际的产

物。它正式开播于1959年10月。当时只面向欧洲和中东，但由于这个节目适合许多国家英语学习者的需要，所以它的广播对象不久就扩大到世界其他地区，并很快在全世界范围内产生了广泛的影响。Special English 的主要特点在于：1.它是一种由美国人最常用的1500个基本单词为主体构成的美国英语。2.它用简短、明晰的句子写作和广播。3.它以每分钟90个单词的速度，即2/3的Standard English(标准英语)速度进行广播。所以，它是英语初学者提高听力的一种很好的途径。Special English 的节目可分为两大类：一类是新闻节目；一类是专题节目。

英国广播公司

英国广播公司设立于1927年1月1日，是英国公共广播电视机构，英文定为British Broadcasting Corporation，缩写BBC。其经费主要来源于政府收转的电视执照费。对外广播的经费由政府拨款。此外，该公司还出售电视片、出版每周节目预告和简介作为经费来源的补充。1995年9月27日，英国广播公司开始进行数字广播，成为英国第一家开设高质量数字广播的公司。公司的业务分三部分：对内广播、对外广播及电视台。该公司在英国国内拥有四套(台)广播节目网和两套(台)电视广播网。公司的机构近年来经过多次调整，现除人事、财务等部门外，中心业务部门合并、精简为六大中心：广播中心(BBC Broadcasting)、制作中心(BBC Production)、新闻中心(BBC News)、环球服务中心(BBC World-wide)、资源中心(BBC Resource)、管理中心(Management Centre)。

第二章 语 种

克尔特语族

克尔特语族是印欧语系之一。古代克尔特语相当繁盛，流行于欧洲和小亚细亚。纪元后逐渐衰亡。克尔特语族分三个语支：

1. 高卢语支——高卢语(已消亡)等；

2. 不列颠语支——威尔士语、布列塔尼语、皮克特语(已消亡)、康瓦尔语(已消亡)。

3. 盖尔语支——爱尔兰语、苏格兰语、曼语等。

现代克尔特语仅通用于爱尔兰、苏格兰、威尔士和法国的西北部。有公元4世纪的爱尔兰碑铭以及七八世纪的注释文字。有些学者主张与罗马语族合并为罗马——克尔特语族。

意大利语族

意大利语族所使用的字母来自古意大利字母表，而其又来自希腊字母表。通过公元前五六世纪的拉丁碑刻铭文，证实了有意大利语族的存在。在公元前1500年左右，意大利语族才在意大利半岛被人们所使用，最初的意大利语族使用者可能是从欧洲中部、中东部沿多瑙河迁徙而来。他们到来之前，意大利半岛上的居民主要使用的是非印欧语系语言。

从通俗拉丁语中衍生出了罗曼语族，之下包括了47种语言。

目前已知的分类有两个：

1.奥斯坎—翁布里亚语支

奥斯坎语:亚平宁半岛中南部曾经使用。

翁布里亚语(和意大利语的翁布里亚方言不同),曾经在中北部使用。

2.拉丁·法利希语支

法利希语:曾在罗马城北方 Falerii Veteres(现在的 Civita Castellana)地区附近使用。

拉丁语:曾在意大利中西部使用,罗马帝国的扩张最终将此语遍布整个帝国,也传播至欧亚非其他地方。

日耳曼语族

日耳曼语族是印欧语系的主要语族之一。所属各语言使用于北欧、中欧(德国、奥地利、卢森堡等)、西欧(英国、比利时、荷兰)以及欧洲之外的英语国家和地区,总人口在 4.8 亿以上。通常认为,日耳曼语言是印欧语言内发生"日耳曼语音变"时分化出来的;原始印欧语的复杂词形变化到了现代日耳曼诸语言里又进一步简化,句法上词序趋于固定。词汇方面,日耳曼诸语言内部的相似性很明显。这一语族分为三支:北支、西支和东支,其中西支包括原来的三个方言。

北支:丹麦语、瑞典语、挪威语、冰岛语(同属斯堪地纳维亚半岛的芬兰语属于斯拉夫语族);

西支:英语、德语、荷兰语、南非荷兰语、佛兰芒语、依地语、弗里西亚语等;

东支:东日耳曼语支是印欧语系日耳曼语族之下一个已经灭绝的语支,唯一已知文字的东日耳曼语支语言是哥特语。其他被认定同是东日耳曼语支的语言有汪达尔语、勃艮地语、伦巴底语和克里米亚哥特语。有学者相信在 18 世纪之前克里米亚哥特语仍然被使用。

罗曼语族

罗曼语族也被称为意大利克语族、罗马语族和拉丁语族。罗曼语族属于印欧语系,是从拉丁语演化而来的现代诸语言。在古罗马帝国瓦解之后,拉丁语也随地域的不同而产生各类方言。罗曼语族主要包括以下几种

语言:法语、西班牙语、葡萄牙语、意大利语、罗马尼亚语。这些方言就是今日罗曼诸语言的雏形。尽管都是从拉丁语演化而来的,但是由于历史传统的彼此隔绝、古罗马帝国统治前的地域性古语的影响、罗马帝国覆灭后频繁的战争和社会变迁,以及文艺复兴时期各种地域文化之间的冲突和共融等原因,造成罗曼诸语言之间存在比较显著的差别。比如,现代罗曼语以冠词和介词来替代拉丁文复杂的格变化;拉丁文也不具备现代罗曼语用助动词来构成复合时态的特点。

随着罗曼诸语言的发展,在拉丁语中最先成为独立语言分裂出来的是萨丁尼亚语,随后东部的罗马尼亚语也与拉丁语脱离,成为独立语言。第三个重要变革是意大利语与高卢——伊比利亚语言的分离。这个时候,法国和伊比利亚半岛诸国的语言仍然具有高度的一致性。罗曼语言发展的第四次重大变化过程是伊比利亚半岛的语言和法语脱离,逐渐形成西班牙语和葡萄牙语。

西班牙语是罗曼诸语言中被使用最多的语言,其后依次是葡萄牙语、法语、意大利语和罗马尼亚语。葡萄牙语、法语和罗马尼亚语是罗曼语族中最具独特性的,而这三种语言的独特性又各不相同。

苗瑶语族

苗瑶语族是汉藏语系的语族之一。分苗、瑶两个语支。苗语支包括苗语和一部分瑶族人说的布努语,瑶语支只是大部分瑶族人说的瑶语。居住在中国广东省增城、博罗等县的畲族人所说的畲语也属此语族,但语支未定。苗瑶语族语言分布于中国贵州省、广西壮族自治区、云南省、湖南省、广东省、四川省和越南、老挝、泰国、缅甸等国家。

苗瑶语族的语言每个音节都有声调,居于音节末尾的辅音有限。苗语没有塞音韵尾(布努语的壮语借词例外)和双唇鼻音韵尾;元音不分长短。瑶语支除个别地区外,都有塞音韵尾和双唇鼻音韵尾,元音分长短。苗瑶语言有和汉语相同的声调系统。古苗瑶语分平、上、去、入四声。除个别地区外,现在四声又因古声母的清、浊各分化为两个声调,有的分化以后,又有合并现象。

词序和虚词是表达语法意义的主要手段。句子的主语在谓语前,宾语在作谓语的动词后。除个别作“好”、“坏”、“新”、“旧”讲的形容词外,形容词作修饰语时居后。代名词、数量词组作修饰语时居前。名词作领属性修饰语时居前。名词作限制性修饰语时,苗语支居后,瑶语支居前。指示词作修饰语时,苗语支居后,瑶语支居前。除个别地区外,苗语支的量词可以单独修饰名词,表示定指单量;瑶语支的量词不能单独修饰名词。苗语支和瑶语支有相当数量的同源词。都有大量的汉语借词,瑶语尤多。随着借词的吸收,都增加了新的韵母,改变或增加了某些语法意义的表达方式。

壮侗语族

汉藏语系的语族之一。壮侗语族分布在中国广西壮族自治区、云南、贵州、广东、海南和湖南南部,也通行于泰国、老挝、缅甸、越南北方和印度东北部的阿萨姆邦,形成东南亚一个很重要的语言群。壮傣语支的语言,国际上统称台语。使用壮侗语族语言的人口,中国有2300多万。

壮侗语族又分三个语支:

壮傣语支(又称台语支):包括壮语、布依语、傣语等。

侗水语支:包括饲语、侗语、仫佬语、毛南语、拉珈语、佯俄语、莫语等。

黎语支:包括黎语,有人认为仡佬语也属于这个语族。

藏缅语族

藏缅语族主要分布在亚洲地区的中国、缅甸、不丹、锡金、尼泊尔、印度、泰国等国境内。中国的藏缅语族语言主要分布在西南、西北、中南等地区。

藏缅语族分四个语支:

藏语支:藏语、嘉戎语、门巴语等;

景颇语支:景颇语等;

彝语支:彝语、傈僳语、哈尼语、拉祜语、纳西语、基诺语等;

缅语支:载佤语、阿昌语等。

爱尔兰语

爱尔兰岛在公元4世纪左右出现了和爱尔兰语相关的文字记录。现存关于爱尔兰语最早的记录，是在一种被称为“欧甘”(Ogham)的特殊石头上发现的。在公元前7世纪左右，盖尔人就开始在爱尔兰岛上定居，从事农业生产和饲养家畜。有人认为，在欧洲发现的最早书面文字，是在公元前8世纪左右以古典希腊文写成的，再来则是在公元前1世纪左右以拉丁文写成的作品。公元432年，圣派特瑞克(SL Patrick)从欧洲大陆抵达爱尔兰。一般说，是圣派特瑞克将罗马字母介绍到了爱尔兰。

爱尔兰语字母表是由拉丁字母组成，分为新拼字法和旧拼字法。爱尔兰语在英语中也称为Irish、Gaelic或Erse，因此在汉语中爱尔兰语也有“盖德尔语”、“盖尔语”或“爱尔兰盖尔语”等其他译名。爱尔兰语在语言分类上属于印欧语系的凯尔特语族，和同属该语族的布列塔尼语、威尔士语以及苏格兰盖尔语有相当密切的关系。爱尔兰语是爱尔兰共和国的官方语言，同时也是北爱尔兰官方承认的区域语言，使用人口约有26万。

希腊语

公元前2000年，从巴尔干半岛迁移到希腊半岛的人们创造希腊语。约在公元前1000年，出现了根据腓尼基语改制的希腊字母表。这是有元音字母，也有辅音字母的第一个字母表。古代希腊语原有26个字母，荷马时期后逐渐演变并确定为24个，一直沿用到现代希腊语中。从第4世纪到第15世纪，希腊语是拜占庭帝国的官方方言；以后在土耳其统治期间，希腊人仍然讲希腊语。现代希腊语约在9世纪开始成型，到19世纪成为希腊王国的官方语言。

希腊语最后分化出四种方言：依奥利亚(Aeolic)、爱奥尼亚(lonic)、阿卡狄亚·塞普路斯(Acado-Cyprian)、多利安(Doric)。

古典希腊语与现代希腊语有很大不同。首先，很多词的意义是不同的，一些古词消失，另一些有了新的含义。其次，文法方面，古典希腊语文法比较复杂，现代希腊语比较简单。再次，在书写方面也是现代希腊语比较简化。由于民族复杂，也有政治、宗教方面原因，历史上的希腊语言无时无刻不在变化。现在操希腊语的，约有1000万人，其中包括塞普路斯岛上的50多万人。

在以后的几百年中，随着雅典城的兴起，一种叫雅典语的爱奥尼亚方

言,产生了古典时期伟大的文学作品。雅典语成了希腊语的主要形式及共同语(Koine)的基础。雅典语的使用范围,远远超过现代希腊的疆界。在亚历山大大帝远征以后,雅典语的使用范围东边远达印度,后来罗马帝国把雅典语奉为第二语言。

俄罗斯语

俄罗斯语属印欧语系斯拉夫语族东斯拉夫语支,简称俄语,在世界范围内使用俄罗斯语的主要分布在俄罗斯,是俄罗斯各族的共同交际语;另外还有部分分布在欧洲、大洋洲等地区。为国际通用语言之一。中国俄罗斯族使用的俄语属南部方言,主要分布于新疆维吾尔自治区伊犁、塔城、阿勒泰及内蒙古自治区呼伦贝尔盟额尔古纳右旗等地。

阿尔巴尼亚语

阿尔巴尼亚语在印欧语系中属于独立的语言，是阿尔巴尼亚的官方语言。阿尔巴尼亚语使用者主要分布于阿尔巴尼亚,也通行于南斯拉夫塞尔维亚共和国的阿尔巴尼亚人聚居地区，在希腊与阿尔巴尼亚接壤的小部分地区和意大利南部的阿尔巴尼亚人聚居地区也有人使用。总的使用人口约450万。

1908年11月14日,马纳斯蒂尔代表大会确定了阿尔巴尼亚语现在使用的拉丁字母表。文字以拉丁字母为基础,共有36个字母,其中包括2个加符字母、9个二合字母。拼写和发音基本一致。名词分阳性、阴性、中性,有单数和复数、定指和不定指之分,有6个格。连接小词是特有的词类,它连接名词和形容词、名词和属格名词或名词和属格代词。形容词一般位于名词后,与名词的性和数一致。

吐火罗语

1890年,英国军官鲍威尔(Bower)在库车发现了吐火罗语古代桦树皮

写本,这被称为第一份吐火罗文书。之后最重要的发掘是由一支普鲁士探险队和法国探险队完成的，在中国新疆吐鲁番发现大批健驮逻语、安息语、古波斯语、粟特语、和阗塞语古写本残卷,还发现一批用婆罗米字母书写的不为人知的语言的残卷;1907 年，法国探险家伯希和在新疆库车西 16 公里处的卡伦峡谷和敦煌两地发现婆罗米木简并带回巴黎。最终使得大多数现有的吐火罗文卷本被保存在柏林和巴黎。

吐火罗文是用一种发源于北印度的音节字母书写的，这种被称之为婆罗米字母(Brahmi)的系统在当地(指公元 6 ~ 8 世纪的塔里木河流域)和同时代的其他地方被用来抄写梵文的卷本。吐火罗语构成了印欧语言当中一个独立的分支,和临近的其他印欧语言有着相当大的差距。吐火罗语首先受到了伊朗诸语言的影响,之后是梵语。相比而言,汉语的影响是较少的,表现在度量衡和年月的表示上。

荷兰语

荷兰语属于印欧语系。荷兰语是荷兰官方语言,它介于同属日耳曼语族的德语和英语之间,是最接近英语的语言。最早的荷兰语文献可追溯到 12 世纪的弗兰德斯。当代荷兰语是五种方言群体的集合:东北方言即萨克森方言、东南方言即东部低地法兰科方言、被通称为西部低地法兰科方言的中西部方言、中南部方言、西南部方言。荷兰的弗里斯兰省的语言通常单独列为一种语言:弗里斯兰语。

荷兰语的字母与英文相同，但荷兰语中并不使用 Q、X、Y 这三个字母,它们只有当语句中含有外语时,才可能出现。因为荷兰人长期以来是一个航海民族,所以荷兰语在世界很多语言中留有痕迹。许多荷兰语航海词汇,为其他语言所采用。

汉 语

汉语是世界主要语言之一,属汉藏语系,是这个语系里最主要的语言。

古代没有拼音,就使用反切,即是用两个认识会念的字,取第一个的声母,取第二个的韵母,拼合起来就行了。当时的回族兄弟不学汉字,学习

阿拉伯语,但他们用阿拉伯文的字母来拼写口语(汉语),所以这是中国最早的拼音。元朝,蒙古统治者用改变了的藏文的字母来拼写汉语等语言,叫八思巴字。虽然不是专门拼写汉语的,但是,也算汉语拼音的一种。明朝,西方传教士用拉丁字母拼写汉语,是中国最早的拉丁字拼音。明末清初,出现了用简单的古字表现汉语语音的拼音方式。中华民国年间,政府制定了“注音字母”,就是这个系统的集中表现。现在台湾地区依然使用,但是,同时也出现了拉丁字的拼音运动,而且,跟左翼人士的政治运动结合很密切。中华人民共和国成立后,政府立即制定了“汉语拼音方案”,就是现在使用的这一套方案。

汉语属于独立语、分析语。汉语的书写方式是一种象形文字的汉字。“五四”新文化运动之前所使用的书面语叫做“文言”,是一种孔子时代所使用的以“雅言”为基础的书面语。“五四”运动之后所推动的书面汉语通常被称为“白话”,它的标准音是北京音。汉语的标准语在中国内地称为普通话。

汉语作为世界特有的象形文字语言,文字高度统一与规范。现代汉语有统一和规范的语法,尽管方言发音差异特别大,但是书面语言规范,没有方言差异造成的书面交流障碍。汉语的超方言性对维系中华民族的统一起了巨大的作用。

彝 语

彝语属汉藏语系,藏缅语族,彝语支。中国的彝语,分北部、东部、南部、东南部、西部、中部6个方言,其中包括5个次方言,即东部方言又分滇黔次方言、滇东北次方言和盘县次方言;北部方言又分北部次方言和南部次方言。还分25个土语。北部方言分布在四川、云南的大、小凉山地区,东部方言分布在贵州和云南东北部,南部方言分布在云南和广西,其余3个方言都分布在云南。使用人口约400万。彝族原有一种音节文字(也有人认为是表意文字),1956年设计了拉丁字母形式的凉山彝族拼音文字方案。1975年四川凉山彝族地区制定了四川《彝文规范试行方案》,共确定819个规范彝字,1980年国务院批准在四川彝区推行使用。彝语在国外,主要分布在缅甸、泰国和越南。

嘉绒语

嘉绒语属于汉藏语系藏缅语族的羌语支，通行于四川省的甘孜藏族自治州和阿坝藏族羌族自治州。嘉绒语是一种非常原始的语言，是汉藏语系的“活化石”，它保留了原始汉藏语的一些语音形式(例如复杂的复辅音)和构词手段。嘉绒语对了解古汉语的语音和语法有重大的意义，因为语言历史比较有助于构拟上古汉语的语音系统。

嘉绒语的动词形态相当丰富，除了时态，还表示人称范畴：动词的人称和数与主语／宾语一致。在汉藏语系里，除了嘉绒语，有许多语言也呈现动词的人称标记，例如景颇语。有的学者甚至怀疑，原始汉藏语可能有相同的动词人称标记，但是这个标记系统在汉语、藏语和缅甸语里消失了，只保留在比较原始的语言里。

在汉藏语系里，藏语和汉语具有悠久的文献传统，却丢失了原始语一些很重要的特征，反而处于边缘地区的语言比较接近原始语。

德 语

德语属于印欧语系下日耳曼语族下的西日耳曼语，是德国、奥地利的官方语言，也是瑞士的 4 种官方语言之一。德语是 1 亿多人使用的母语。它最初在德国、奥地利、瑞士北部、列支敦士登、卢森堡、意大利南提洛尔、比利时的一小部分地区、部分波兰地区和部分法国阿尔萨斯地区内使用。德语分为高地德语和低地德语。高地德语是西日耳曼语，主要通用于德国、奥地利、列支敦士登、瑞士和卢森堡，也用于一些临近的地区，是现代德语的主体。低地德语通常分为三大体系：东低地德语，包括柏林、梅伦堡等地区所使用的东、西普鲁士德语都是东低地德语的一种。

现代德语方言分为中部德语和上德语两部分，标准德语以中部德语为基础。奥地利和瑞士的方言属于上德语。德语语言区南部有比较多的方言，如奥地利方言、施瓦本方言、巴伐利亚方言、黑森方言、科隆方言、柏林方言等。

第三章 说文解字

“传”溯源

1. 自传:本人叙述自己生平事迹的文字。

2. 内传:有两种,一种是古代经学家把专门解释经义的书叫内传;另一种是指记载传主的遗闻逸事为主的传记小说,如《隋书·经籍志二》有《汉武内传》等。

3. 外传:与内传相对而言,也有两种:一种是古代附经作家传,广引事例,但不完全以解释经义为主的书;另一种是指凡人物为正史以君主传为纲的纪传体类史书所不记载,或正史虽有记载而另外作传,记其遗闻逸事的传记文章。如《赵飞燕外传》、《啻力士外传》等。

4. 别传:除正式的传记外,文人自己所作的别人传记,或另外传述某人的某些事迹,一般称为别传。

5. 列传:司马迁的《史记》中用来记述一般人和老百姓事迹的传记文章。

6. 家传:叙述先人事迹以传示后人的文章,或为同宗人所写,或别人受其后人所托而作。

7. 正传:是为塑造的典型人物作传的小说,如鲁迅的《阿 Q 正传》。“传”这一名目本是从“闲话休题,言归正传”的套话中借用来的。

8. 小传:略记某人事迹的文章,如唐代李商隐写的《李贺小传》(见《李义山》集),还有在诗文总集的前后或附于篇首姓名之下,略述作者籍贯、履历的文字。

9. 评传:评传的特点:第一是有叙有评,有的先叙后评,有的先评后叙,有的边叙边评,有的夹叙夹评;第二是着重在评,评在传中占主要地位;第三是评传的“评”,实际上是作者对传中人和事的表态,主要由作者

提出自己的见解看法。

10. 单传：一传只写一人，或以一人为中心而连带叙及一些相关的人。如《史记·伍子胥列传》、《史记·商君列传》等。立单传的标准，通常是由人和事决定的。

11. 合传：一个传合写几个人物的谓之合传。如《史记·孙子吴起列传》、《史记·樊郦滕灌列传》等。立合传的原则，一般是功业相似者、行迹相类者、际遇相同者、相互对立者。在合传中，传主的地位都是平等的，无主从、无大小、无轻重之分。

12. 类传：以类相从，并列一传，谓之类传。如《史记·仲尼弟子列传》、《儒林列传》等。类传以"类"为主，人人并列，无所主附。

13. 附传：以一人事迹附于另一人传中，叫附传。如《史记·田叔列传》附田仁及白安事迹等。附传只能依附于主传，不能独立，往往附着于主体之后。

14. 寄传：以事迹寄叙于他人传内，谓之寄传。如《史记》以徐乐严安事寄叙于《平津侯主父列传》中，寄传不是单独成立的传，一般是夹叙在主传之内。

15. 带传：以事为经，由事带人。如《史记·大宛列传》记大宛事，而带出张骞、李广利等人。带传的特点是：以事寓人，由事出人。

16. 复传：以多种传式用于一传者，名之为复传。如《史记·乐毅列传》附乐乘、乐闲，寄述河上丈人、安期生、毛声公、乐瑕公等。这样具有单传、附传、寄传几种形式，复杂多样。

"家"溯源

以往学者对"家"字的本义有各种解释：许慎《说文·宀部》云："家，居也。从宀、豭，省声。"又云："宀，交覆深屋也，象形。"《说文·豕部》又云："豭，牡豕也。"即认为"家"本是一个形声字，像一座人字架屋顶的房屋，本义则是人们居住的场所。清人段玉裁不同意此说，认为"家"字本义为"猪圈"。罗振玉又指出，"豚"才是指古代豕圈，此字与"家"字并见于甲文，构形又判然有别，段说乃属望文生义。吴宪斋则认为，"家"字本义乃古人"陈豕于屋下"而祭祀祖先的场所。

“家”字之本义非“豕之居”是明显的，至于说是祭祀祖先的场所则又不妥。在甲骨、金文中所记“家”字确有不少是含有宗庙意义者，但宗庙是国家出现之产物，而祭祀祖先的活动早在原始社会时期就已经产生了。卜辞中所记作为宗庙的“家”，只能是它的引申之义。不过把“家”字本义理解为私有财富的标志也是值得商榷的，因房屋和家畜并不是主要的财富。据文献记载，我国古代人民群众是在自己的居室以内祭祖，称之为“寝”，即中室，也就是主室。我国春秋时期所说的“家”，大都是指住屋中的主室。在当时，“家”的本义是指家祭和家族。

“她”溯源

在“五四”初期的白话文中，第三人称代词，不管女性、男性、人称或物称，都用“他”，稍后才有人用“伊”作女性第三人称代词，称物则仍用“他”，更后才有“他”、“她”“牠”(即“它”)之分。

鲁迅先生说过，“她”和“它”字是刘半农创造的，还将之誉为刘半农打的一个“大仗”。

刘半农是新文化运动初期的重要作家之一，也是著名的语言学家。当时，他不满 30 岁，已在全国最高学府——北大任教。他在 1918 年最先把“她”字专作女性第三人称代词。

“梨园”溯源

梨园，原是唐代都城长安的一个地名，唐中宗(705～710 年)时，梨园只不过是皇家禁苑中与枣园、桑园、桃园、樱桃园并存的一个果木园。果木园中设有离宫别殿、酒亭球场等，是供帝后、皇戚、贵臣宴饮游乐的场所。后来由于唐玄宗热爱音乐、舞蹈，于是将梨园逐渐开辟为一座演习歌舞戏曲的场所。后来就与戏曲艺术联系在一起，成为艺术组织和艺人的代名词。人们习惯上称戏班、剧团为“梨园”，戏曲演员为“梨园子弟”，把几代人从事戏曲艺术的家庭称为“梨园世家”，戏剧界称为“梨园行”等。

“纨绔”溯源

“纨”是一种质地柔软极细极薄的丝织品。“纨绔”，就是用这种料子做成的裤子。当时，穿得起用这种料子做的衣服的人，只能是富贵人家的子弟。于是“纨绔”一词，被用来指那种专门吃喝玩乐的富贵子弟。

东汉班固撰写的《汉书·叙传上》记载：班固的族祖班伯是著名历史学家。少年时聪颖过人，过目不忘。经人推荐拜师丹为老师，从此，专门攻读《诗经》。班伯学习认真，有自己的独到见解，不久，得到了大将军王风的赏识，向朝廷推荐了班伯。

一天，汉武帝在宫中召见班伯，见他人品端庄，谈论古代经典时有条有理，因此十分喜欢他，当即封他为中常侍。自此，班伯替汉武帝传达诏令和掌握文书，成了汉武帝不可多得的心腹侍从。

当时，汉武帝极其崇尚经学。每天由郑宽中、张禹等人到未央宫里的金华殿讲授《尚书》和《论语》。自从班伯到来，汉武帝即下诏书，召班伯也到金华殿来讲授诗书。

班伯讲经书时，博古通今，并且能说出各家经书的不同处，汉武帝十分赏识。因此，班伯春风得意。

可是，好景不长。几年之后，金华殿讲经中断了，班伯整天无所事事，同时又以为自己已有满肚子学问，无须再刻苦学习了。于是，整天陪伴皇帝的外戚王氏、许氏子弟吃喝玩乐，肆意挥霍，一代天才就这样沉沦了。《汉书》记录了这件事，其中有两句写道：“与王许子弟为群，在于绮襦纨绔之间。”从此以后，“纨绔”这一名称就成为富贵人家的子弟的代名词了。

“王八”溯源

自古以来，骂人之词以骂畜生、杂种、王八者占多。早先，这“王八”一词并无辱骂之意。《史记·龟策传》载八种龟之名，其八曰王龟。唐宋之前，俗称王八的乌龟与龙、凤、麟合称为“四灵”，被视为祥瑞。古人以龟起名者

甚多,对龟(王八)绝无贬义。

五代前蜀主王建排行第八,少时无赖,以屠牛、盗驴、贩私盐为事,里人谓之贼王八(见《新五代史·前蜀世家》)。"王八"作为骂人之词大概源于此。清朝赵翼在《陔余丛考》卷三十八中对"王八"一词作了解释。王八,明人小说又谓"忘八",即忘掉"悌孝忠信礼义廉耻"这八个字,是无耻之徒。还有人将娼妇之夫比作王八,说龟不能性交,纵牝者与蛇交。骂人"王八",意即其妻有外淫之事。再者,古娼家头着绿头巾,而后人以为乌龟之头为绿色,于是称娼夫为乌龟头、王八。

"爬灰"溯源

《红楼梦》中,焦大骂贾府时说:"……爬灰的爬灰,养小叔子的养小叔子。""爬灰"是一俗语,又叫"扒灰",指的是公公与儿媳妇发生不正当的两性关系。

翁媳乱伦,为何叫做"爬灰"呢?

一种说法是,这一俗语源于王安石的故事:王安石的儿子王秀,早年辞世,他的妻子青年守寡,另筑小楼居住。王安石出于对儿媳的关心,经常去探望她。而媳妇却错解了公公的意思,以为王安石心怀不轨,于是题诗于壁,以明心迹。王安石见了题诗,颇为尴尬,就用指甲去扒壁灰。这样一来,外间就有了"扒灰"的说法。

显然,这种传说是牵强附会的,很可能是政敌捏造出来用以诬蔑王安石的。

另一种说法是:"爬灰"是谐音转语。爬灰必污膝,"污膝"与"污媳"谐音。这一说法源于清代李元复《常谈丛录》:"俗以淫于子妇者为扒灰,盖为污媳之隐语,膝媳音同。扒行灰上,则膝污也。"

这一说法似乎可信,但仍难以自圆其说。"爬灰"在生活中是不大可能的事,而"扒灰"者,又何以必定污膝呢?

清代王有光另有一说。王氏在《吴下谚联》中谈到"扒灰"的来历:过去,神庙遍地,香火特盛。为了敬鬼神,人们往往大量焚烧涂有锡箔的纸钱。日久天长,锡灰渐多,庙主将锡灰出售,倒能获得好价钱。消息传出,贪利之徒就往往到寺庙中偷扒锡灰。"扒灰",偷锡也。锡、媳同音,以为隐语。

看来,王有光的解释是有一定道理的。“扒灰”的目的是为了偷锡,而“锡”“媳”谐音,“偷锡”转为“偷媳”。这或是“扒灰”一语的来源。

“黄色”溯源

人们为什么把格调低下、内容不健康的书刊、录像制品称为“黄色”呢? 原来雌黄是古代常用的一种毒性很大的颜料, 古代的纸张漂白能力差,故略带黄色,雌黄正好是半透明的柠檬色或略带浅褐色,涂上去既能把墨色掩盖,又和纸的颜色近似,不易分辨。所以说,“黄色”也是一种弄虚作假的潜在的精神毒物。

1887 年,法国蒙索明市的一个厂主为了破坏工人罢工,收买了工贼所组织的假工会,当时罢工的工人怒火满腔,组织工人起来捣毁了这个假工会会所的玻璃窗,资方假工会就以黄色纸裱褙挡风遮阳,因而此工会被称为见不得人的“黄色工会”。后来,“黄色”就成为低级趣味的代名词。

还有一种说法,19 世纪的美国,有两个报业资本家为了赚钱,在他们所办的报纸上竞相登载低级趣味的连环画,“黄色孩童”就是其中之一,它是黄色报纸的起源。后来人们就以“黄色”象征腐化堕落。

黄色书籍往往被人简称“黄书”。殊不知,我国明清之际王夫之有一部政论著作名《黄书》,上述简称易引起误会。另外,“扫黄”也不宜称“治黄”,因为报纸上早已把整治黄河简称为“治黄”了。

“三味”溯源

鲁迅的散文名篇《从百草园到三味书屋》中有个“三味书屋”,它在绍兴城内鲁迅故居的附近,是鲁迅先生少年时读书的地方。何为“三味”?原来取自“读经味如稻粱,读史味如肴馔,读诸子百家,味如醯醢”的古语。其大意是:读四书五经之类味如吃米面,是食之本;读经典史记味如吃喝佳肴美酒;而读诸子百家学说,则味如酱醋,好比烹调中的佐料。“三味书屋”的横匾是清代乾嘉年间的著名书法家梁山舟书写的。当时,匾的两旁还悬挂着一副木刻对联:“至乐无声唯孝悌,太羹有味是读书。”

“三味”,还有一义指“劝学”,即“再三体味”——反复钻研、体会、思

考。与“三昧”音形近似的词有“三昧”。“三昧”本为佛教用语，是古印度梵文的音译，意为“定”、“正受”或“等待”，即止息杂虑，心专注于一境，正受所观之法，能平等保持不昏沉、不散乱的状态，为佛教重要修行方法之一。后来引申为事物的诀要或精义，如称在某方面造诣深湛为“得其三昧”。

“小康”溯源

党的十六大提出，在我国全面建设小康社会。关于“小康”一词，古代共有三种解释。一、早在西周时候，小康一词即已出现。《诗经》上的《大雅·民劳》中有“民亦劳止，汔可小康”的句子。在这里，小康是生活比较安定的意思。二、儒家把比“大同”理想较低级的一种社会称作小康。三、指家庭经济比较宽裕，如宋人洪迈所著《夷坚志》卷一就有“(刘)庠……久困于穷，冀以小康”的话。

“咨询”溯源

《三国志·蜀志·后主太子璇传》记载，蜀后主延熙元年正月立刘璇为皇太子，策有“咨询典礼，敬友师傅，斟酌众善，翼成尔德”等语，可见三国时已有“咨询”一词。

比它稍早，则见于东汉文学家王逸《九思·疾世》：“纷载驱兮高驰，将咨询兮皇羲。”商务印书馆《辞源》曾据以作为“咨询”一词的最早出处，其实非是。成书于战国初年的《左传·襄公四年》有“访问于善有咨，咨亲为询”之句，《春秋左传词典》(杨伯峻等编)释咨为“咨询”。

溯始探源，“咨询”一词的最早出处应是《诗经·小雅·皇皇者华》五章：“载驰载驱，周爰咨询。”这是一篇君遣使臣之诗，意谓使臣悉心访察民间疾苦以告天子。

“青春”溯源

“青春”一词原指季节中的春季。它始于汉代，为文史学家刘向首先使用。据刘向《楚辞·大招》记载：“青春受谢，白日昭只。”意即春季降临，万物复苏，呈现勃勃生机。此后700多年间，文人墨客用“青春”一词都是这个词意。如杜甫的诗：“白日放歌须纵酒，青春做伴好还乡。”

“青春”一词引申为人的青春年少时，大概最初出现于文学诗歌中的比喻。西晋文学家潘尼《赠陆机出为吴王郎中令》中有这样的诗句：“予涉素秋，子登青春。”素秋比喻老年，青春则喻为年少了。唐玄宗时期，诗人王维也赋予“青春”一词新的含义，泛指人的青春时期。他写了《洛阳女儿行》一诗，其中有两句：“狂夫富贵在青春，意气骄奢剧季伦。”与王维同时代的另一位诗人刘长卿《戏题赠二小男诗》中写道：“欲并老容羞白发，每看儿戏忆青春。”于是，“青春”一词逐渐失去春季的词意，成为青年的代称了。

“公文”溯源

“文书”一词是在两千多年前的西汉出现的。到东汉班固的《汉书·刑法志》中所说“文书盈于几阁，典者不能遍睹”一语中的“文书”，含义已与现代相近。我国最早见之于实物的文书，当推河南安阳小屯村一带出土的甲骨文书。其涉及的内容很广，包括天象变异、旬夕未来、帝王生活、政务、军事、经济。商代文书由卜官主管，他们从事占卜，刻写甲骨文书，记录王室活动，很有权势。这些卜官就是最早的文书工作人员。

古人在木条或竹片上镌刻字，这种狭长的木条、竹片称为“简”。随着社会的发展，就改用可以刻写多行文字的方板，这种方板叫做“牍”。当时所处理的多是“公”务。文书又以“牍”作为文字载体，于是古人把文书叫做“公牍”。

西汉后的两千年间，“文书”和“公牍”两个名称并存。历史上它们有过别名，如汉代曾把部分公牍称为“尺”，唐代又把文书叫“府用文”，但这些别名始终未取代“文书”和“公牍”的名称。

我国古代文书种类繁多，如皇帝颁布的文书，秦代有“制”、“诏”等，两汉时又增设了“册”、“戒”等；臣下给皇帝的文书，秦代有“奏”，两汉又增加了“章”、“表”、“驳议”等。用于狱讼的，周代已有“劾”、“辞”等，汉代开始有个人向官府递呈的“诉状”。民间私人文书，周代开始有“契”、“质剂”。

文书种类历代有增无减，自春秋至清代，各类文书多达八九十种。

历代统治者对每类文书格式、用字、署时、首尾用语，包括用纸等都有

严格规定。历代的文书工作制度很严密，如避讳、撰拟、誊抄、签押、判署澍装、收发登记、传递、承办、催办、保密等，都有明文规定，有所违背，则绳之以法。历代掌管公文者职称不一，周为“史”，秦为“吏”，汉为“史书”、“令史”，魏晋为“典签官”，唐宋为“行军”、“司马”，宋为“推官”、“判官”。元代虽有公文制度，但质量滥恶，管理混乱，这种情况一直延续至明前期。清雍正后，各地官员纷纷延请幕友协力。这一制度一直延至光绪三十年。

“革命”溯源

古时“革命”一词的含义是实施变革以应天命。那时认为帝王受命于天，故称朝代更替为革命。

现代意义的“革命”一词，是孙中山先生倡议采用的。在这之前，从太平天国到兴中会，都把自己的行动称为“造反”、“起义”或“光复”，向来不用“革命”二字。1895 年 9 月，孙中山、陈少白、郑弼臣三人自香港东渡日本，舟过神户时，三人登岸买日本报纸看，报上登有一则标题为《支那革命党领袖孙逸仙抵日》的新闻。看了这条新闻，孙中山对陈少白说：“‘革命’二字出于《易经》‘汤武革命，顺乎天而应乎人’一语，日人称吾党为革命党，意义甚佳，吾党以后即称革命党可也。”从此，革命党人自豪地把自己的行动称作“革命”。“革命”一词遂被赋予了新的时代意义。

“黎民”溯源

在现代汉语语汇中，“黎民”被释作“百姓”。倘若翻阅浩瀚的史籍，则会发现，这二字的来历还颇为复杂。

1．黎民即众民。《诗经·大雅·云汉》：“周余黎民，靡有孑遗。”郑笺：“黎，众也。”

2．这种观点认为，“黎，黑也，民首皆黑，故曰‘黎民’”。也就是说，黎民就是黑面孔的人。

3．郭沫若在《奴隶制时代》一书里认为，黎民就是古书上的人鬲、鬲或民仪，黎、仪、鬲是同音字。民与人同义。黎民就是在日下劳动的面色被晒得像锅底一样黑的百姓。

4. 范文澜认为，居住在南方的皆被称为“蛮族”。其中九黎族最早进入中部地区。九黎族的图腾大约是猛兽，他们多次与炎帝部交锋，终于导致与炎帝族和黄帝族的涿鹿大战(今河北涿鹿县)。结果是，蚩尤斗败被杀，九黎族自此离析，一部分被迫退回南方，一部分留在北方，后来建立黎族，一部分被炎黄部族俘获，直到西周时还留有“黎民”的名称。

范文澜接着指出，夏商周三代，占统治地位的是黄炎夷三族的一百个氏族组合而成的，属于一百个氏族的人统称为百姓。与黎族冲突，所得俘虏称为民、黎，或称黎民。金文中，“民”字像一个裸体人露两乳，足上挂器械的形状。金文“民”字是从最初的“民”字沿袭下来的，并非周人新创。“民”字义训为瞑、为盲、为冥，都含有恶意。古书称百姓与称黎民，显然有贵贱的区别。《尚书》中，舜命契教化百姓，命皋陶用刑法制苗民，命弃播百谷养黎民，实际上是用刑法强迫黎民耕种(播百谷)来养活受教化的百姓。百姓与黎民的区别，意味着奴隶主与奴隶的区别。发展到春秋战国时期，社会动荡，世态炎凉，“百姓”中很多人沦为“黎民”，“黎民”中也有人立了战功或是靠了别的机会跻身“百姓”，于是百姓与黎民的界限渐渐缩小，最后，“黎民”就用来称代“百姓”了，“黎民百姓”放在一起，意思就呈现了趋同性。(见范文澜《中国通史简编》第一册)

5. 岑仲勉认为，黎民在早期是生产的农奴。“黎”字来源于“鬲”字，“鬲”字与众或庶人的意思相同。而“庶人”、“庶民”在周代就是农奴的意思。民字怎么来的呢?《亭林诗文集》卷一有“庶人无氏，不称氏称民”的说法，所以“庶人”即“民”。因为这样一种联系，所以“黎民”两个字合到了一块，到后来成为老百姓、人民群众的泛称。(见岑仲勉《西周社会制度问题》)

6. 胡小石认为，鬲即献(献的繁体字)；人鬲即人献。由于人、民二字可通用，人献即民献。《盂鼎》“人鬲千又百十夫”的“人鬲”，与《尚书·大诰》“民献有十夫也”的“民献”意思相同。“献”的原始意义是献戈投降，引申为献纳投降品、缴纳贡物，民献即献民。概而言之，献民最初是投降的人，是胜利者的奴隶，但后来慢慢发生变化，最后与“百姓”的含义一致。“献”字与“黎”字古音相通，所以“献民”即“黎民”之意。(见胡小石《读契札记》，《江海学刊》1958 年第 1 期)

这便是黎民来源的几说，但不管如何，“黎民”最终成了“百姓”。这可

说是中华民族语词发展史上的一个实例吧。

"双喜"溯源

"囍"字流传甚广，妇孺皆知，它和汉民族的风俗习惯、文化心理有密切关系。"囍"寄托着新婚燕尔的一对新人对自己爱情生活幸福美满的殷切期望，寄托着父母兄弟、亲朋好友对亲人婚姻美满、和谐的美好祝愿。在词典中，至少是在现代汉语词典中，就应该有它的一席之地。词典在收字时不予考虑的，是一些民间流传的俗字，主要是一些异体俗字，或应用范围比较窄的俗字。而"囍"字则非如此，在实际中没有任何一个汉字可以作为它的正字而代替它。

双喜的由来，有这样一则传说，据说与宋朝王安石有关。王安石23岁去赶考，在马家镇遇见马员外家的走马灯上闪出"走马灯，灯马走，灯熄马停步"的征联，不由得拍手称赞："好个上联!"员外听后出来，王安石已经走了。翌日，王安石在考场上文思大发，一挥而就。考官见他聪明，便指着厅前飞虎旗试他："飞虎旗，旗虎飞，旗卷虎藏身。"王安石听后，信口对曰："走马灯，灯马走，灯熄马停步。"主考官听后连声赞叹。

王安石考毕回到马家镇，信步来到马员外家，马员外请他对走马灯上的对子。王安石信手写道："飞虎旗，旗虎飞，旗卷虎藏身。"员外见他才华出众，便将女儿许配给他，择吉日在马府完婚。正当新人拜天地时，报子报道：王大人金榜题名，明日请赴琼林宴。王安石喜上加喜，乘着酒意，挥笔写下大红双喜字贴在门上，并吟道："巧对联成双喜歌，马灯飞虎结丝罗。"从此，双喜字便传开应用于婚礼时张贴了。

"小学"溯源

"小学"二字最早并不专指学校。西汉时称文字学为"小学"，唐宋以后又称"小学"为字学，范围更加扩大，成为文字学、训诂学、音韵学、金石学等的总称。清代《四库全书》又将"小学"缩为三类：训诂、字书、韵书。读书必先识字，掌握字形、字音、字义，学会使用。周朝儿童入学，首先学六甲六书(六甲指儿童练字用的笔画较简单的六组以甲起头的干支。六书即指

事、象形、形声、会意、转注、假借),所以从前把文字学称“小学”,“小学”之名即由此而得,并转化成为初级学校的名称。

“斧正”溯源

“斧正”是一个典故,出自《庄子·徐无鬼》。说的是战国时期,博学的庄子结交了一个朋友惠子,两人在学问上互相切磋,取长补短,交谊很深。后来,惠子早亡,庄子甚为痛惜。一次,庄子路过惠子的墓前,他对随来的人讲了一个故事:

楚国郢都有个人,在刷墙时鼻尖上溅了一点白粉,这点白粉薄得像苍蝇翅膀一样。他找了个工匠帮他去掉,这个工匠让他站稳后,抡起斧子照他的鼻尖就是一下,那个人镇静端立,只觉一股疾风拂面而过,鼻尖上的白粉全都不见了,而鼻子却一点也没受伤。有个国君宋元君听说后,把这个工匠召去,对他说:“听说你运斧成风,请给我表演一下吧。”工匠说:“我确实有过这种技能,可是,和我配合的那个人已死去好久了。”

故事讲到这里,庄子叹息说:“自从惠子死后,我失去了学业上的挚友,再也没有和我谈得投机的人了。”

根据这个故事,后人在请人修改文章时,便常常用“斧正”二字,以示谦恭,还有的写作“斧政”、“削正”、“郢政”,都是这个意思。

“编辑”溯源

《南史·刘苞传》记载:刘苞“少好学,能属文,家有旧书,例皆残蠹,手自编辑,筐箧盈满”。有人据此认为,“编辑”作为一个词汇,它的沿袭使用,是从南朝梁代开始的。此说不妥。

《南史》记述了南朝宋、齐、梁、陈共170年的历史,但它是由唐人李延寿继承父志,删补宋、南齐、梁、陈四书,经16年而成。唐高宗显庆四年(659年),它同《北史》一起,经唐朝政府批准流传。其成书虽早于唐仪凤元年(676年)的《颁行新令制》,和颜真卿作于唐大历九年(774年)的《干禄字书序》(《辞源》考“编辑”一词之源均引此二书)稍晚,但仍为唐代之作。而在此之前有关“编辑”一词的直接史料,目前尚未发现。

因此,“编辑”一词始见于唐初,是应该肯定的。至于将来有新的史料发现,当另作别论。

“稿酬”溯源

稿费在古代叫作润笔。“润笔”一词最早见于《隋书·郑译传》:隋文帝叫李德林起草诏书,高颖在旁边戏道:“笔干了。”郑译也乘机说道:“不得一钱,何以润笔?”后来,人们就把写作文章书画所得的酬劳,包括物与钱谓之润笔。宋人洪迈《容斋随笔》云:“文字润笔,自晋代以来有之,至唐始盛。”又说:“作文受谢,晋宋以来已有之。”

古代文人所得的润笔费,数目十分可观,如钱泳《履园丛话》载:“白乐天为元微之作墓铭,酬以舆马、绫帛、银鞍玉带之类,不可枚举。”皇甫湜为裴度作《福光寺碑》,字数不过三千,裴度赠给他车马丝绸,皇甫湜嫌少,裴度又酬谢绢九千匹。韩愈为文,必索润笔。刘禹锡《祭韩吏部文》“公鼎侯碑,志隧表阡,一字之价,辇金如山”,这虽是形容之辞,有所夸大,但也说明当时稿酬是十分高的。

古来作家们的稿费,就稿酬总收入来说,要算唐朝的李邕最高了。《旧唐书》讲,“邕尤长碑颂”,“中朝衣冠及天下寺观,多赍持金帛,往求其文”“受纳馈遗,以至巨万。时议以为自古鬻文获财,未有如邕者。”

古人得的稿费也有很微薄的。欧阳修请蔡君谟为其《集古录序目》作字刻石,赠给他的只是鼠须栗尾笔、铜绿笔格、大小龙茶等物。杜甫有《闻斛斯六官未归》诗云:

故人南郡去,去索作碑钱。
本卖文为活,翻令室倒悬。
荆扉深蔓草,土锉冷疏烟。

斛斯融为人作碑,稿费无着,要去江陵索取,所得甚微,致使室如悬磬,锅镬无烟。这种情形同中华人民共和国建立前夕那些每天苦苦爬格子,所得无几,过着清贫生活的文人作家相去不远了。

给著作者“润笔”的多少,不同的时代各有差异,从中可以看出知识分子在不同时代地位的高下。唐宋两代重诗文,朝廷科举也以诗取士,尤其唐代自太宗以来大多重视文学,爱好诗歌,文人学士得到重视,地位较高,

社会上也对作者及诗人青眼相加，所以“润笔”一般较高。明代则有不同，文人学士的地位空前下降，所以“润笔”较少。

“枭首”溯源

古代有一种死刑，叫做枭首，做法是把犯人的头砍下来，高挂在木杆子之上。枭是一种鸟，为什么会用作刑罚的名称呢？

据说，枭和一般鸟一样由母枭为幼枭捕食，但母枭老了以后，就力尽眼瞎，不能再为幼枭捕食了。这时，幼枭便一起啄食母枭的肉充饥。母枭用嘴死死叼住树枝，听凭幼枭啄食，一直到死。死后全身被啄光，只剩下脑袋挂在枝头。

刑法中的“枭首”，就是根据枭鸟死后首挂枝头这一特点而命名的。根据历史记载，商代初期就有了枭首之刑，形成制度是从秦代开始的。

“吃醋”溯源

唐太宗李世民时期，人民富足，国家兴旺。出于关怀臣下之心，唐太宗对几位大臣各赐给几名美女做妾。受赐大臣都高高兴兴地接纳，唯独房玄龄推辞不受。

唐太宗想，这一定是房夫人从中作梗，于是便派太监带着一壶“毒酒”去向房夫人传达圣旨。那圣旨是：如果她同意房玄龄接受美女便罢，如果坚持反对，就以违抗圣旨论处，必须立即饮下那壶“毒酒”。

房夫人是个烈性女子，听了圣旨后面无惧色，她毫不犹豫地接过“毒酒”一饮而尽，谁知喝下去后竟安然无恙。原来那壶里装的并不是毒酒，而是醋。

唐太宗只是想吓唬和考验一下房夫人，同她开个玩笑。后来，人们就把爱情方面的嫉妒心理叫做“吃醋”。因为醋是酸的，所以又用“酸溜溜的”来形容。

“推敲”溯源

唐代有位苦吟诗人名叫贾岛。有一次，他到京城去考举人，路上骑着毛驴想出了两句诗:“鸟宿池边树,僧敲月下门。”他又想把“敲”字改为“推”字,反反复复拿不定主意。他不住地在驴背上吟诵这两句诗,还用手比画着推与敲的姿势。

由于想得入了神,没注意到眼前来了大官。当时京兆尹(京城长官)韩愈正带着车马随从迎面而来,贾岛竟冲撞了韩愈的仪仗,一连过了三节,他还在用手比画。

韩愈的随从气愤地把贾岛推到韩愈面前,此时,贾岛如梦初醒,只得如实说他在思考两句诗,拿不准用“推”字还是用“敲”字,以至于神游天外,不知回避。

韩愈听了很感动,不但没有治他的罪,还思索了很久,告诉他说:“用‘敲’字好。”说完还约贾岛一同回到官府谈论做诗,并留贾岛住了许多天,二人成了好朋友。

后来人们就用“推敲”表示深入研究考虑的意思,久而久之,意思固定下来,“推敲”就成了一个词。

“舌耕”溯源

西汉著名学者贾逵自幼博闻强识,聪颖过人。五岁时,姐姐因婚后许久不育,被休弃回家,成为他最亲近的人。

贾逵的邻居十分富有,专请塾师教其子弟,家中不时传出琅琅书声。每听到读书声,贾逵姐姐就抱起他隔着篱笆倾听,从不间断。日积月累,贾逵知道天下有《三坟》、《五典》,而且还能流利地背诵。

贾逵有了厚实的基础,兼之不懈地学习,长大后,知识大增,书法日精,于是把能背诵的《三坟》、《五典》写在剥下的桑皮上;树皮不够,又写到木板和一些家具上。见者赞叹不绝,贾逵声名由此大振。许多好学之士,不远千里,慕名前来求教。贾家门庭若市,一改昔日之冷落。

贾家原很贫寒,现在由于众多求学者的馈赠,粮食满仓,日渐富裕起来。人们说贾逵不是靠力气耕田起家,而是靠舌耕换来的。自此,人们便把教书育人称为“舌耕”。

"OK"溯源

"OK"是个舶来语。字的意思尽人皆知,但这个词是怎么来的?早在1565年,在英国人的遗嘱中就出现了这个词。

有人说,它源于美国内战时期,讲德语的美国人说"OK"表示"Oberoomma"(最高统帅),当时,美国有过这一军衔。有人说,某个德国新闻记者在文章末尾写上"OK",意思是"Ohnekovretur"(没有错误)。

还有的人说,可能源于一个名叫奥托·凯撒(OttoKaiser)的商人,他在检验产品后,在合格产品上都贴上写有自己姓名缩写字母的标签。

美国辞典的说法是:1840年美国民主党总统候选人马丁·范布伦在竞选时,用"OK"作为竞选口号。原来他出生于纽约的老金德胡克(Old Kinderhoek),用这个地名的头两个字母作为竞选口号,意思是"竞选成功"。而语言学家则认为,这是由"Allcorrect"(完全正确)一词的奇怪拼法(OllKorrect)而来。

但是,通常认为"OK"来自美国的一位记者。1839年3月23日《波士顿晨邮报》的一位记者在文章付印前写上了"OK"。研究古希腊语言的学者认为,这位记者曾受过古典的希腊教育,千百年前,希腊教师在批阅优秀学生的文章时,往往在末尾写上"Oiakala"或"OK",意思是一切都好,与英语中"OK"表示的对、好、可以、行的意思差不多。

"名堂"溯源

明堂是上古时候帝王会见诸侯、接见长者的地方。

汉武帝有一次巡狩泰山,看见山上有一处古时明堂遗址,他一时雄心大发,便要在这片遗址上造一座新的明堂,以显示自己的威风。可是,文武百官从来没有见过明堂是什么样儿,只好作罢。

唐朝时,由于国势强大、经济繁荣,重建"明堂"的事又提了出来。武则天让大臣各自上书献策,谈谈明堂是什么样的。没过多久,有人写了《黄帝明堂经》三卷献给武则天,上面绘有巍峨的正殿,四面是清水环绕,水上有响履木铺成的复道通到岸上,非常富丽。

武则天看后感到很高兴，准备照此动工。大臣刘允沧怕修造明堂劳民伤财，于国无利，就写了一篇《明堂赋》，讽喻武后，讥讽那人不知搞的什么"明堂经"，明堂经里也不知弄的什么"明堂"，纯属子虚乌有，胡说八道！武则天看了深为赞许，就没照着那所谓的"明堂经"去造"明堂"。

不久，这事流传开来，就将稀奇古怪别出心裁的东西称做"搞什么明堂"，由于"明"和"名"的读音相同，而"名堂"又能表示"有名的明堂"这样的意思，所以"明堂"慢慢地被写成了"名堂"。

"借光"溯源

人们把凡是请求别人提供某种帮助或从别人那里分享某种荣誉称做"借光"。"借光"这个词由来已久。

据《战国策》记载，战国时秦国将军甘茂曾对齐国使者苏代讲过这样一个故事：在一条江边，住着很多人家，每晚，姑娘们都凑到一起做针线活儿。其中，有一位姑娘家境贫寒，买不起灯烛，其余的姑娘嫌弃她，说她爱占小便宜，拒绝她来。

这位姑娘说："我虽然买不起灯烛，但是我每晚都比别人先来，把屋子打扫干净，把坐席铺设整齐，让大家一来就能舒适地做活，这对你们多少也有些方便。你们的灯反正是要点的，借给我一点儿光又有什么损失呢？"姑娘们觉得她的话很有道理，便把她留下了。

这就是"借光"一词的来历。

"偏袒"溯源

周勃，汉高祖刘邦手下的一员勇将，此人在军中威望甚高。刘邦临死时，深知有人想篡位夺取刘氏天下，因而对周勃寄予极大的希望，曾对人说道："安刘氏者，必勃也！"

刘邦死后，吕氏专权，大力培植吕姓的势力。想到高祖刘邦的重托，周勃决心夺过吕氏的兵权，恢复刘氏的帝业。

一天，周勃把军士们召集在一起，宣布了自己诛吕扶汉的主张。他对士兵们说："凡是拥护吕氏的，就脱掉袖子，露出右臂；凡是拥护刘氏的，

就露出左臂!”周勃的话音刚落,兵士们都“刷”地露出了左臂,表示拥护刘氏,听他的指挥。很快,吕氏就垮台了。

偏是偏向一方的意思,袒是裸露的意思。“偏袒”一词的意思就是这样来的。现在使用这个词,它的意义当然不是“露出左臂”了,而是在它原意的基础上,引申出“偏向”的意义。所谓偏袒,就指偏向、袒护。

“刘海”溯源

人们把女子垂在前额的整齐的短发称为“刘海”。其实,刘海本为“留孩”,专指小孩子所留的头发。

在古代,女孩子 15 岁时便盘发插笄(簪子)表示成年。男孩子则于 15 岁时束发为髻,到 20 岁时再行表示成年的“冠礼”而戴冠。

古时男女幼童所留的头发又是有区别的：男孩留的是额上左右两角的胎发,称之为“兆”;女孩子则留垂于额头中央的胎发,叫做“髦”。这种孩童时代所留的头发,统称为“留孩发”。而女孩子待到成年之后,有时从打扮考虑,依旧让额头头发自然下垂。“时髦”之说即由此而来。

由于“刘海”与“留孩”古时发音完全相同,“留孩”又本为口语俗称,故书面文字就写作“刘海”。

“铜臭”溯源

人们如果批评某人太爱钱,就称之充满了“铜臭气”。“铜臭”一词自然成了一个贬义词。关于“铜臭”一词的由来,这里面还有一个典故。

据《后汉书》记载:东汉时,一个叫崔烈的人,用 500 串铜钱买了个相当于丞相的司徒官职。由于司徒与太尉、御史大夫合称“三公”,是掌握军政大权、辅助皇帝的最高长官,所以,人们虽对崔烈的丑行议论纷纷,但当着他的面谁也不敢谈及此事。

一天,崔烈问儿子崔钧:“吾居三公,于议者何如?”意思是说,人们对我当上三公有何议论。崔钧据实相告:“论者嫌其铜臭。”自此,后人常用“铜臭”来讥讽有钱的人。

“马虎”溯源

马虎，是近代才流行的一个形容词，是形容人做事丢三落四，糊里糊涂。

传说，古时有个二百五画家，喜欢画虎和马。一次，他刚画成一个虎头，有位朋友来请他画匹马，画家顺笔一挥，虎头下面添上了马身。朋友见他画得不伦不类就问他：“你画的是马还是虎？”画家随口答道：“管他是什么，马马虎虎吧！”朋友生气而去。

画家随手把这幅画挂在墙壁上。他的大儿子问道：“父亲，上面画的是什么呀？”画家漫不经心地答道：“是马。”二儿子见了也问他，画家又随便地答道：“是虎。”两个孩子遂马虎不辨。

一日，大孩子遇到一只老虎，以为是马，就想骑它，结果被老虎吃掉了；老二碰上一个人牵着一匹马，却以为是虎，拉弓将马射死，结果被人打个半死。于是，人们便送给画家一个外号：“马虎先生”。

“知音”溯源

知音意思是知己朋友。这一词来源于春秋战国时期。相传，春秋战国时期，晋国有一个擅长弹琴的小官吏，名叫俞伯牙，他所弹的曲调典雅动听，但一般人却难以听懂曲调的意思。

有一次，伯牙回乡坐船途经汉水，准备在船上过夜。那夜皎月当空，伯牙顿起弹琴雅兴，便差人在船头焚香置琴，而后独自对月弹琴，幽雅的琴声在龟山脚下飘扬。这时，一个名叫钟子期的樵夫，在回家路上忽然听到了伯牙的琴声。钟子期很感兴趣，便跑到崖边偷听起来。

伯牙先弹了一阵志在高山的曲调，钟子期一听，情不自禁地说道：“好啊！峨峨兮若泰山！”伯牙又弹了一阵意在流水的曲子，樵夫又迫不及待地说道：“好啊！洋洋兮若江河！”

伯牙两次听到有人在崖边夸奖他的琴声，连琴也不弹了，连忙上岸找到樵夫，热情地邀他到船上畅谈。两人一见如故，结为好友。

一次，伯牙与子期出游到泰山，刚巧碰到一场暴雨，他俩便一起躲进一个岩洞。由于心情郁闷，伯牙又弹起琴来，开始一曲表达遇到下雨的心情，接着弹出了雷鸣山崩的情绪。伯牙每弹奏一段曲子，子期都将他所想表达的思想感情解释得一清二楚。伯牙弹完曲子，放下琴，感叹道："好啊！子期所理解的，正是我所想的，子期真是听琴的知音啊！"

后来，人们便把彼此相互了解、最知心的朋友称为"知音"。

"入伍"溯源

参军叫入伍，与我国古代军阶编制有关。据《周礼》载：我国古代军队里"五人为伍，五伍为两，五两为卒，五卒为旅，五旅为师，五师为军"。

从西周时代起，军队就是按伍、两、卒、旅、师、军编制的。那时，社会基层单位叫"比"，五户为一比。当兵时，五户各送一名男丁，一比共送五人，组成一个伍，不管干什么，五人总是在一起。历代军队编制虽然不断变化，但"伍"的叫法却一直流传至今。

近代的班、排、连代替了古老的伍、两、卒，但人们仍然习惯把参军叫做"入伍"，把退出军队称为"退伍"。

"目的"溯源

"目"是眼睛，"的"是箭靶的中心；按字面理解就是眼睛看到的地方，引申为要达到的地点或目标。

"目的"一词的来历还有一段典故。话说唐朝窦皇后是隋定州总管与襄阳长公主所生，出身豪门，自幼便才貌过人。这样的小姐，必定要选一名相称的佳婿才堪匹配。窦家想出一个办法：在大门口设一只画有孔雀的屏风，应婚的男子都要施展一下射艺，如果射中孔雀的眼睛，便可娶这位小姐。

唐高祖李渊前来比试两箭皆中，于是小姐便嫁给了他。"目的"一词也由此而来。

“杜撰”溯源

“杜撰”就是没有根据地胡编乱造。据《续传灯条》载：“我也不看郭象解并诸家注释，只据我杜撰。”

“杜撰”的来历还有一段故事。相传，宋代有个人叫杜默，很喜欢写诗。可是，由于才华所限，他写的诗内容空洞，不着边际，毫无真情实感。并且，他的诗不讲韵律，平仄不分，有人说他写的东西，诗不像诗，文不像文，实在是不伦不类。因此，人们每逢看到不像样的诗文就脱口而出：“这简直就是杜默撰写的。”

后来，这句话逐渐简化为“杜撰”。现在人们把不真实的文章、没有根据的编造称为“杜撰”。

“雷同”溯源

在文艺评论中，“雷同”一词多用来批评那些缺乏新意、千人一面的作品。实际上，它是从古书中得来。

古时，我国有这样一种说法，打雷时万物都同时响应。《礼记·曲礼》上说：“毋剿说，毋雷同。”汉代郑玄注：“雷之发声，物无不同时应者。人之言当各由己，不当然也。”意思是说，打雷时万物都有回声，但人应该用自己的心去判断是非，有自己的主见，不应像万物闻雷声惧怕而回应那样。因而，“雷同”还有“随声附和”之义。后来，雷同被人引入到文学中来，便有了今天的意思。

“鸿沟”溯源

“鸿沟”被人们用于比喻距离之大或其他意义。“鸿沟”一词，最早见于《史记》一书。

据《史记》载：公元前203年，刘邦、项羽双方军队相峙于荥阳，当时，汉王粮食多，项王已断粮，但刘邦家人被项羽俘获。汉王遣陆贾游说项王，要求和解以赎家人，项王不听。

汉王复使侯公往说项王，项王答应汉王所给出的条件：二分天下，划鸿沟以西者为汉，鸿沟以东者为楚。项王许之，即归汉王父母妻子，军皆呼万岁。到这里，“鸿沟”一词广泛见于史籍。

另据《史书》记载，鸿沟为我国战国时期挖掘的一条古运河，古时全境在今河南省境内，以荥阳北黄河岸为开端，引黄河水南下至中牟，然后东到开封，从开封直折南向，在今河南省周口市附近注入颍水，颍水向南流经安徽注入淮河。

鸿沟遗址虽已荡然无存，但是由于楚汉之争故事广泛流传，“鸿沟”一词如今已成为一个广泛的日常用词。象棋棋盘中的楚河汉界实际上就是代指“鸿沟”。

“荒诞”溯源

据我国西汉东方朔所著的《神异经》记载，“诞”是一种小兽的名字。这种小兽也称“讹兽”，生活在西南的边远地区。它的身形就像兔子，却长着一张人的面孔，而且居然能像人一样说话。但它所说的话都是些不实之词，它说往东就是往西；它说是好的，却可能是坏的。

“荒诞”一词就是从这个神话故事中演化而来。由于“诞”这种动物喜欢撒谎，后来人们就用“荒诞”表示“弄虚作假”、“不合常理”。久而久之，“荒诞”就化为形容词，即今天的用法。

“上当”溯源

现在人们把被欺骗、被坑害的行为叫做“上当”。这一词的由来还有一段故事哩。

从前，清河一姓王的富户，在城里开了一家当店。经过世代流传，当店越来越大。但各房族人懒于营业，个人都将自己名下的一份资金做股存在店里，另外选择一人主持典当营业事务，各房族人就按股金分利金。

清光绪年间，主持店务的寿芒不是一个生意精，众族人见此情况，不约而同地从自己家里拿一些无用的闲物件，到自家的当店里来典当，还自己估定高价。伙计见来典当的人是店东本族的股东老板，只好如数付给。

众多的族人都来敲诈,当店的资本被诈骗得所剩无几,一家资源充盈的当店就此而破产。时人见此情状,就编一句顺口溜:“清河王,自上当。”把物件质于当店叫上当。因为王氏家庭自己欺骗自己,终于罪有应得。

“溜须”溯源

现在人们往往以“溜须”一词来形容那些献媚取宠的行为,提起这一词的由来,还有一段笑话呢。据传,宋真宗时,靠献媚取宠爬上宰相之位的丁渭,有一次与老宰相寇准在一起吃饭。丁渭看到寇准的胡须上粘了一些饭粒,便亲自上前为寇准溜须拂拭,并对其胡须加以盛赞,原以为这样会博得寇准的欢心。殊不知为官清廉、刚直不阿的老宰相深知此人心术不正,忍不住哈哈大笑道:“难道天下还有溜须的宰相吗?”“溜须”这一典故由此而来,从而流传至今。

“胡说”溯源

“胡说”一词来源于东晋之后。当时,鲜卑、匈奴、羯、氐、羌先后统治中原地区(人称这一时期为“五胡乱中华”)。

以前,汉族统治者说话、办事完全依孔子的学说为根据,非礼勿言,非礼勿行。而胡人却不来这一套,完全按自己的意愿行事,他们说话、办事是没有任何礼法为根据的。

因而,汉人把乱说或没有根据的说话称之为“胡说”;这样,把乱闹、没有原则的闹事叫做“胡闹”。

“五胡乱中华”也叫“五胡闹中华”。“胡乱”者,胡人之乱也;“胡说”者,胡人之说也。后来人们用“胡说”来泛指没有根据的言论。

“混账”溯源

“混账”与蒙古包有关。古代,我国北方的蒙古族过着群居的游牧生活。为了维持生计,他们经常带着帐篷式的蒙古包,赶着牛羊和马群,到处游荡;碰上有水草的地方便支起蒙古包,定居下来。

白天,男人们去放牧,留下老人和妇女看守帐篷。这时,在家的一些年轻小伙子为了找年轻姑娘谈情说爱,就乱串帐篷,混进姑娘的帐篷里去。如果帐篷里没有其他人,他们就尽情地又说又笑,眉来眼去。如果碰上老人也在那儿,年轻小伙儿就会笑嘻嘻地说一声:“啊!对不起,我走错帐篷了!”急忙红着脸退出来。碰上严厉的老人,待小伙子刚跨进帐篷时,就会愤怒地骂一句:“你又混帐了!”“混帐东西,又来了!”年轻小伙子自讨没趣,急忙退出帐篷。

后来,“混帐”、“混帐东西”就渐渐地变成了令人气愤至极的骂人的话了。

“涂鸦”溯源

“涂鸦”一词出自一个典故。话说唐代诗人卢仝有一子名“添丁”,幼年时喜欢涂抹诗书,常把书弄得一团糟。为此卢仝戏赋诗曰:“忽来案上翻墨汁,涂抹诗书如老鸦。”(《玉川子集·示添丁》)将儿童顽皮天真的神态活灵活现地表达出来。

后来,人们就用“涂鸦”一词称随意写作或绘画,也用来比喻书法幼稚,但多用于谦辞。例如,清人徐枋《与杨明远书》云:“外一扇乃幼儿涂鸦,亦以申义。”

“九鼎”溯源

相传,九鼎是夏禹治水成功后铸成的。当时天下分为九州,即冀、兖、青、徐、扬、荆、豫、梁、雍九州。治水成功后,他利用九州进贡得来的金属,铸造了九个鼎(一说仅一鼎,因材料来自九州),将勘测所认识的地理状况,按九州划分,分别铭刻在九个鼎上。因此,九鼎实际上是我国有文字记载以来的最原始的地图。

九鼎当时是国家政权的象征,夏、商、周各代帝王将它作为传国之宝,十分珍视。战国时期,周室衰微,诸侯国渐强。各诸侯都希望拥有“九鼎”,成为正宗,因此发生了几次兴师求鼎的战争。到了周显王42年(前327年),九鼎没入泗水彭城下。

据说,秦始皇时九鼎又现于泗水。秦始皇大喜,以为这是自己德合三

代,理当继承霸业的征兆,于是派数千人潜入水中打捞,结果拴鼎的绳子被“龙齿”咬断没有成功。后来有人推断这些都是无稽之谈,九鼎是在周宗室罹乱时被他们自行销毁了。

这几种说法无论孰是孰非，有一点很明确：九鼎是在战国期间失传了。

九鼎虽然失传,但是九州图像并没因此完全湮没。由九鼎图像派生出来的《山海经》图继续传下来,成为我国制图学的先声。而且,九鼎作为我国有文字记载的最原始的地图,比埃及公元前1300年产生的努力亚塔金字塔一带的巴比伦鲁斯地图还早800多年。

“掩鼻”溯源

“掩鼻”这个典故出自《韩非子·内储说下》。战国时期,魏襄王送给楚怀王一位美人,楚怀王对她非常宠爱。楚怀王的夫人郑袖非常嫉妒,但表面上反而对这位美人大献殷勤。凡是美人喜欢的服饰玩物，她都派人送去,美人喜欢的宫室卧具,她一概让出,很快取得了美人和楚王的夸赞与信任。有一天,郑袖对美人说:“大王非常喜欢你的美貌,可是不喜欢你的鼻子,今后再见大王时,最好把鼻子掩住。”这位美人听了就按她说的去办,楚王对此大为不解,就问郑袖其中的缘故。郑袖装出欲说不说的样子,在楚王的再三迫问下,她才说这位美人是厌恶楚王有臭味。楚王听后,非常生气,于是下令把这位美人的鼻子割掉。后来,人们用这个表示因嫉妒而设计陷害之意。

“逐鹿”溯源

“逐鹿”是用来作竞争天下之义,其典故出自《史记·淮阴侯列传》,又见于《汉书·蒯通传》。楚汉之争时期,汉将韩信为刘邦立下了战功,被封为齐王。这时,齐国有个叫蒯通的辩士,认为天下的胜负将取决于韩信,于是假托看相之名,前去游说韩信。他向韩信分析了得失利弊,劝韩信和楚、汉三分天下,可是韩信却执意不肯。西汉建立后,刘邦担心韩信谋反,在丞相萧何的策划下,把韩信骗进未央宫给杀了。然后,刘邦立即下令捉拿蒯通。

蒯通理直气壮地对刘邦说："当初秦朝法度败坏，政权瓦解之际，山东六国大乱，一时诸侯并起，这种情形犹如秦朝失去了它的鹿，天下人都来追逐，结果是本领高强、行动迅速的人先得到这只鹿。那时候，只知道韩信，不了解陛下，况且想要夺取天下的人很多，只是力量不足罢了，难道你能把他们统统都烹死吗？"刘邦哑口无言。

"折腰"溯源

"折腰"意为屈身事人，其典故出自《晋书·陶潜传》。陶渊明生活于东晋时代，曾出任江州祭酒，由于他性情直爽，不满官场丑恶，辞职归家。40岁时，他被荐举为彭泽县令，到任后秉公办事，不肯屈从于权势。有一次，郡府派了一个督邮前来彭泽检查公务。陶渊明既不亲自迎接，也不张罗宴席。下属告诉他："督邮是上司，你应该恭恭敬敬地迎接才对。"陶渊明听后，感慨地说："我不能为五斗米的薪俸，而向这种乡里小儿折腰。"于是再次弃官回乡。

"挥戈"溯源

"挥戈"这个典故源于《淮南子》。相传春秋末期，楚国有个名叫文子的勇士，他不但英勇善战，而且非常有谋略，楚惠王任命他为鲁阳县令。鲁阳县地处楚国的北方边境，与晋国和韩国接壤，是一个军事战略要塞。有一次，楚国与韩国发生了冲突，文子率军前去与韩军交战。两军将士都非常勇敢，从上午一直战斗到黄昏，也分不出胜负来。如果再打下去，双方损失都会惨重。正在此时，只见文子举起手中的长戈大吼一声，向着太阳掷过去，这一掷可不得了，把太阳吓得又升了起来，韩国将士看到文子有这么大的神力，吓得抱头鼠窜，于是楚国取得了这场战争的胜利。后来，人们用这则典故表示勇力胜天或扭转危险局势，西晋陆玄的《南征赋》里就运用了这个典故："介夫挥戈而夙兴，轻武总千而启万。"

“东道主”溯源

东道主指东道上的主人。这个词出在《左传·僖公三十年》。鲁僖公三十年(前 630 年),晋、秦两国围攻郑国。郑文公吓得手足无措,急忙派烛之武去劝说秦穆公退兵。烛之武分析了当时的政治形势,看出秦、晋两国都要争霸天下,秦穆公不会眼看着晋国吞并郑国,造成对它的威胁。烛之武掌握了秦穆公这个心理,机智巧妙地说服秦穆公退了兵,这就是有名的“烛之武退秦师”的故事。烛之武对秦穆公说,郑国在晋国的东边,秦国在晋国的西边,秦郑之间隔着晋国,秦国即便打败了郑国,能够越过晋国来占领郑国的土地吗?郑国灭亡了,郑国土地自然被晋国占领,这样,晋国的力量就要比秦国大了,替别人打仗争土地,增强了别人,削弱了自己,聪明人是不会这样干的。烛之武又说:“若舍郑以为东道主,行李之往来,共(供)其乏困,君亦无所害(如果保留下郑国,以后贵国有事派使者到东方来,让它做东路上的主人,负责供应他们缺少的东西,对君王也没有什么害处)。”这就是“东道主”一词的出处。

后来,也有把“主”字省掉,以“东道”作主人的代称的。《元曲选·荐福碑一》:“兄弟,请你那东道出来,我和他厮见。”这里的东道,就指主人。

“不倒翁”溯源

在春秋时候,楚国的卞和一次游荆州的荆山,采得一块玉璞,外表看来是石,却有美玉包藏其中。卞和两次将这块玉璞呈献给楚王,楚王见是顽石,又听信谗言,便先后剁去了卞和的两足,逐出宫门。卞和叹息而去。楚文王接位后,卞和见无人识宝,怀抱玉璞,哭于荆山之下。楚文王得知后,觉得卞和哭之有因,便召来玉匠开凿这块玉璞。果然,凿开石头,中有美玉,命制成玉璧,命名为“和氏璧”。楚文王见卞和失去双足仍坚持真见,不禁赞叹道:“真是个扳不倒之翁也!”后来就流传为“不倒之翁”之说。

“三不知”溯源

“三不知”一词最早出自《左传》。鲁哀公二十七年，晋荀瑶率师围郑，荀文子认为未了解敌情，不可铤而走险，他说道：“君子之谋也，始、中、终皆举之，而后人焉。今我三不知而人，不亦难乎？”荀瑶终因不听劝阻而失败。由此可见，所谓三不知是说对一件事情的开始、经过、结局都不了解。明代江宁人姚福对此作过一番改正，在《清溪暇笔》中写道：“俗谓忙廉月三不知，即始、中、终三者皆不能知也。其言盖本《左传》。”他对“三不知”含义作了明确的解释，也指出了它的出处。

“敲竹杠”溯源

现在人们把那些利用别人的弱点或借某种口实抬高价格、索取财物的事情叫做“敲竹杠”。“敲竹杠”一词的产生有两种有意思的传说呢。一种说法是：清朝末年，市上小额交易，以铜钱为单位，店家接钱后便丢在用竹杠做的钱筒里，晚上结账时倒出来点数，谓之“盘钱”。当时上海城里有家店铺，老板鬼点子很多，陌生顾客来买东西，他往往随意提价。每当伙计在接待顾客时，店主敲响竹杠一下，示意提价一成。一种说法是：林则徐禁烟，四路设卡盘查贩烟土的不法商人。但仍有些船家见利忘义，违禁私贩烟土，为躲避检查，密藏于船舷竹杠或竹篙之中。也有一些检查官吏，乘机勒索敲诈。有一天，一位关卡师爷上船检查，查了半天也未发现烟土，无意中将手中正好吸完的旱烟锅往竹杠上磕了几下烟灰，竹杠发出沉闷的声音。船家以为他已识破机关，急忙拿出银两贿赂这位师爷。从此，这个打着盘查烟土旗号的贪婪家伙，每上船检查，必大敲竹杠。

“刮地皮”溯源

“刮地皮”一语大概始于清中叶。清代学者胡式钰《窦存》中有段记述：

当今老百姓啼饥号寒，野地里饿殍枕藉，这是什么原因造成的呢？是天灾吗？不是！乃是贪官污吏搜刮民脂民膏以自肥的结果。老百姓喻称这

种“掊(搜刮)克(克剥)”之害为“刮地皮”。

人们问胡先生说：“刮地皮的‘刮’是提手旁的‘括’吗?”胡答：“不是。民脂民膏光用手取，能搜光吗?所以，应当用‘刀’旁的‘刮’，刮之始能光也。”

胡先生还举了汉代扬雄的《羽猎赋》为例：“军惊师骇，刮野扫地也。李善注：‘言杀获皆尽，野地似乎扫刮也。’(胡氏误为司马相如《子虚赋》)只有用刀刮，才能一刮而空，使野地寸草不留。”

俗语“匪来如梳，兵来如篦，官来如剃”，斯之谓也!

“穿小鞋”溯源

封建社会，我国汉族妇女一直沿袭着缠足陋习，脚缠得越小就被认为越美，并美其名曰“三寸金莲”。过去婚姻大事全凭父母之命、媒妁之言，男女双方根本互不相见，只能依照脚的大小，去衡量女人的美丑。

因此，在媒婆说媒时，必先请男方看女方的鞋样儿，以示女方脚的大小。一旦男方同意了亲事，就留下此鞋样儿，按此尺寸做一双绣鞋，连同订婚礼物一起送到女方家。成亲那天，新娘必须穿上这双绣鞋，以防脚大而受骗。女方如果当初故意把尺寸弄小，自然就穿着不舒服，甚至穿不上，从而出丑。

后来，人们把这一风俗引申到社会生活中，用来专指那些在背后使坏点子整人，或利用某种职权寻机置人于困境的行为为“给人穿小鞋”。

“出洋相”溯源

清朝光绪年间，我国对外门户开放，朝廷官员争相出国，以此显示自己的身份和荣耀，于是一股出洋风席卷而来。

然而，这些出国要员，貌似满腹经纶、才华横溢，实际却见识短浅、愚昧无知，一踏入灯红酒绿的西洋世界，便丑态百出。

北洋大臣李鸿章出访英国伦敦时，曾到英国已故将军戈登的纪念碑下祭奠，以示敬意。戈登的遗族颇为感激，特将曾在各地竞犬会上获得头等奖的名贵爱犬赠送给他。谁知数日后，戈登家族收到了李鸿章的谢柬，

内容为：

厚意投下，感激之至，惟是老夫耄矣，于饮食不能多进，所赏珍味，感欣得沾奇珍，朵颐有幸。

耄，八九十岁，泛称年岁大。朵颐，鼓动腮颊，嚼食的样子。由谢柬得知，洋人所赠送的那只名贵的小狗，已成了李鸿章的腹中之物。当地报纸喧闹一时，传为笑谈。

驻英国使馆的崔某，一贯贪财，其家属曾偷盗酒馆的手巾，后被查出，声名狼藉。更有甚者，崔某为谋取额外收入，竟让他夫人包洗使馆全体人员的衣物，衣物洗后，晾晒在使馆内外，裹脚布公然挂在使馆门前。

英国人见白色长布随风荡动，以为出了什么丧事，派人前来探问，方知情由。西方记者把这些拍下照片，登于报端，成为一大丑闻，轰动一时。

某公使去法国避暑，恰遇上某公爵夫人请客，某公使应邀赴宴。席间，招待人员从厨房端来一盘大河鱼，据介绍，这种鱼十分名贵，烹调方法特别讲究，非手艺高超的厨师不能做成。

正当主人津津乐道、众人胃口大开之时，这位公使猛然一声呼噜，一口浓痰刚好落入鱼盘之中，席间一阵喧哗。公使面红耳赤，羞愧难当，赶忙逃席，抱头而去。

难怪那时的洋人瞧不起中国人!这些有辱国格的丑闻，尽出在那些出洋大臣、公使等要员身上。人们就这样约定俗成，把这种出洋的丑态称之为“出洋相”。不过，它的意思有所扩大，凡因无知或疏忽而闹的笑话，皆可称为“出洋相”。

“露马脚”溯源

宋代某年阳春三月，汴京(开封)有不少人骑驴郊游，有一个姓陈的商人骑的是“雪蹄驴”，走相好，叫声清脆，很引人注目。

有一个小偷看中了这头驴，他用醪酒将陈某灌醉，盗走“雪蹄驴”，藏在一个破庙中。后来官府派人搜查，见残垣断墙处露出驴脚，遂将小偷逮捕治罪，驴归原主。

此事传开，有人写了一首歌谣说：

酒灌饱，雪蹄跑，官府派人找，亏得偷儿失算了，断垣残墙露驴脚。

以后，就出现了“露驴脚”的俗语。到了元代，崇马之风大盛，人们又渐

渐说成了“露马脚”。

“露马脚”的来源还有另一种说法。

明太祖朱元璋的结发妻子马皇后是“天足”(未裹脚),朱元璋黄袍加身后,在册立皇后的问题上,很为马氏的大脚伤脑筋。女子以“三寸金莲”为贵,“天足”女当皇后有失朝典;废为庶人,又对不起患难过来的结发之妻。后有大臣争谏,才立马氏为正宫。

马氏当上皇后以后,也很为自己的大脚而苦恼,于是便终日穿长裙遮蔽。日久天长,宫娥们也就忘了她那对大脚了。一年仲春,她坐轿郊游,一阵春风吹来,马皇后搭在踏板上的一双大脚裸露无遗,护从和宫女们看后个个咋舌。后来就从宫内传出了“露马脚”的逸闻。

“吹牛皮”溯源

“吹牛皮”一语,自古以来,流传甚广,它究竟是怎么来的呢?

古老的黄河的流经之地——我国西北地区水急浪恶,难以行舟。为解决这个难题,早在古代就有人想出一个好点子:用皮筏当船。皮筏大多以牛皮制成,形状像袋,联结即成为“皮筏子”。因那时没有打气筒,皮袋子只能用嘴吹胀。于是,那时就有了“吹牛皮”一语。又因吹牛皮时脸腮鼓起,面红耳赤,像争强好胜的样子,以后人们便逐渐把“吹牛皮”引申为说大话、夸大其词、好大喜功。

“拍马屁”溯源

“拍马屁”一语是由蒙古人创造的,后来在汉族中流传开来。古代蒙古人凡是牵马与别人相遇,就要互相拍拍对方的马屁股,并连声道:“好马,好马。”以表示赞赏和友好,并无阿谀逢迎、谄媚巴结之意。

但在那时,也确有些趋炎附势之人,只要遇到王公贵族牵的马,不管马的好劣,总要跑上去拍一拍马屁股,点头哈腰,连声赞叹。久而久之,“拍马屁”再也不是示以友好的意思了。人们称那些阿谀奉承的行为为“拍马屁”。

“应声虫”溯源

“应声虫”源于一典故，此典故出自唐朝《隋唐嘉话》：

有人不想还钱，一见债主便叫起来：

“咩……”(没——)“噢!没有钱!”债主一听，只得悻悻而去。人们把他们这种行为称做“应声虫”或“装胡羊”。从此，“应声虫”这个称谓也就流传开来了，被赋予了一个不好的名声。

“三脚猫”溯源

人们常用“三脚猫”一词，形容在技艺上略知皮毛而不甚精通的人。

“三脚猫”一词，出自元末明初陶宗仪的《南村辍耕录》：“张明善作北乐府《水仙子》讥时云：‘……说英雄，谁英雄；五眼鸡，岐山鸣凤；两头蛇，南阳卧龙；三脚猫，渭水非熊(非熊即飞熊)，”文中的“三脚猫”是一种动物。

后来，明朝人郎瑛在《七修类稿》中记载：“嘉靖间，南京神乐观有三脚猫一头，极善捕鼠，而走不成步。”捕鼠是猫的专职，“三脚猫”的本职技能相当不错，却“走不成步”，难怪郎瑛接着解释道：“俗以事不尽善者，谓之三脚猫。”后来，“三脚猫”就成了技艺不精的代名词，并一直沿用至今。

关于“三脚猫”的出典，解放前的《上海俗语图解》是这样解释的：清末，十六铺是上海主要码头和闹市区，船舶泊岸时就把铁锚搁在岸上，进出上海的船用锚大多是三只脚的，所以称之“三脚锚”。据讲有位艺人为了显示自己的武功常顺手操起铁锚舞弄。一只铁锚足有五六十斤重，看客既不相信这位艺人的功夫，又不敢当面指责他，所以这位艺人走后观众即上前试试这锚的分量，但是谁也无法如艺人般自如舞动此锚，于是人们把武艺不佳者谑为“三脚锚”，以后又转读为“三脚猫”。

“狗腿子”溯源

古时候，人们对狗没什么好印象。凡是沾“狗”字的词，大都含有贬义。

传说，有个富人的腿断了，一个奴才主动要求截下自己的腿为主人接

上。主人问:“你自己的腿怎么办呢?”奴才说:“我可以接上一条狗腿。”“那狗的腿又怎么办呢?”“给狗用泥巴捏上一条。”从此以后,狗在撒尿时,总要把后边一条腿跷起来,是怕那条用泥巴捏的腿让尿给冲掉了。这就是“狗腿子”的由来。

“两面派”溯源

“两面派”一般指口是心非、善于伪装的人。那么,“两面派”是怎么来的呢?

元朝末年,元军和朱元璋领导的义军在黄河以北展开了拉锯战。老百姓却感到苦不堪言,因为哪方的军队来了都要欢迎,在门板上贴上欢迎标语,来得勤换得也快。

豫北怀庆府人素来生活节俭,想出了一个简便易行的办法:用一块薄薄的木板,一面写着欢迎元军“保境安民”的标语,另一面写着“欢迎义军”的标语。哪方军队来了,就翻出欢迎哪方的标语,既省钱又方便。可是,他们想不到,这个方法后来竟招来了大祸。

有一次,朱元璋的部将常遇春率军进驻怀庆府,见到家家门口五颜六色的木牌上满是欢迎标语,心里十分高兴。可是突然一阵狂风刮来,木牌被风吹得翻过来,反面全是欢迎元军的标语。常遇春非常气愤,将挂两面牌的人满门抄斩。

后来,“两面牌”逐渐演变成为“两面派”一词。

“替罪羊”溯源

代人受罪的人往往被称为“替罪羊”,可“替罪羊”这一称谓是怎么来的呢?有一种说法认为,它来源于我国古代的《孟子》。《孟子·梁惠王上》中载:“王坐于堂上,有牵牛而过堂下者。王见之,曰:‘牛何之?’对曰:‘将以衅钟(注:新钟铸成,宰杀牲畜,取血涂钟的仪式)。’王曰:‘舍之!吾不忍其觳觫,若无罪而就死地。’对曰:‘然则废衅钟欤?’曰:“何可废也,以羊易之。”

齐宣王不忍心看见牛恐惧战栗的样子,而命以羊替换牛来祭钟。这也

就有了“替罪羊”的说法了。

“纸老虎”溯源

在现代生活中，常常用“纸老虎”来形容外强中干的人。那这种说法是怎么来的呢？

“纸老虎”是民间纸糊老虎的工艺造型，这种老虎造型常出现于元宵花灯以及殡仪队列的纸俑中。人们正是在现实生活中这种纸糊老虎实物的启发下，才创造了“纸老虎”一词，才有了“纸老虎”的比喻说法。

“纸老虎”一词源于民众之中，而把它作为书面语言使用，最早见于陈独秀的《“纸老虎”探源》一文。

而现在的“纸老虎”的意思，主要来源于毛泽东的“帝国主义纸老虎”论。

“官老爷”溯源

现实生活里，很多人都会用“官老爷”来比喻作威作福的人，“官老爷”这种称谓也成为人们熟悉的词语。

“老爷”作为权贵的尊称，由来已久。大约发端于宋元，而定型于明清。在宋代，对官一般尊称“爷爷”。如《宋史·宗泽传》：宗泽“威声日著，北方金人常尊惮之，必曰宗爷爷”。

宋元时期，对“老爷”、“爷爷”的称谓，朝廷并无明文规定，只是随意性尊称。到了明清就不同了。据清人王应奎撰《柳南随笔》载，前明时只有朝廷的九卿和外任的司道以上的官才有资格称“老爷”，其余小官只称“爷”。到了清代，朝廷规定得更明确，四品官以上称“大人”，五品以下称“老爷”。

称官为“老爷”，是封建等级制度的一种反映。“官老爷”，表明封建官吏高高凌驾于社会和人民群众之上，享有优厚的特权。如今“老爷”这一称号已逐渐消失，偶尔在戏剧或影视中还可以听到。

“无厘头”溯源

“无厘头”一词最早源于香港20世纪80年代后期。

香港的一些“搞笑”电视节目中，主持人戴着千奇百怪的脸谱、头套，扮作神经病人、智障儿童、残疾人等，以低俗粗鄙的语言和癫狂不羁的动作，一味地向观众逗乐讨笑，被称为“无厘头”文化。

“无厘头”原来是广州的方言俚语，含有“无缘无故、莫名其妙”的意思。作为一种文化形态，它是在日常生活平淡无奇的细节、语言和动作中，猎取观众意料之外的、令人忍俊不禁的笑料。

20世纪90年代中期开始，由于港台影视的大量引进，使我国内地也很受“无厘头”文化的影响。现在许多电视综艺节目为了提高观众的收视率，各种形式的搞笑节目也竞相出现。

“走后门”溯源

人们常把运用不正当的手段来谋求达到某种个人目的的行为叫“走后门”。

“走后门”是有典故的。相传，宋哲宗死后，徽宗即位，以蔡京为相。蔡京拼命贬谪和排斥旧吏，并规定其子女不得出仕和入京，甚至连其诗文也不准流传，因此引起了人们强烈的不满。

有一年元宵节，在京的艺人们自动组织起来在街头自编自演了一出名叫“走后门”的戏。内容大概是：有一天，某县县官正在升堂办案，忽有一个年过五旬的老和尚，要求离县到外地云游。知县一看他的度牒是先帝年间发给的，就无名火起，不但不准其要求，还下令收缴度牒，不让他再当和尚。

在赶走这个老和尚后，接着一个道士又进来了，他要求县太爷捐资修建道观。知县一查，这个道士又是先帝时期出家的。县太爷不但不捐资，反而下令要道士还俗。

正在这时，知县的亲信师爷走上前，在知县耳边悄悄说：“大老爷！黄员外为了报答大老爷上次替他办事的恩德，现特奉送银子一两，可这些银子全是先帝年间铸造的，那怎么办好呢？”

知县想，白花花的银子送上门来，哪能让它跑了？于是他稍作沉思后轻声对师爷说：“先用箱子装好，不要从正门进来，以免被人看见，要从后门悄悄地抬进来。”

这出戏，巧妙地抨击了那些有权有势的贪官贪赃枉法的行为，从那以后，“走后门”一语就这样流传了下来。

“出风头”溯源

相传，清朝光绪年间上海城内最繁华的是四马路。一帮游手好闲的纨绔子弟整日在那里胡混。

每天下午三四点钟后，这里总是一片笙管弦乐，笑语嘈杂，车水马龙，最惹人注目的是打扮得花枝招展、忸怩作态的妓女。人们把她们这种招摇、卖弄的行为称为“出风头”。爱赶时髦的阔人及其小姐、少爷也雇辆马车出出“风头”。

这样，上海滩便出现了一股形式奇特的“兜风”潮，一帮马车载着人，从四马路经过黄浦滩到大马路，“出风头”一次收费一块钱。

此后，“出风头”被指做一些华而不实、招摇过市、沽名钓誉之类的事情，一直沿用至今。

“磨洋工”溯源

中国旧式的房屋建筑，官宦人家一向讲究“磨砖对缝”。磨工，就是指对砖墙的表面进行打磨，使之平整、光滑，相当于现在的勾缝和打磨石类的装修。

1917 年至 1921 年，美国用清政府的“庚子赔款”在北京建造协和医院和协和医学院，工程外观上采取中国传统的磨砖对缝、琉璃瓦顶。

由于这项工程是由外国人出资、设计，中国工人就称它为“洋工”。协和医院共有主楼 14 座，又是高层建筑，“磨工”工序十分浩繁。所以，参加建筑工程的许多工人就把这一工序称为“磨洋工”。

后来，也许是出于对西方帝国主义者侵略中国的罪恶行径的一种不

满的发泄,“磨洋工”最终改变了原来的意思,被用来指人们消极怠工、只出工不出力的一种现象。

“照葫芦画瓢”溯源

北宋年间,一位名叫陶谷的翰林学士,想到外地去做官,便托人在宋太祖赵匡胤面前推荐自己。不料,赵匡胤一听说是陶谷,便笑着说:“这位老先生起草文件时总是照抄前人的旧本,只不过改头换面地编编而已。这不正是俗话所说的‘照葫芦画瓢’吗?”于是,陶谷没有被任用。

事后,他写诗自我解嘲曰:“官职须由生处有,才能哪管用时无。堪矣翰林陶学士,年年依样画葫芦。”他以此来悲叹自己缺少独创精神。

后来,“照葫芦画瓢”常被用来指一些人只知模仿别人、缺乏创新,而一直沿用至今。

“破天荒”溯源

我国古代科举制度,其过程是逐级选拔人才,凡是考进士的人,都由地方选送本地区成绩最好的人入京赴试。

唐朝时,荆南地区派人参加京城会试(中央一级的科举考试),四五十年竟没有一个考中。于是,人们称荆南地区为“天荒”,把那里遣送的考生称做“天荒解”。

天荒,本指混沌未开的原始状态,如盘古开天地。这里的天荒是指荒而落后的地区。把荆南地区称做“天荒”,是讥笑那里几十年没能有一个人金榜题名。

唐宣宗大中四年,荆南应试的考生中终于有个叫刘锐的考中了,总算破了“天荒”。当时,魏国公崔弦镇守荆南一代,得知刘锐考中进士,便写信表示祝贺,并赠他 70 万“破天荒”钱。刘锐不肯接受崔弦所赠之钱,在给崔弦的回信中,他写道:“五十年来,自是人废;一千里外,岂曰天荒。”

古时,文人常用“破天荒”来表示突然得志扬名。现在用来指从未有过或第一次出现的新鲜事。

“黄粱梦”溯源

唐朝开元年间，有个叫卢生的少年，在邯郸旅店中遇见了一个名叫吕翁的道士。言谈话语之间，卢生透露出对穷困的慨叹。吕翁见这位少年情志不畅，日昏思寐，便从自己的行囊中取出一个两端有孔的青瓷枕头送给卢生。

当晚，卢生睡下后即做了一个美梦。梦见自己返家数月后，娶了本县望族崔氏的漂亮女儿为妻。第二年，又考中了进士，后来由县尉步步高升，还当了十余年宰相。期间，他还统率大军，出征外族，开疆辟土，立下赫赫奇功。自己所生的 5 个儿子，个个功成名就，都和名门望族结了亲……

后来，自己被劾贬谪，历尽曲折。到了最后，皇帝察知冤情，将他召回，对他更加宠信。他执政十余年来，享尽人间荣华富贵，一直活到 80 多岁才寿终正寝。

卢生一觉醒来，只见自己仍躺在旅店里，店主人在他睡觉前所蒸的黄粱米饭还未熟。卢生这才明白，自己几十年的荣华富贵，竟然是短暂的一场梦。

后来，人们就把“黄粱梦”喻作不可能实现的虚幻欲望，只是一场空欢喜而已。

“闭门羹”溯源

“闭门羹”意为拒客。“闭门羹”一语始见于唐代冯贽《云仙杂记》所引《常新录》的一段话：“史凤，宣城妓也。待客以等差……下列不相见，以闭门羹待之。”这名姓史的高级妓女不愿接待下等客时，就饷之以羹，以表婉拒。客人见羹即心领神会而自动告退了。

所谓羹，最初时是指肉类，后来以蔬菜为羹，再后凡熬煮成有浓汁的食品皆以羹称之，如雪耳羹、水蛇羹、燕窝羹等。以羹待客，比直言相拒，要婉转、客气一些。可惜现代拒客，则只有“闭门”而没有羹了。

"眼中钉"溯源

人们常用"眼中钉"一词,来形容极为仇视的人。提起这个词,还有一段有趣的历史故事呢!

相传,北宋真宗年间,宰相丁渭和太监狼狈为奸,把持朝政。当时,老宰相寇准尚在朝中,丁渭深知寇准为官刚正不阿,生怕自己所做的坏事被他拿住把柄,引发后患,就千方百计地在皇上面前说他的坏话,后来寇准被排挤出了京城。

丁渭的所作所为,老百姓看得清清楚楚。不久,出现了一首民谣,唱道:"欲得天下宁,须拔眼中丁;欲得天下好,莫如召寇老。"歌中的"丁",指的就是丁渭。于是,"眼中丁"的说法逐渐流传开来。到后来,"丁"又演变成"钉"。

"乌纱帽"溯源

在戏曲舞台上,凡是古代当官的,都要戴一顶"乌纱帽"。提起这个词,有一段有趣的历史故事。

"乌纱帽"也叫纱帽,其前身是古代男子裹头发用的幞头。北宋初年,有人将幞头改装为一种纱帽,皇帝对此大加称赞,因此便规定朝中官员都要戴这种纱帽,有时皇帝也会佩戴。这种纱帽两旁各有一根细长翅,由于翅有一尺多长, 所以走起路来便会上下颤动。为了保护帽翅以免碰掉帽子,官员们都养成了小心翼翼走路的习惯。

直到明朝,官员们仍沿袭宋制戴纱帽,但皇帝已不再戴了。从明世宗开始,人们将纱帽称之为"乌纱帽",同时其双翅也做了一些变动,不但翅的长度缩短了,而且其宽窄也不相同:官阶越大,纱帽的双翅越窄。其形状和后世戏台上的乌纱帽基本一样。

清朝初年,顺治帝入关,收留了许多明代降臣,为了笼络人心,允许不少地方官员仍穿明代朝服,戴乌纱帽。等到清朝统治得到了巩固,才下令将官员戴的乌纱帽改变为红缨帽。但人们习惯使用"乌纱帽"一词,久而久之,"乌纱帽"便成为官位的代称了。

“万万岁”溯源

万岁乃祝颂欢呼之词，最早出现于战国时期，原本无等级之分。秦汉以后，万岁限于臣对君王的拜恩庆贺，也用作对皇帝的称呼，词义的范围有所缩小。

“万万岁”的称呼，则首创于唐朝。

相传，武则天称帝后，特别喜欢臣民对她的吹捧，可不好直接说出自己的想法。她朝思暮想，终于悟出了“出题对答”的计策。

有一天，武则天在金銮殿召集翰林院诸学士，出题令其对答，她的上题是：

玉女河边敲叽棒，叽棒叽棒叽叽棒。

学士们虽搜索枯肠，一时也未能找出合适的对题。一阵沉默过去，有个惯于献媚的学士，似乎猜透了武则天的心思，忽地吟道：

金銮殿前呼万岁，万岁万岁万万岁。

武则天一听，非常高兴，大加赞扬。从此，“万万岁”一词便传播开来。

“孺子牛”溯源

《左传·哀公六年》载：“鲍子曰：汝忘君之为孺子牛而折其齿乎？而背之也。”这里“孺子”，乃是春秋时齐景公幼子的名字。

史载，齐景公非常宠爱孺子。有一次，他在后宫逗孺子玩耍，自己竟趴在地上，口衔绳子，让孺子当牛骑。孺子正玩得高兴，一不小心从“牛”背上跌了下来，那绳子一下子把齐景公的牙齿给折断了。显然，当年的“孺子牛”是指齐景公及他对孺子的宠爱。

鲁迅先生的诗句“横眉冷对千夫指，俯首甘为孺子牛”，将其引用，目的是为了用来表达自己对人民大众的无限忠诚。

“中山狼”溯源

“中山狼”比喻恩将仇报、毫无良心的恶人。明代马中锡寓言《中山狼

传》,记述中山地方一只恶狼被打猎的赵简子用箭射中,逃命中被过路的东郭先生救下,狼不但不感恩,反而想吃掉东郭先生。

“董狐笔”溯源

“董狐笔”现在用来比喻直书不讳,出自《左传·宣公二年》。春秋时期,群雄争霸。晋国的国君晋灵公,昏庸无道,残暴荒淫。相国赵盾多次劝阻,晋灵公却派大力士前去刺杀赵盾。这位大力士认为赵盾是位忠臣,不愿刺杀他,但又不能抗命,于是自杀身亡。晋灵公仍不醒悟,又派人邀请赵盾来饮酒,准备在途中杀死赵盾,被赵盾的卫士发现。赵盾和他的儿子赵朔被迫逃往国外,途中遇见晋灵公的姐夫赵穿。赵穿听后非常生气,命令卫士杀死了晋灵公。赵盾听说后,返回晋国,拥立晋灵公的儿子为王,这就是晋成公。赵盾登上相位后,想知道史官对这件事的评价,于是就把太史令董狐找来。董狐把大事记录给赵盾看,赵盾看到上面写着“秋七月,赵盾弑其君”。赵盾质问董狐道:“先君不是我杀的,怎么让我承担罪名呢?”董狐回答道:“你身居相位,曾经逃亡而没有走出国境,回来后又不惩办凶手。这不是你的责任,又是谁的责任呢?”

“耳边风”溯源

耳边风即在耳边吹过的风,比喻听了不放在心上的话。出自唐朝诗人杜荀鹤的《赠题兜率寺闲上人院》诗:“百岁有涯头上雪,万般无染耳边风。”

“男子汉”溯源

男子称“汉”,始于西汉武帝时。当时因汉朝将士作战勇猛,匈奴兵将称汉兵为“汉儿”和“好汉”。

南北朝时有称男子为“汉子”的。北齐文宣帝要任命魏恺为青州长史,魏坚辞不就。帝对人说:“何物汉子,我与官,不肯就。”

“好汉”,后来指男子中的“佳士”。唐武则天时,狄仁杰奉旨推荐“一好汉任长史”,他推荐荆州张柬之。《新唐书》称张柬之为奇男子。苏轼也有诗:“人间一好汉,谁似张长史。”

宋元后,“好汉”常被用来称誉“仗义疏财,扶危济困”之人。随着时间的推移,“汉子”、“好汉”与“男子”相混合,构成了“男子汉”一词。

“倒插门”溯源

《现代汉语词典》释“倒插门”为:“旧时称男子到女方家里结婚并落户。”有人认为“倒插门”应是“倒踏门”,它的含义很清楚,即女子踏入丈夫家门生活,是天经地义的,否则即系反常。所以丈夫到妻子家生活,即谓之“倒踏门”。“倒踏门”一词在明朝中叶即已通行,在明朝人写的文学名著里常常见到。如《金瓶梅词话》第十七回,写李瓶儿的婚史,曾说“使冯妈妈通信过去,择六月十八日大好日期,将蒋竹山倒踏门招进来,成其夫妇”。《西游记》中亦有此提法。

“二百五”溯源

“二百五”的含义是什么,向无定说。有人讲它出于称古铜钱“一吊”当中的“半吊”之“半数”,意思是“小不点”的差大截;有人又讲它出自赌具“牌九”里的“长二”加“黑五”点,前者叫“二板凳”,后者简称“五”,合起来便是“二板(百)五”,意思是点子最低(“背时”)。

另有说法是,“二百五”是一个历史故事。战国时期,苏秦身挂六国相印,后被人暗杀了。齐王很恼怒,要给苏秦报仇,可一时拿不到凶手。于是,他就想了一条计策,让人把苏秦的头从尸体上割下来,悬挂在城门上,旁边贴着一道榜文说:苏秦是个内奸,杀了他乃为齐国除了一大害,当赏黄金千两,望领赏。榜文一贴出,就有四个人前来声称是自己杀了苏秦。齐王说:“这可不许冒充呀!”四个人又都咬定说是自己干的。齐王说:“真勇士也!一千两黄金,你们四个各分得多少?”四人齐声回答:“一人二百五。”齐王拍案大怒道:“来人,把这四个‘二百五’推出去斩了!”现在人们口头说的“二百五”多带贬义,是傻蛋、不识时务的同义语。

“风马牛”溯源

“风马牛”出自《左传·僖公四年》，全句是“唯是风马牛不相及也”。作为成语，已经普遍使用，但要规定其义，却是言人人殊，莫衷一是。

1. 诱逸说。这是最早的说法。东汉服虔对“风”的解释是，“牝牡相诱谓之风”。杜预注《左传》采其说，自此以后，对“风”字多据此为释。

2. 顺逆风说。作此主张的是宋人张世南。他说：“牛走顺风，马走逆风。故楚子曰：“君处北海，寡人处南海，唯是风马牛不相及也。”(《游宦纪闻》卷三)

3. 逃逸说。说者以《尚书·费誓》“马牛其风”句的郑注“马牛其有风佚”为解。以“风”为逃逸，因为和它相对的下一句是“臣妾逋逃”。

4.放出说。主张这一说的是因为“风”常常被解为“放”，服虔就说：“风，放也。”“风马牛”就是把牛马放出去。

周乾在《学术月刊》著文说，这些说法，解释了“风”，但未和“不相及”，挂起钩来，这是不合于古人讲话之朴实明确的。“风”应是“讽”之假。古籍中多有这样的用法。《经籍诂》卷六十“讽”下注：“通作风。”具体例子很多；且以《汉书》为例，朱骏声说：“讽”在《汉书志》传凡几十见，皆作“风”(《说文通调定声·临部》)，说明这种用法绝非个别的，而且到东汉还是这样，铺面用之于《左传》就不奇怪了。

“高抬贵手”溯源

旧时乡下演戏，往往先由乡绅出钱，包下戏班子在祠堂、庙宇中演出；而后他们再向群众卖票赚钱，群众凭票进场看戏。

戏场当然只开一扇边门，由一个五大三粗的壮汉把门收票。在无人进场时，壮汉双腿跨在门槛上，双手挺在门框上，以防无票者溜进戏场。

农村孩子很想看戏，但又无钱买戏票。有的孩子便瞅空边向守门壮汉哀求，边察言观色，掌握“火候”，伺机轻轻托起壮汉胳膊说：“叔叔，请您把胳膊抬高一点儿吧!”于是孩子便趁势从壮汉胳肢窝下钻进去看戏了。后

来,文人便把“请抬高胳膊”雅化为“高抬贵手”,意思就是请人“开恩”,推而广之,应用于各种场合的求情。

“中国人民”溯源

“中国”本意是指京城,《诗经》云:“惠此中国,以绥四方。”也指中原地区。“人民”是个复合词,因为“人”与“民”是截然不同的两个概念,《说文解字》上说:“人,天地之性最贵者也;民,众萌也。”那么,“中国人民”作为一个完整独立的最小语言单位,是什么时候才开始出现的呢?西汉司马迁的《史记·货殖列传》为最早出处,文中有一句说“山西、山东、江南、塞北所出的特产,皆中国人民所喜爱”,这里的“中国人民”一词虽与先秦时期的意义并无大差别,但因为它第一次将二者联在一起,构成偏正词组,所以说是司马迁最早创造了这一词汇。

“海外赤子”溯源

唐贞观年间,唐太宗殿试射箭。大臣们劝道:“人们张弓挟矢立在殿前,距离您这么近,万一有狂妄无知的人暗中发射,您没有防备,可对社稷极为不利呀!”唐太宗说:“王者视四海为一家。封域之内,皆朕赤子,朕一一推心置其腹中,奈何宿卫之士亦加猜忌乎!”意思是说,我把四海之内的人都看成是赤子,真心相待,哪能对宫中值宿的警卫都不信任呢?据此,后人便从中引出“海内赤子”一语。而“海外赤子”,则是从“海内赤子”转换而来的。后来被海外侨胞用以表达他们热爱祖国、向往祖国的赤诚之心。

“赤子”一词本指婴儿。《尚书·康诰》:“若保赤子,惟民其康乂。”《疏》:“子生赤色,故言赤子。”《孟子·离娄下》中有:“大人者,不失其赤子之心者也。”“赤子”一词还引申为子民百姓。最早见于《汉书·龚遂传》:“故使陛下赤子,盗弄陛下之兵于潢池中耳”。

“目不识丁”溯源

在前秦苻坚时期,有一位官员叫姜平子。一次,苻坚让群臣赋诗。姜平

子作的诗中有一个“丁”字,但他为达到升官拜爵的目的,极尽阿谀奉承之能事,特意将“丁”写作“下”。

苻坚问他为什么这样写,姜平子说:“曲下者不正之物,未足以献也。”苻坚听了,很是高兴,于是提拔姜平子为“上第”。

人们看到姜平子投苻坚之所好,竟因一字而登天,都笑话愚蠢粗鲁的苻坚不知道“丁”和“下”的区别,说他“目不识丁”。

后来,在“目不识丁”这个成语的运用中,有人由于不知其来历,把“丁”看做简单汉字的代名词,“目不识丁”便成了连最简单的字也不认识的意思。它原先的意思渐渐地就鲜为人知了。

“尚方宝剑”溯源

“尚方宝剑”(或称“尚方剑”),就是“尚方”铸的宝剑。“尚方”是掌管供应制造帝王所用刀剑等器物的一个部门,秦朝始设置。

“尚方宝剑”是指皇帝所用的剑,是一种最高权力的象征。据说真正的尚方宝剑并不是出现在宋朝,而是在明朝。明太祖朱元璋开始真正把尚方宝剑作为皇权象征物以赐臣下。朱元璋出身贫苦,对官吏的贪赃枉法深恶痛绝,开国之初,就将御史台与军政首脑部门并列,下诏说:“国家立三大府,中书掌政事,都督掌军旅,御史掌纠察。朝廷纪纲尽系于此,而台察之任尤清要。”(《明史·职官志》)后又将御史台改为督察院,使监察御史兼有监督各地官僚的职责。御史出巡,带有专印,印文为“绳衍纠谬”,以示其代表朝廷的权力,但这种印文似乎不足以象征皇帝的权威。

后来,监察御史出巡,常赐以“尚方宝剑”,表示“如朕亲临”。其他大臣临事,亦有赐“尚方宝剑”的。

“天女散花”溯源

四川大足北山上有一幅“天女散花”的石刻画,画上是一位贤淑温柔的天女,正在为辩论佛经哲理而获统一见地的维摩居士和佛教首徒文殊菩萨抛撒鲜花,很有一番诗情画意。

传说,佛祖释迦牟尼传法,维摩居士故意称病不去。佛祖知道将有一番争执,便请文殊同十弟子四菩萨前往。有一天女聪慧过人,她知道佛祖和维摩必达成统一见地,便去天庭广采鲜花,准备届时抛撒以示祝贺。

天女到花园一看,天庭花圃万紫千红。她深有感触,心想何不顺便撒一些给人间,让鲜花也去祝贺人间升平,给人世带去美好的祝福?于是,她广采鲜花,撒向人间。此后,"天女散花"的优美传说便为世人所知,而且有人也将之称为"春姑娘",喻示幸福开始降临。

1000 多年前,孟蜀画院侍诏石恪将"天女散花"的情景画在大足县南惠画院。后来,雕刻家又把这幅画复刻在北山的岩壁上。

古往今来,人们为了纪念心地善良的天女,不但把她的传说编成了歌舞、戏剧来演唱,而且至今在重大的庆祝仪式和新婚典礼上,还用彩色纸屑花抛撒,以示吉庆和祝福。

"一字千金"溯源

"一字千金"形容文章写得出奇的好,浑然一体,一个字也改不得。这一成语最早源于《史记·吕不韦列传》。

据书中记载,2000 多年前,秦国的宰相吕不韦组织他的门客集体编纂了一部大书——《吕氏春秋》。书成之后,他把稿本挂在首都咸阳的城门上,声称有能增删一字者赏给千金。不知是因为这书实在编得好还是人们畏惧吕不韦的权势,据说,竟没人能够拿走这笔高额的"奖金"。于是,这个故事引出了"一字千金"的成语。

这里还有另外一种说法:西安碑林内有块《大唐三藏圣教序碑》,是玄奘和尚从印度带回的佛经,由他精心译成后,请唐太宗作序文,再加上太子李治作《述圣记》答玄奘的谢表。此碑立于唐高宗咸亨三年(672 年)。

当时,朝廷要用晋代大书法家王羲之的字体来刻碑。长安洪福寺高僧怀仁知道此事后,便在王羲之所写的作品中一个个地搜集,刻成了这块王羲之字体的《大唐三藏圣教序碑》。

传说怀仁在集字过程中,有几个字怎么也找不到,不得已奏请朝廷贴出告示,谁献出碑文中急需的一个字,赏金一千。这就是"一字千金"的由来,后人把此碑的拓本称做《千金帖》。

“三令五申”溯源

“三令五申”是我国古代的军令，即军事纪律的简称，它最早出自《史记·孙子吴起列传》：“出宫中美女得百八十人，孙子分为二队……约束即布，乃设斧钺，即三令五申之。”

宋代曾公亮撰《武经总要》时，对“三令五申”有明确说明。所谓“三令”：一令观敌之谋，视道路之便，知生死之地；二令听金鼓，视旌旗，以齐其耳目；三令举斧，以宣其刑赏。所谓“五申”：一申赏罚，以一其心；二申视分合。以一其途；三申昼战阵旌旗；四申夜战听火鼓；五申听令不恭，视之以斧。“三令”与“五申”的原意是教育将士应该在战争中或军事行动中明确作战守则。如今，“三令五申”并不是指必须执行的具体内容，而是有再三地向下级命令告诫的含义。

“三教九流”溯源

“三教”的说法源自三国时期，指的是儒、佛、道三种教派。儒，孔子所创，并非宗教，而汉儒为了抬高孔子的地位，把儒家学说渲染得像宗教一样，就被人们看做宗教了。释，指东汉时传入我国的佛教，以其为印度释迦牟尼所创而简称为释。道，是东汉时创立的一种宗教，讲究炼丹修道，寻求长生不老之法。河南嵩阳书院里有一尊三神像，在一个头上雕出了孔子、老子和释迦牟尼的面孔。

“九流”的说法，最早见于《汉书·艺文志》，指的是春秋战国时期的儒、墨、道、法、杂、农、阴阳、纵横、名九种学术流派。后来，人们把宗教、学术中的各种流派统称之为“三教九流”。随着时间的推移，人们又把它作为贬义词，泛指那些在江湖上从事各种行当的人。

“十恶不赦”溯源

“十”在语境中表示最多、全了、满了。十恶不赦，那就是恶贯满盈了，常用来形容罪大恶极、不可宽恕的人。实际上，“十恶”真是律法规定的十条大罪,始见于1000多年前的北齐的法律。隋、唐把这十条大罪的内容略加增删,正式定名为“十恶”,写在法律条文的最前面,以示严重。以后历经宋、元、明、清各代,都规定犯了“十恶”罪不能赦免。

古代“十恶”罪的内容是:

谋反,即企图推翻朝廷;

大逆,即毁坏皇室的宗庙、陵墓和宫殿;

谋叛,即背叛朝廷;

恶逆,即殴打和谋杀祖父母、父母、伯叔等尊长;

不道,即杀戮无辜;

大不敬,即冒犯帝室尊严;

不孝,即不孝敬祖父母、父母,或在守孝期间结婚、作乐等;

不睦,即谋杀某些亲属,或殴打女子、控告丈夫等;

不义,即官吏之间互相杀害,士卒杀长官,学生杀老师,女子闻丈夫死而不举哀或立即改嫁等;

内乱,亲属之间通奸或强奸等。

当时,由于“十恶”成为“不赦”之罪,影响深远,以致人们一接触到罪恶大、不可宽恕的事情,很自然地就称为“十恶不赦”。

“五花八门”溯源

“五花八门”比喻事物种类繁多,变幻莫测,令人眼花缭乱。

在古代,“五花八门”原指“五花阵”与“八门阵”,都是古代兵法中的阵法名称,后来成为比喻各行各业的暗语。

“五花”为:金菊花——卖茶的女人;木棉花——街上为人治病的郎中;水仙花——酒楼上的歌女;火辣花——玩杂耍的;土牛花——挑夫。

“八门”为:一门巾——算命占卦;二门皮——卖草药的;三门彩——变戏法的;四门卦——江湖卖艺的;五门平——说书评弹的;六门围——街头卖唱的;七门调——搭篷扎纸的;八门聊——高台唱戏的。

后来,人们用“五花八门”泛指行业的繁杂和众多。随着时代发展,词义重心发生变化,即由行业之称扩展到其他事物了。

“梁上君子”溯源

窃贼的代称，出自《后汉书·陈寔传》。东汉的时候，有个人叫陈寔。有一年，陈寔的家乡闹饥荒，有些人因为没有钱就做了小偷。一天晚上，有个小偷溜进陈寔的家，准备等陈寔睡觉以后偷东西。陈寔发现他躲在屋梁上面，却假装没看到，安静地坐在客厅里喝茶。过了一会儿，陈寔把全家人都叫到客厅，对着大家说：“你们知道，人活在世界上只有短短的几十年，如果我们不好好把握时间去努力，等我们老了以后再努力就来不及了。所以，我们应该从小就要养成努力向上的好习惯，长大以后才能对社会、家庭，还有自己有好的贡献！当然也有一些不努力的人，只喜欢享受，这些人的本性并不坏，只是他们没有养成好的习惯，才会做出一些危害社会的坏事情。你们现在把头往上看，在我们屋梁上的这位君子，就是一个活生生的例子。”趴在梁上的小偷大吃一惊，跳到地上，对着陈寔磕头认罪。

从此，人们便戏称小偷为“梁上君子”。

“洛阳纸贵”溯源

源于《晋书·左思传》。晋代的大文学家左思写《三都赋》时，前后用了十年多的工夫来构思。由于他下的工夫非常大，《三都赋》写成之后，深得当时文人的一致好评，人们争先恐后地抄阅。由于抄写的人过多，以至于洛阳的纸张因供不应求而大涨其价。后来，人们用“洛阳纸贵”来形容著作好，销售快，风靡一时。

“马革裹尸”溯源

马革就是马皮。用马皮把尸体包裹起来，指英勇作战，献身疆场的决心。出自南朝范晔《后汉书·马援传》。东汉初的名将马援，英勇善战，被刘秀封为伏波将军。一年，马援从西南方打了胜仗回到京城洛阳，亲友们都向他表示祝贺和慰问。其中有个名叫孟翼的，也向马援说了几句恭维话。

马援很不高兴，对他说："我盼望先生能说些指教我的话，为什么先生也随波逐流对我说夸奖的话呢？"马援见他不说话，继续说："如今，匈奴和乌桓还在北方不断侵扰，我打算向朝廷请战，提出当个先锋，做一个有志的男儿。男儿应该战死在边疆荒野的战场上，不用棺材殓尸，而只用马的皮革裹着尸体回来埋葬，怎么能躺在床上，死在儿女的身边呢？"马援在洛阳仅待了一个多月，就主动请求出征。62岁那年，马援又主动请求出征武陵。光武帝考虑马援年纪大了，不放心他出征，马援就当场表演了骑术，于是汉武帝批准了他的请求。第二年，马援因长期辛劳，患了重病，在军中死去，从而实现了他"马革裹尸"的誓言。

"梅妻鹤子"溯源

宋代林逋隐居杭州西湖孤山，无妻无子，种梅养鹤以自娱，人称其"梅妻鹤子"。后以"梅妻鹤子"形容隐士清高脱俗。

"孟母三迁"溯源

"孟母三迁"表示人应该要接近好的人、事、物，才能养成好的习惯。孟子小时候非常调皮，他家原来住在坟地附近，孟子就和邻居的小孩一起玩办理丧事的游戏。孟母认为这样不好，就把家搬到集市附近，孟子又模仿别人做生意和杀猪的游戏。孟母认为这个环境也不好，就把家搬到学堂旁边，孟子就跟着学生们学习礼节和知识。孟母认为这才是孩子应该学习的，心里很高兴，就不再搬家了。这就是历史上著名的"孟母三迁"的故事。

"梦笔生花"溯源

"梦笔生花"这个典故出自《南史·纪少瑜传》。纪少瑜是南朝有名的文士，他自幼专攻《六经》，善于谈吐，对答如流，深受当时读书人的钦佩，后来官至东京学士。相传纪少瑜幼年时，才华并不出众，但是他非常刻苦用功，他的诚心感动了文神。有一天晚上，他看书不知不觉地睡着了，梦见著

名的文人把一支笔送给了他，并告诉他用这支笔能够写出最漂亮的文章。纪少瑜梦醒之后，果然在枕边发现一支非同寻常的毛笔。从此，纪少瑜的文章大有长进，终于成了一位著名的作家。"梦笔生花"也写作"梦笔"，是用来表示才思日进的典故。张孝祥的《鹧鸪天》就有这个典故："忆昔彤庭望日华，匆匆枯笔梦生花。"

"明目张胆"溯源

"明目张胆"是来形容一个人胆大妄为。后来指公开干坏事，由褒义变为贬义。源于《晋书·王敦传》，又见于《新唐书·韦思谦传》。《新唐书》里记载道：韦思谦是唐高宗的监察御史，他为人刚正不阿，不畏权势。他认为做一个监察御史，就应该尽职尽责，所以经常出外巡察，揭发贪官污吏的罪行。

有一次在出巡中，他发现中书令褚遂良犯有错误，于是便上书揭发，褚遂良因此被降职。后来，唐高宗重新起用褚遂良。褚遂良上任后，就对韦思谦进行报复，把韦思谦降为甘肃清水县县令，即使如此，韦思谦还是和坏人进行不屈不挠的斗争，他慷慨激昂地说："大丈夫应当敢于说话，要公开地、大胆地干出一番事业来报答皇上，怎能做一具庸庸碌碌的无能之辈以保全自己和妻子儿女呢？" 后来唐高宗经过考查，又任命他为御史大夫。

"囊萤映雪"溯源

"囊萤映雪"用以比喻家境贫苦，但又刻苦读书。出自《晋书·车胤传》："(胤)家贫，不常得油，夏月则练囊盛数十萤火以照书。孙康家贫，常映雪读书。"晋代时，车胤好学不倦，但因家境贫困，没有多余的钱买灯油。为此，他晚上只能背诵诗文。一个夏夜，他正在院子里背文章，忽然见许多萤火虫在空中飞舞。于是他灵机一动，找了一只白绢口袋，抓了一把萤火虫放在里面当灯用。虽然不怎么明亮，但可勉强用来看书了。从此，有萤火虫的夜晚他就可以读书了。由于他勤学苦练，后来终于做了职位很高的官。同朝代的孙康情况也是如此。由于没钱买灯油，晚上不能看书，他觉得非常

可惜。一个半夜，他从睡梦中醒来，发现窗缝里透进一丝光亮。原来，那是大雪映出来的，他马上想到可以利用它来看书。于是他立即来到屋外，不顾寒冷看起书来。此后，每逢有雪的晚上，他就读书。这种苦学的精神，促使他的学识突飞猛进，后来，他也当了高官。

"破釜沉舟"溯源

出自《史记·项羽本纪》。公元前209年，我国历史上爆发了陈胜、吴广领导的农民起义。陈胜、吴广牺牲后，刘邦和项羽率领的两支军队逐渐壮大起来。公元前207年，项羽的起义军与秦将章邯率领的秦军主力部队在巨鹿(今河北邢台地区)展开大战。项羽不畏强敌，率兵渡漳水。渡河后，项羽命令全军："皆沉船，破釜甑，烧庐舍，持三日粮，以示士卒必死，无一还心。"巨鹿一战，大破秦军，项羽威震诸侯。这就是历史典故"破釜沉舟"的由来。现在人们常用这个成语比喻下决心不顾一切地干到底。

"七步之才"溯源

曹植是曹操第三个儿子，魏文帝曹丕的同母弟弟。他从小就才华出众，曹操曾几次打算把他立为世子，因此曹丕心中暗暗妒忌，继位称帝后就借机打击曹植。有一次，曹丕对曹植说："听说你才思敏捷，我却从没有当面试过，现在限你在七步之内，要成诗一首，否则我就要治你欺世盗名之罪!"曹植无奈，只得一面走，一面做诗："煮豆持作羹，漉豉以为汁。萁在釜下燃，豆在釜中泣。本自同根生，相煎何太急？"曹植吟完，正好走了七步。全诗用同根生的萁、豆比喻同父母的弟兄，用萁豆相煎来比喻弟兄不睦，自相残杀。曹丕听了，羞愧难当，免去了他的死罪，将他贬为安乡侯。曹植七步成诗的事很快传开，人们也因此而称赞他有"七步之才"。后人就用"七步之才"来比喻人有才气，文思敏捷。

"秦晋之好"溯源

春秋时，秦国和晋国是相邻的两个强国。一方面两国争夺霸权，矛盾

尖锐，有时还出兵对阵，打起仗来；但另一方面，他们为了自身利益的需要，有时却又互相联合，互相利用，甚至彼此通婚，结成关系密切的亲家。春秋五霸之一的秦穆公，他的夫人伯姬就是晋献公的女儿；晋献公的儿子晋文公，也是春秋五霸之一，他的夫人文嬴，又是秦穆公的女儿。由于秦、晋两国世为婚姻，后人称两家联姻就叫“互结秦晋”，或称为“秦晋之好”。

“始作俑者”溯源

“始作俑者”比喻第一个做某项坏事的人或恶劣风气的创始人。出自《孟子·梁惠王上》：“仲尼曰：‘始作俑者，其无后乎。’为其像人而用之也。”战国时，有一次孟子和梁惠王谈论治国之道。孟子问梁惠王：“用木棍打死人和用刀子杀死人，有什么不同吗？”梁惠王回答说：“没有什么不同的。”孟子又问：“用刀子杀死人和用政治害死人有什么不同？”梁惠王说：“也没有什么不同。”孟子接着说：“现在大王的厨房里有的是肥肉，马厩里有的是壮马，可老百姓面有饥色，野外躺着饿死的人。这是当权者在带领着野兽来吃人啊！大王想想，野兽相食，尚且使人厌恶，那么当权者带着野兽来吃人，怎么能当好老百姓的父母官呢？孔子曾经说过，首先开始用俑(古时陪同死人下葬的木偶或土偶)的人，他是断子绝孙、没有后代的吧！您看，用人形的土偶来殉葬尚且不可，又怎么可以让老百姓活活地饿死呢？”

“束之高阁”溯源

源于《晋书·庾翼传》。庾翼是东晋人，他从小就有过人的才智和远大的志向，作战中屡立奇功，被封为都亭侯，官至征西将军。与他同时代的殷浩也很有才能，而且长于高谈阔论，20岁的时候，就出了名，后来做了扬州的刺史，不久又调任建武将军，都督扬、豫、徐、兖、青五州的军事，但是在讨伐许昌和洛阳的战役中，却屡打败仗，被革了职。后来有人向庾翼建议，让殷浩重新出来做官，庾翼对此不以为然，他认为殷浩是一个徒有虚名的空谈家，只会高谈阔论，而没有真才实干，于是带着鄙夷的神情说：“他像无用之物一样，只好把他捆起来放到高楼上去，等到天下太平后，再来考虑任用他。”后来，人们用“束之高阁”来比喻把什么东西放在一边，不

用理它。也比喻把某事或某种主张、意见、建议等搁置起来,不予理睬和办理。

“投鼠忌器”溯源

想用东西打老鼠,又怕打坏了近旁的器物。比喻做事有顾忌,不敢放手干。出自《汉书·贾谊传》:“里谚曰:‘欲投鼠而忌器。’此善谕也。”

三国初期,汉献帝与丞相曹操、皇叔刘备一起去打猎。曹操为了显示自己的武力,竟跟汉献帝齐头并进。汉献帝见不远处有只兔子,就叫刘备射,说是要看看皇叔的箭法。刘备连忙弯弓射箭,正好命中兔子,献帝连夸好箭法。献帝又看见一只大鹿,连射三箭不中,就叫曹操射。曹操拿过献帝的箭,一箭就射中了鹿。将士们见射中鹿的箭,以为是献帝射的,都高呼“万岁”,曹操得意地站到献帝前接受欢呼。关云长实在看不下去,要拿刀砍曹操,刘备忙暗示他不可轻举妄动。事后,关云长问刘备为什么不让杀曹操,他说:“投鼠忌器,他身边还有献帝呢。”

“桐叶封弟”溯源

“桐叶封弟”又可称作“剪叶”,表示分封之意。出自于《吕氏春秋》,这个典故与周公旦有关。

周公旦为周朝的开国功臣,他是周成王的叔叔。周成王继位时,年龄非常小,所以由周公代理朝政,周公充分发挥了自己的才干,为周王朝制定了一整套典章制度,把周朝治理得井井有条。有一天,周成王的弟弟叔虞和成王在一起玩耍,周成王随手攀摘了一片梧桐树叶,送给了弟弟叔虞,随口道:“我把这作为信物,封赐给你!”叔虞接过树叶后,心里非常高兴,随后把这件事告诉给周公。周公就去问周成王,周成王说他只是开玩笑,周公听后严肃地说:“天子无戏言。”成王只好把叔虞封于唐。后来,叔虞的儿子把都城迁到晋水的岸边,改唐为晋。

“投笔从戎”溯源

“投笔从戎”,用来比喻弃文从武,有志报国。源于《后汉书·班超传》。班超是东汉著名史学家班固的弟弟。起初,由于家庭经济困难,班超只好帮人做些抄写工作,用来维持生计。有一天,他正在抄写文书,突然把笔向地上一投,长叹一口气说:“大丈夫纵然没有其他大志,也应当学习张骞和傅介子,为国家建功立业,怎么能这样长久地耍笔杆子呢!”随后,他就投笔从军去了。班超投军以后,跟随在大将军窦固的麾下,屡建奇功。后来,他奉命出使西域,巩固了汉朝的政权,维护了边疆的安宁,被封为定远侯。于是,人们把班超投笔于地这个典故名为“投笔从戎”。

“未雨绸缪”溯源

“未雨绸缪”,意思是说做任何事情都应该事先准备,以免临时手忙脚乱。出自《诗经·豳风·鸱号》:“迨天之未阴雨,彻彼桑土,绸缪牖户。”是描写一只失去了自己小鸟的母鸟,仍然在辛勤地筑巢。意思是说:趁着天还没有下雨的时候,赶快用桑根的皮把鸟巢的空隙缠紧,只有把巢坚固了,才不怕风雨的侵害。

“闻鸡起舞”溯源

“闻鸡起舞”用以形容发奋有为,也比喻有志之士及时振作。出自《晋书·祖逖传》。祖逖和刘琨都是晋代著名的将领,两人志同道合,意气相投,都希望为国家出力,干出一番事业。他们白天一起在衙门里供职,晚上合盖一床被子睡觉。当时,西晋皇族内部互相倾轧,争权夺利,各少数民族首领趁机起兵作乱,国家安全受到严重威胁,祖逖和刘琨对此都很焦虑。一天半夜,祖逖被远处传来的鸡叫声惊醒,便把刘琨叫醒,说:“你听到鸡叫声了吗?”刘琨侧耳细听了一会儿,说:“是啊,是鸡在啼叫。不过,半夜的鸡叫声是恶声啊!”祖逖一边起身,一边反对说:“这不是恶声,而是催促我们

快起床锻炼的叫声。”刘琨跟着穿衣起床。两人来到院子里,拔出剑来对舞,直到曙光初露。后来,祖逖和刘琨都为收复北方竭尽全力,作出了自己的贡献。

“夜郎自大”溯源

“夜郎自大”,用来比喻目光短浅、见识贫乏而又自高自大的人。源于《史记·西南夷列传》。夜郎在汉朝时是一个独立的国家,但是它的国土非常小,仅有汉朝一个县的地方那么大。这个国家物产非常少,牲畜也不多,可是夜郎国的国王却非常骄傲,他认为他统治的国家很大,很富饶;当汉朝的使臣去访问的时候,他竟不知天高地厚地问:“汉朝和夜郎国哪个大?”

“一丘之貉”溯源

“一丘之貉”比喻两者的品质和行为都是一样的恶劣,属于同一类型,并没有本质的差别。《汉书·杨恽传》载,杨恽是西汉宣帝时期丞相杨敞的儿子,母亲是司马迁的女儿。他自幼便受到良好的教养,后因告发霍光的子孙谋反有功,升为中郎将,被封为平通侯。杨恽为官清廉,虽然自己很有才干,但并不恃才傲物,还喜欢拿出自己的财物帮助别人,对别人的缺点和过失也会毫不留情地去批评,为此得罪了不少人。有一次,杨恽听说匈奴的单于被人刺杀后,便慨叹道:“遇到不好的君王,大臣给他拟订了治国的良策他不采纳,结果自己却丧了命。就像秦二世的时候,任用小人,残害忠良,最终自取灭亡。如果秦二世能够亲近贤良忠臣,他的帝位也许还能保持到现在。总而言之,古代和当今的帝王都如同‘一丘之貉’。”后来太仆戴长乐告杨恽谋反,其中有一条罪状就是上面所说的话。汉宣帝非常生气,判他大逆不道,施以腰斩之刑。

“一字之师”溯源

“一字之师”指在一个字上能对自己有帮助的人,也泛指诗文的改正

者。源于南宋记有功的《唐诗纪事》，亦见于宋陶兵的《五代史补》卷三。相传唐代诗人郑谷的诗文写得非常好，尤其《鹧鸪诗》写得更是超群出众。因此，人们称他为“郑鹧鸪”。他的朋友齐已是个和尚，也很喜欢写诗著文。有一次，齐已带了自己写好的一首《早梅》诗前去请教郑谷，当郑谷看到“前村深雪里，昨夜数枝开。”的时候，总觉得有些不妥，经过仔细琢磨、反复推敲，改来改去还觉不形象，最后认为把“数枝”改为“一枝”，更能体现出梅花的早开来。齐已听了以后非常佩服郑谷的匠心独运，深深地向郑谷表示谢意。当时写诗作文的人，都佩服郑谷把齐已的诗只改换了一个字，就使整首诗显得确切生动，于是人称郑谷为“一字师”。

“一意孤行”溯源

“一意孤行”形容不听别人的意见，固执地按照自己的意思独断专行。源于《史记·张汤列传》。汉武帝时有两个官吏，一个叫赵禹，一个叫张汤，他们都位居九卿，而且是好朋友，但是他们为人处世的做法却截然不同。张汤为人狡诈多变，赵禹为人忠朴廉洁。赵禹做官以后，门下一个食客也不招揽，就是公卿去拜访他，他也一概婉拒，有人托他办事，他也一律谢绝，所以人们称他是“孤立行一意而已”，即执意地按自己的意志办事。后来，人们把“孤立行一意而已”简化为“一意孤行”，用来表示办事时，按照自己的意见去处理，而谢绝别人的意见。

“一言九鼎”溯源

出自《史记·平原君列传》。战国时，秦国的军队团团包围了赵国的都城邯郸，形势十分危急，赵国国君孝成王派平原君到楚国去求援。平原君打算带领 20 名门客前去完成这项使命，已挑了 19 名，尚少一个定不下来。这时，毛遂自告奋勇提出要去，平原君勉强带着他一起前往楚国。平原君到了楚国后，立即与楚王谈及援赵之事，谈了半天也毫无结果。这时，毛遂对楚王说：“我们今天来请你派援兵，你一言不发，可你别忘了，楚国虽然兵多地大，却连连吃败仗，连国都也丢掉了，依我看，楚国比赵国更需要联合起来抗秦呀!”毛遂的一席话说得楚王口服心服，立即答应出兵援赵。

平原君回到赵国后感慨地说："毛先生一至楚，而使楚重于九鼎大吕。"后人就用"一言九鼎"来形容一句话能起到重大作用，或比喻人信守诺言。

"言归于好"溯源

"言归于好"表示重新和好。源于《左传·僖公九年》。春秋战国时期，诸侯争霸，战争连年不断。齐桓公建立霸业后，为了重修诸侯之好，于公元前615年在葵丘召开结盟会议，史称"葵丘会盟"。

参与会议的诸侯国有鲁、齐、卫、郑、许、曹等。在结盟大会上，诸侯国各抒已见，经过激烈的争论，最终达成了决议：第一，不得阻塞水源；第二，不得阻挠粮食的流通；第三，要尊贤育才，选拔贤士，不得世袭官职。盟会结束时，齐桓公最后要求："凡是参加同盟的各国，大家订立了盟约之后，一定要遵照执行，消除过去的隔阂，重新友好相处。"

"炎黄子孙"溯源

"炎黄"是传说中的我国古代两位部落首领炎帝和黄帝的简称。炎帝，姓姜，号烈山氏，神话里说他牛头人身，其部落把牛作为神物崇拜。黄帝，姓姬，号轩辕氏，又号有熊氏，这个部落把熊作为神物崇拜。相传，这两个部落曾联合击败了蚩尤部落，杀死了部落首领蚩尤。此后，黄帝部落和炎帝部落又进行过多次战斗，最后，黄帝战胜了炎帝。两个部落开始在黄河流域共同繁衍下来，他们相互融合，彼此取长补短，共同创造了我国古代的灿烂文化。在这个过程中，黄帝成了这个联盟的首领，势力扩大到整个中原，并与夷族、黎族等其他部族逐渐融合，形成华夏族的主干，即汉族的前身。黄帝被尊为始祖。我们都是炎黄的后代，所以称"炎黄子孙"。

"与虎谋皮"溯源

"与虎谋皮"，比喻跟恶人商量要他牺牲自已的利益，那是根本不可能的。源于《符子》一书。相传周朝有一个人非常糊涂，有一次，他想弄一些美味的祭品来祭祀神灵，所以就去找正在山坡上吃草的羊商量，想借用羊身

上的肉。羊听了后，大吃一惊，急忙跑开了。他只好两手空空地回家。后来他又想做一件暖和的皮衣，以便冬天御寒，于是跑去和狐狸商量，想借用狐狸的毛皮。狐狸一听，也吓得跑到深山里去了。后来，人们把上面的故事概括为“与狐谋皮”，表示一件做不到的事情。因为“狐”与“虎”音同又同是动物，它们的毛皮都非常珍贵，所以也把它写成“与虎谋皮”。

“运筹帷幄”溯源

“运筹帷幄”用来比喻在后方策划或研究战略战术，现引申为筹划指挥。源于《史记·高祖本纪》。刘邦有一天在洛阳南宫设宴招待文武大臣，在宴席上，刘邦问文武大臣：“诸位将领，你们坦率相告，我为什么能够取得天下，而项羽怎么又会失去天下呢?”王陵回答说：“您派人攻城略地，取胜后论功行赏，与大家分享利益。而项羽嫉贤妒能，有功的人他就设计陷害，有才学的人他就怀疑。打了胜仗，得到土地，既不赏有功之人，也不给别人一点好处，所以他才失掉了天下。”刘邦听后笑着说：“你只知道这一方面，而不知道另一方面。在营帐之中决定计策，能取胜于千里之外，这点我不如张良；安定国家，抚恤百姓，保证供应不缺，粮食不断，这点我不如萧何；组织百万人战无不胜，攻无不克，这点我赶不上韩信。他们三个都是杰出的人才，因为我用他们，所以能取得天下。项羽有个能人范增，他却不用，所以他失去了天下。”

“约法三章”溯源

出自《史记·高祖本纪》。公元前206年，刘邦率领大军攻入关中，到达离秦都咸阳只有几十里路的灞上。子婴仅当了46天的秦王后，向刘邦投降。刘邦进咸阳后，本想住在豪华的王宫里，但他的心腹樊哙和张良告诫他别这样做，免得失掉人心。刘邦接受他们的意见，下令封闭王宫，并留下少数士兵保护王宫和藏有大量财宝的库房，随即还军灞上。为了取得民心，刘邦还把关中各县百姓都召集起来，郑重地向他们宣布道：“秦朝的严刑苛法，把众位害苦了，应该全部废除。现在我和众位约定，不论是谁，都要遵守三条法律。这三条是：杀人者要处死、伤人者要抵罪、盗窃者也要判

罪!"百姓们都非常高兴。由于坚决执行约法三章,刘邦得到了百姓的信任、拥护和支持,最后取得天下,建立了西汉王朝。后来,人们就用约法三章来比喻以语言或文字规定出几条共同遵守的条款。

"助纣为虐"溯源

"助纣为虐"比喻帮助坏人做坏事,源于《史记·留侯世家》。秦末农民起义,最后以刘邦的胜利而结束。当时,刘邦领兵攻破武关以后,长驱直入,打到了蓝田,在蓝田以北完全歼灭了秦国的兵力。秦王子婴迫不得已,只好穿上丧服,颈上系着丝条,捧着传国玉玺,请求投降。刘邦进入秦国的国都咸阳后,见宫殿巍峨,珍宝无数,美女成群,就想留在宫中享受一番。当时的武将樊哙劝他不要因小失大,可是他不听。张良又劝他说,我们之所以能够来到咸阳,主要是因为秦国残暴无道。我们应该替天行道,消灭残余势力,改变秦朝的奢侈和淫乐,实行艰苦朴素来号召天下。现在您才占领了秦国,就要享受秦王所享受的快乐,这是"助纣为虐"的行为。刘邦认为张良的话有道理,于是撤出咸阳,把军队驻扎在灞上。

"朝三暮四"溯源

"朝三暮四"表示用诈术骗人,现在用来比喻反复无常。源于《庄子·齐物论》。宋国有一个名叫狙公的人,非常喜欢猴子,在家里养了一大群,时间一长,他能理解猴子的心理,猴子也懂得主人的意思。狙公宁可省下家里人吃的粮食,也要满足猴子的要求。渐渐地,家里的粮食越来越少,没办法就改喂橡实给猴子吃。后来,连橡实也不多了,他便对猴子们说给你们"朝三暮四",猴子们大吵大闹起来。狙公灵机一动,换了一种说法对猴子说,给你们"暮四而朝三",所有的猴子听了都非常高兴。其实无论是"朝三暮四"还是"暮四朝三",数量是一样的。

"枕戈待旦"溯源

"枕戈待旦"出自刘琨《与亲故书》。刘琨被祖逖的爱国热情深深感动,

决心献身于祖国。一次他给家人的信中写道:“在国家危难时刻,我经常‘枕戈待旦’(枕着兵器睡觉一直到天明),立志报国,常担心落在祖逖后边,不想他到底走到我的前头了!”形象地写出了刘琨随时准备杀敌报国的决心。后来用作成语,形容时刻警惕敌人,准备作战。

“百尺竿头”溯源

比喻虽已达到很高的境地,但不能满足,还要进一步努力。出自宋朝释道原的《景德传灯录》。景岑禅师是唐朝时湖南长沙人,师从于南泉普愿(沩山),法号“招贤大师”,世人称为“长沙和尚”。一日,一僧见过了南泉普愿,景岑派小和尚去问话。景岑禅师听了小和尚的汇报,作十偈:“百尺竿头不动人,虽然得人未为真;百尺竿头须进步,十方世界是全身。”意思是“百尺竿头不动”是很高的境界,到了这种境界,已然得窥法门。可是,百尺竿头还不是“真”;还得更进一步,即由圣入凡,出空入有,到生活中找回“悟”的价值来。后人将“百尺竿头,更进一步”连起来,用以督促人们不要满足已经取得的成绩,要争取更大的进步。

“杯弓蛇影”溯源

“杯弓蛇影”,用来比喻疑神疑鬼,神经过敏,自相惊扰。源于汉代应劭《风俗通》,又见于《晋书·乐广传》。相传晋国有个名叫乐广的人,有一次,他邀请一位朋友到家里喝酒。当这个朋友举起酒杯,却忽然看到酒杯里有条小蛇,可是已经晚了,把它喝下去了。回家以后这人就生起病来,他认为是蛇作怪。乐广听说朋友病了便前去探望,朋友给他说起得病的原因。乐广百思不得其解,好好的酒里怎么会有蛇呢?他把朋友安慰了一番后回到家里,突然看到墙上挂着一张弓,他心里一亮,想到蛇一定是弓倒映在酒杯中的影子。第二天,乐广又邀请那个朋友在原地饮酒,斟满了一杯酒,恭敬地请朋友喝。朋友一看连忙说:“杯里有蛇,我不喝!”这时乐广哈哈大笑,指着墙上挂着的弓让朋友仔细看,那位朋友顿时明白了是怎么回事。没几天,他的病就好了。

"巢父洗耳"溯源

巢父为上古高士，与许由为友。尧要将帝位禅让给许由，许由不接，告诉巢父。巢父批评他隐匿不深才被尧发现，并说，你不是我真正的朋友，便到水边洗耳。又说巢父即许由，因许由夏常居树巢，故亦号巢父。后以之称颂隐士不近尘俗。

"唇亡齿寒"溯源

源于《左传·僖公五年》。公元658年，晋国准备攻打虢国，可是要途经虞国，又不知虞国是否让晋国经过他的国土。大夫荀息献计说："如果把美玉宝马送给虞国国君，他一定会答应借路的。"晋献公就采纳此计。虞国的贤臣宫之奇劝国君不要借路给晋国，否则大祸就会降临到虞国的头上，"虞国和虢国的关系就像车子和车旁的夹板一样紧密。车子要依靠夹板，夹板也要依靠车子，否则就不稳固。谚语说'唇亡齿寒'，如果嘴唇都没有了，牙齿就会感到寒冷。今天虢国之所以没有被灭掉，依靠的是我们虞国；虞国之所以没有被灭掉，靠的也是虢国。如果我们借路给晋国去打虢国，那么虢国如果在早上灭亡，虞国就会在当天晚上被消灭。所以，千万不能借路给晋国啊！"虞公不听宫之奇的忠告，把路借给了晋国。于是晋国派荀息带兵借道虞国去攻打虢国。晋国把虢国灭了之后，回来时把虞国也消灭了。后来，人们用"唇亡齿寒"来比喻关系十分密切，休戚相关。

"戴高帽"溯源

唐代李延寿所著的《北史·熊安生传》中记载了这样一个故事：

北齐有一位名叫宗道晖的人，平时喜欢头戴一顶很高的帽子，脚上穿一双很大的木屐。每当有州将等级官员到来，他都要以这身打扮去谒见。见到官员时，又总是向上仰着头，举着双手，然后跪拜，一直把头叩到木屐上，极尽阿谀奉承之能事。此后人们便把吹捧、恭维别人的行为叫做"给人戴高帽"；如果喜欢别人对自己吹牛拍马，夸赞自己，就叫做"喜欢戴高帽"。

“独占鳌头”溯源

元代无名氏《陈州粜米》楔子：“殿前曾献升平策，独占鳌头第一名”。鳌是传说中的海中大龟，形似龙，好吞火，故立屋脊。亦名蛮蛤，好风雨，背负蓬莱之山于海中。古时候宫殿门前台阶上常有鳌鱼浮雕，科举进士发榜时状元站此迎榜。科举时代指代状元，比喻占首位或第一名。

“含沙射影”溯源

“含沙射影”，用来比喻用心险恶、手段卑劣的人暗中进行造谣诬蔑，打击或者陷害别人的行为。源于唐代白居易的《读史》，内容如下：“含沙射人影，虽病人不知；巧言构人罪，至死人不疑。”这首诗里的“含沙射人影”源于一个传说：相传古时候水里有一种虫，名叫蜮，又叫短狐，有时也称作射卫或射影。它的头上长有角，背上长有甲，没有眼睛，长有三只脚，有翅膀，能够在水面上飞翔，嘴里长着像弩一样的东西，形状像鳖，耳朵非常灵敏。当它在水边时，如果听见有人畜从它身边经过，就会从嘴里喷出一种气体，直射向人畜，人畜如果中了这种气体就会生病。它在水面时，如果听见有人的脚步声走近，就会用嘴含着细沙朝人或人倒映在水里的影子喷射，人体或人影被射中后，也会生病不起。

“涸辙之鱼”溯源

“涸辙之鱼”用来比喻身陷困境，亟待援救。源于《庄子·外物篇》。

相传战国时期，著名学者庄周家庭生活非常拮据，经常向别人借粮。有一天他向监河侯借粮，监河侯是一个既吝啬又爱面子的人，他假惺惺地对庄周说：“不用说借给你粮食，就是借给你三百金都可以，但是要等到秋后我收到租金后才能借给你。”庄周听后非常生气，就讲了一个故事，说他在来监河侯处所的路上，听到地上的车辙中有一条鲋鱼在呼喊，他好奇地问鲋鱼为何呼喊。鲋鱼说他是东海龙王的大臣，不幸落难于此，想让庄周给他一些水，救他一条命。庄周听后说：“可以，我将要到南方游说吴、越国

王，到那边后引来长江水救你，好吧？”鲋鱼听了以后生气地说：“等你引来江水，我早都渴死了，你还不如把我送到干鱼店里让我等死呢！”监河侯听了非常尴尬。

“金屋藏娇”溯源

汉武帝刘彻四岁时，做太子的是他的哥哥刘荣。汉景帝的姐姐馆陶长公主原想把自己的女儿陈阿娇许配给太子刘荣，但是太子的母亲栗姬一口回绝了。长公主非常生气，于是就问刘彻愿不愿意娶阿娇做妻子，刘彻很喜欢阿娇，便说：“若得阿娇，必以金屋贮之。”汉景帝同意了这门亲事。后来，刘彻在长公主的帮助下登上了皇位，果真册封阿娇为皇后，并造了座富丽堂皇的宫殿给她，实现了自己的诺言。

“结草衔环”溯源

“结草衔环”这个成语，用来比喻感恩戴德，至死不忘。

《左传·宣公十五年》记载：春秋时期，晋国大夫魏颗的父亲魏武子有个非常宠爱的小妾。魏武子临死前，要魏颗把那个小妾给他殉葬。魏武子死后，魏颗却让那个小妾嫁了人。后来，秦将杜回领兵攻打晋国，晋王命魏颗率兵抵抗。两军正在激战之时，战场上突然出现了一位老人，他把地上的草打成了许多结把杜回绊倒，魏颗因此活捉了杜回，秦军大败。当天夜里，魏颗做了一个梦，梦见白天的那个老人对他说：“我是你所嫁的那个妇人的父亲，特来战场上结草报恩。”

《后汉书·杨震传》注引《续齐谐记》记载：东汉杨震父亲杨宝小的时候，在山林中见到一只奄奄一息的小黄雀。杨宝见它可怜，便带回家精心照料。小黄雀伤愈后，杨宝就把它放了。当天晚上，杨宝做了一个梦，梦见有一个黄衣童子，口中衔着四个玉环，说是送给杨宝的礼物，并祝愿杨宝子孙几代都做大官。后来，杨宝的儿子、孙子、曾孙果然都做了大官，享尽了荣华富贵。后以“结草衔环”为感恩图报之典。

“沆瀣一气”溯源

源于宋代钱易的《南部新书·戊集》。

唐代有一个叫崔沆的人，十年苦读终于一朝及第，考中进士后在京城做官。有一年，皇帝派他担任科举考试的主考官。他办事认真，一丝不苟，考试工作进行得非常顺利。等放出金榜时，其中有个名叫崔瀣的老生被录取了。旁观者看了后都忍不住大笑起来，因为主考官叫崔沆，而中榜者叫崔瀣，如果把他们的名字连在一起就是“沆瀣”，而“沆瀣”正好是夜间放屁的一种别称。本来两人的名字连在一起完全是一种巧合，没有可笑之处，但是由于二人一个是主考官，另一个是考生，所以人们就讥笑他们是“座主门生，沆瀣一气”，这里的“座主”即主考官之意。后来，人们引用“沆瀣一气”比喻臭味相投的人勾结在一起。

“画虎类犬”溯源

“画虎类犬”从“画虎不成反类狗”演变而来，用来比喻学习技能而学得不像的人。源于《后汉书·马援传》。东汉马援为国带兵打仗，屡建奇功，光武帝刘秀封他为伏波将军。他不仅治兵严谨，打仗有方，还非常重视自己家族中子弟的教育，以免他们走上邪道。

有一天，他听说侄儿马严和马敦结交侠客，认为这样下去会耽误学业，就写信劝告他们说：“希望你们听到别人说坏话，就要像听见自己父亲的名字一样，尽管别人在叫，但自己不能跟着去叫。龙伯高这个人厚重谨慎，谦逊廉俭，为人正派，是我最敬重的，我希望你们学习他。杜季良豪侠行义，能为人解忧，也是我敬重的人之一，但我不希望你们学习他，因为你们很难学到。学龙伯高不成功，还不失为一个谨慎忠厚的人，这就是‘刻鹄不成尚类鹜’；如果学杜季良不成，就会成为轻薄之徒，那就成了‘画虎不成反类狗’。”

“黄袍加身”溯源

黄袍加身是指登上帝位。后周时期，赵匡胤任殿前都点检，领宋州归

德军节度使，掌握兵权。周世宗柴荣死后，他七岁的儿子柴宗训即位。这时，赵匡胤看到夺取后周政权的条件已经成熟，于是精心策划了著名的“陈桥兵变”。公元960年，由归德军掌书记赵普和赵匡义等人指使，镇、定二州谎报军情，假称北汉和契丹会师南下，攻打后周。后周宰相范质不辨真伪，急忙指派赵匡胤率军往北方抵御。当赵匡胤把部队开到开封以北二十里的陈桥驿时，赵匡义、赵普等将领，就把事先已经准备好的黄袍披在赵匡胤身上。黄袍是只有皇帝才能穿的衣服，诸将领一致向赵匡胤高呼万岁，拥护他当皇帝。于是，赵匡胤立即率领军队开回守卫空虚的京师，不费吹灰之力，便推翻了后周政权，建立大宋王朝。

“鸡鸣狗盗”溯源

“鸡鸣狗盗”源于《史记·孟尝君列传》。春秋战国时期，秦昭王仰慕齐国孟尝君的才能，准备聘用他做秦国的相国，于是预约孟尝君到咸阳会面。秦国原来的相国非常嫉妒，于是就在秦王面前大进谗言。秦王听信谗言，不但不让孟尝君做相国，反而打算杀掉他。

可是孟尝君是个好义之士，秦王的弟弟泾阳君是他的至交。泾阳君听到这个消息后，立刻把它告诉了孟尝君，还要他以重礼贿赂秦王的爱妃燕姬，让她请求秦王释放孟尝君回国。燕姬答应帮忙，但提出要一件与孟尝君送给秦王一样的白狐皮袍子。孟尝君的一位食客会学狗叫，当夜就潜入秦宫把那件白狐皮袍子偷了出来，送给燕姬。后来秦王果然答应释放孟尝君。孟尝君获释后，立刻离开咸阳，他担心秦王后悔。可是跑到函谷关时，鸡还没叫，按照秦国法律，不到鸡叫的时候，关门不能打开。正巧孟尝君有个门客会学鸡叫，他的叫声引得所有的鸡都叫起来，守关的士兵便开门让孟尝君一行走了。不出所料，秦王果然后悔了，但已经追不上了。后来，人们把为了达到某种目的而使用不正当的小伎俩称作“鸡鸣狗盗”，也把使用这种小伎俩的人称作“鸡鸣狗盗之徒”。

“空穴来风”溯源

“空穴来风”这个成语比喻传言毫无根据，源于宋玉的《风赋》。楚国的文人宋玉和景差跟随着楚襄王在兰台宫游玩，忽然吹来一阵凉爽的风。楚王感到非常舒畅，不禁感叹道：“这风吹得我好畅快呀!这是我和百姓共同享受的吗?”宋玉听了回答说：“这只是大王的风罢了!百姓哪里能够和您共同享受呢?”楚王听后非常奇怪，问：“风是天地间的大气，从各个角落毫无阻挡地吹过来，不管是宝贵的还是贫贱的，高尚的还是低下的，都会吹在他们身上。如今你却说风是我独有的，这其中的道理是什么?”宋玉回答说：“我听老师说过，树分叉的地方，常有鸟来做窝；有空隙的地方，就有风吹来。由于地位不同，风自然就两样了。”

“管窥蠡测”溯源

出自《汉书·东方朔传》：“以管窥天，以蠡测海，以筳撞钟，岂能通其条贯，考其文理，发其音声哉?”管就是竹管，蠡就是贝壳做的瓢。这句话的意思是，从竹管里看天，用瓢测量海水，怎么能对事物有一个充分而全面地了解呢? 后人就用这个词语来比喻对事物的观察和了解很狭窄，很片面。

“狗尾续貂”溯源

源于《晋书·赵王伦传》。晋武帝司马炎死后，儿子司马衷即位，他对朝政一窍不通，大权落到贾后手里。贾后生性凶狠狡诈，赵王司马伦以此为借口带兵冲入宫廷，杀死了贾后，自封为相国。司马伦为了笼络朝臣，扩大自己的势力范围，于是大封文武百官。等到一切就绪后，又废掉晋惠帝，自称皇帝。当时规定，王侯大臣都戴用貂尾装饰的帽子，由于司马伦大肆封官晋爵，所以一时貂尾都不够用，只好用狗尾来代替，人们就据此编了两句民谣：“貂不足，狗尾续。”用来讽刺朝廷。后来，人们用“狗尾续貂”表示续作不佳。清代蒲松龄的《代王次公与颜山赵启》里有这个典故：“庇舆盖中，仍添昼行之锦；从缙绅后，张惭尾续之貂。”

“新婚燕尔”溯源

“新婚燕尔”这一成语，本出自《诗经·邶风·谷风》中“宴尔新昏(婚)”一句，这里“燕”与“宴”在古汉语中是通假字，都是安乐的意思，因此“新婚燕尔”也可写作“新婚宴尔”，或“宴(燕)尔新婚”。不过，出于贺者祝新婚夫妇如燕子比翼而飞的心愿，如今人们多将这成语中的“宴”写作“燕”。对于这成语“燕”与“宴”的通假，稍有古汉语知识的人都知道，没有新说异议。

问题在“新婚燕尔”这成语意义的古今变化。《诗经·邶风·谷风》是一首被丈夫遗弃妇女的怨歌，所说的“新婚”是指另寻新欢丈夫的再次结婚，其含义与初娶的“旧婚”相对。“新婚”这词的本义，与古诗《上山采蘼芜》、杜甫《佳人》诗以及白居易《新乐府·母别子》中所说的“新人”相似，“新人”不是指初娶之妻，而是新娶之妇。从历史上看，“新婚燕尔”这成语的本义，至迟在宋代已有了变化，用它来指初娶。为此，南宋学者洪迈在其所著的《容斋随笔》卷八“谈丛失实”中，指责“今人乃以初娶为宴尔。非惟于诗意不合，且又再娶事。岂堪用也”。尽管这位先生批评他人用“新婚燕尔”乖戾本义，但是大家都用它来指初娶的“失实”，还是沿着历史长河一直流传下来。

“不尽人意”溯源

所谓“不尽人意”即“不尽如人意”，当从“尽如人意”一语化出。按“尽”，完全，范围副词；“如”，符合，动词。不尽如人意，是说如果人的表现不能完全符合大家的心愿，亦即不能完全令人满意。现在来个“不尽人意”，保留副词而抽去动词，就不知所云了。若勉强把“尽”当成动词(如“余意未尽”的“尽”)，把“不尽人意”解作“不能完全表达大家的心意”，似亦可通，但显然不是原话的本意。

“三长两短”溯源

成语“三长两短”通常喻为意外灾祸。民间多作“遇难”、“死亡”等讳辞婉言。

“三长两短”和以前的人死后入棺木有关。棺木是用六片木材拼凑的。棺木盖及棺底俗称天地,左右两片叫日月,这四片是长木材。前后两块别称彩头彩尾,是四方形的短料。为什么不叫四长二短?因为尸体入木后才上棺盖,所以只称三长。“三长两短”作为死的别称流传的范围越来越广,便由俗语转为成语了。

另一种说法为:铸剑大师欧冶子(约公元前514年前后,春秋末期到战国初期越国人)铸过“三长两短”五把名剑:纯钧、磐郢(又名胜邪)、湛卢、巨阙和鱼肠。其中纯钧、磐郢(胜邪)和湛卢为长剑,巨阙和鱼肠为短剑。三长两短五把剑全都锋利无比。历史上有专诸刺僚王的故事,说的是剑客专诸,受吴公子光收买,要刺杀吴王僚。僚王爱吃烤鱼,专诸就假扮厨师,手托鱼盘,鱼肚子里就暗藏利刃,趁机刺杀了僚王。那把锋利的短剑就被后人称作“鱼藏剑”,“三长两短”则成了意外灾祸的代名词。

“戴绿帽子”溯源

我国封建社会一直以碧青绿等色为下等人穿着之服装。唐封演在《闻见录》中说,唐地方官李封对犯罪之人“不加杖罚,但令裹碧头巾以辱之”。并根据罪行轻重,“以日数为等,日满乃释”。宋沈括在《梦溪笔谈》中也说:“苏州有不肖子弟,纱帽下著青巾,孙伯纯知州判云:‘巾帽用青,屠沽何异?”说明穿戴碧青绿等色的人,社会地位十分低下。

从元代开始,这种颜色的服装限于“娼妓”、“乐人”所用。《元典章》规定:“娼妓穿皂衫,戴角巾儿,娼妓家长并亲属男子,裹青头巾。”近人柯劭态《新元史·舆服志》中记载了元仁宗延祐元年(1314年)定服色等等,规定:“娼家出入,只服皂褙子,不得乘从车马。”

明太祖朱元璋于洪武三年(1370年)下诏:“教坊司乐艺着卍字顶中,系红线褡膊,乐妓明角冠皂褙子,不许与民妻同。”同时还规定“教坊司伶人常服绿色巾,以别士庶之服。”明刘辰在《国初事迹》中记载了明朝初年

朱元璋对南京娼妓所作的种种规定：娼妓家的男子必须“头戴绿巾，腰系红褡膊，足穿带毛猪皮靴，不许街道中走，只街道边左右行。”且规定“妓妇戴皂冠，身穿皂褙子，出入不许穿华丽衣服。”因此，俗称妻女卖淫和妻子有“红杏出墙”之事的男人为“戴绿帽子”。明初人陶宗仪《南村辍耕录》中有：“宅眷尽为瞠目兔，舍人总作缩头龟。”后人认为乌龟的头是绿色，于是称那些戴着绿头巾的人为乌龟头，又称那些开设妓院并以妻女卖淫的男人为“当王八”或“当乌龟”。

“衣冠禽兽”溯源

“衣冠禽兽”一词，喻指其行为如同畜生的恶人。“衣冠禽兽”一词，源于明代官员的服饰。明代中期以前的“衣冠禽兽”是赞语，颇有点羡慕的味道。明代官员服饰规定：文官官服绣禽，武官官服绘兽。文官一品绯袍，绣仙鹤；二品绯袍，绣锦鸡；三品绯袍，绣孔雀；四品绯袍，绣云雁；五品青袍，绣白鹇；六品青袍，绣鹭鸶；七品青袍，绣鸳鸯；八品绿袍，绣黄鹂；九品绿袍，绣鹌鹑。武官一品二品绯袍，绘狮子；三品绯袍，绘虎；四品绯袍，绘豹；五品青袍，绘熊；六品七品青袍，绘彪；八品绿袍，绘犀牛；九品绿袍，绘海马。因此，文武官员被称作“衣冠禽兽”。

明朝中晚期，宦官专权，官场腐败，文官爱钱，武将怕死，欺压百姓，无恶不作，官将声名狼藉。百姓视其为瘟神盗匪，于是便贬称其义，称为非作歹的文官武将为“衣冠禽兽”。其贬义之称，最早见于晚明陈汝元的《金莲记》。清代以来，“衣冠禽兽”遂用作贬义词。

“信口雌黄”溯源

“雌黄”是一种可以提取某种成分以作颜料的矿物质。古代馆阁新书净本有错字的，校改之法有数种：一是刮洗，但会伤纸；二是贴纸，但容易脱落；三是涂粉，但旧字还会隐约可见。这些方法都有缺陷，唯有用雌黄涂之，才能一涂即去，且经久不脱。

“信口雌黄”就由此演变而来。晋代王衍是个能言善辩的人，他常常手执一把玉柄麈尾，专事谈“老庄”。他发觉言论中有不妥的，便改口更正，就

像人家用雌黄改错字一样。故《文选》刘孝标《广绝交论》有“雌黄出其唇吻”之语，世号“口中雌黄”。后人加以引申，把不顾事实随口乱说叫做“信口雌黄”。

“冯唐易老”溯源

“冯唐易老”形容老来难以得志。这个典故出自于《史记·冯唐列传》。冯唐是汉文帝时的一位大臣，初以孝悌而闻名，拜为中郎署。由于他为人正直，敢于进谏，所以时时处处遭到排挤，直到头发花白，还只是个郎官。后来，北方的匈奴族又来入侵汉朝，汉文帝下令到各地征召平匈奴的将军。这一天，汉文帝经过郎署时，遇上了冯唐，于是两人就将帅之事交谈起来，汉文帝非常赏识冯唐的才能。冯唐趁此机会向汉文帝申诉了云中太守魏尚被削职的冤案，并恳求汉文帝把魏尚官复原职，而且让魏尚率兵攻打匈奴。魏尚不负众望，击退了匈奴，冯唐也因为荐贤而升为车都尉。汉景帝继位后，由于冯唐性格耿直，不久又被罢官。汉景帝去世后，汉武帝继位，匈奴又来侵犯边疆，汉武帝又广征贤良，有人推举冯唐，可是冯唐已经九十多岁了，心有余而力不足。唐代王勃的《滕王阁序》里就有这个典故：“冯唐易老，李广难封。”

“女大十八变”溯源

民间有句俗语：“女大十八变。”一般的解释是女子到十八岁，相貌越来越美。其实并非如此，这里的十八，并不是专指年岁说的，而是指多变而言，多变又为何以十八称之?这又与《易经》上所述的爻卦直接有关。《易经·系辞》“十有八变而成卦。”周文王在被囚中发奋治学，将八卦各取一字作为代称，即乾、坎、艮、震、巽、离、坤、兑，各代表一定属性的若干事物，又以八卦中的两卦相叠进行组合排列，演为六十四卦，三百八十四爻，并以此推测自然和社会的变化，说明阴阳的相互作用是产生万物的根源，提出了“刚柔相对，变在其中”等朴素辩证法的观点，并写成了《周易》一书，被列为我国的“五经”之一。

由于爻卦的相互组合，变化多端，六十四卦中，每卦都有十八次的变化，

可谓变化之多。故胡朴安《俗语典》云:“凡事物之多变者,俗并以十八言之。”

由此可见,“女大十八变”是说女孩子长大,她的体貌心神等方面,变化得很快、很多。

“千里送鹅毛”溯源

“千里送鹅毛,礼轻情义重”是我国民间流行的俗语,表示礼物虽然不值什么钱,但人与人的情谊无价。

相传,唐贞观年间,回纥使臣缅伯高奉国王命令,带宝物向唐朝进贡,同时还带了一只他们认为世间稀有的白天鹅。缅伯高亲自用笼子装着护送。到了湖北沔阳地区,他见天鹅口渴,便放它到湖里喝水。一不小心,天鹅展翅高飞,仓促间,缅伯高只抓得一把鹅毛。这如何是好呢?他想来想去,只好硬着头皮,把鹅毛用绸缎包裹好,并附上自己写的一首诗,送给唐太宗:

天鹅贡唐朝,山高路远遥;
沔阳湖失宝,倒地哭嚎嚎;
上覆唐天子,请饶缅伯高;
物轻人义重,千里送鹅毛。

唐太宗看了这首诗,十分嘉许,立即安抚来使,说:“千里送鹅毛,礼轻情义重。”并把天鹅毛当做贵重礼品诚恳地收下来,还回送了一些中原土特产。

从此,“千里送鹅毛,礼轻情义重”便成为一句流行的俗语了。

“狗咬吕洞宾”溯源

“狗咬吕洞宾”是“苟杳吕洞宾”的讹变。苟杳与吕洞宾是同乡,苟杳少年家贫,吕洞宾与其拜为兄弟,经常接济他。后来干脆把他接到自己家中攻读“四书五经”,以求取功名利禄。

一天,吕的一位林姓朋友来访,见苟杳仪表堂堂、一表人才,便想把妹妹许配给他,但吕洞宾并不同意这桩婚事。苟杳得知此事后,极力恳请吕为他做媒,吕略加思索后,要苟答应一个条件:“林女须先陪我三天。”此事

一般人很难答应，但苟杳却一口应承，并真的践了约。待三天期满，苟见新娘，新娘哭说："郎君为何三夜都是天黑才来，埋头读书至天明便去？偏让我独守空床！"苟顿时做声不得，良久悟及，原来是吕洞宾以此告诫自己莫因成婚而误了读书。于是谨记在心，终于考取功名做了官。

几年以后，吕家失火落难，吕洞宾便去找苟杳求助。不料苟杳将吕洞宾留在家中，天天设宴相待，都一个多月了，就不答应资助之事。吕洞宾愤然离去。路上乞讨时，获一人同情，赠送银子，才解了途中之窘。

至家，旧址上竟然新屋屹立，妻子正披麻戴孝，抚棺守灵。细问，原来是苟杳派人建造新屋，并送来棺材，说吕已客死异乡。吕撬开棺材，见内有金银，并附信一封。信云："苟杳不是负心郎，路送银，家盖房。你让我妻守空房，我让你妻哭断肠！"至此，吕洞宾方恍然大悟，哭笑不得。

"有眼不识泰山"溯源

"有眼不识泰山"往往形容某些人以下犯上、有眼无珠。孰不知，这条成语中的泰山，并非指山东省境内的那座名山，而是指我国古代的一位著名竹匠。

相传，春秋时期著名的木匠鲁班，经常招收徒弟。鲁班十分珍视自己的声誉，每隔一段时期，就要从徒弟中淘汰个别"不成器"的人。鲁班徒弟中有个叫泰山的年轻人，看上去不很灵巧，技艺长进不大。为了维护班门的声誉，鲁班毅然淘汰了泰山。

事隔数年，一次鲁班率徒闲逛集市，忽然发现一个货摊上摆着许多做工讲究的竹制家具，技艺达到了炉火纯青的地步，顾客争相抢购。爱才的鲁班很想结识一下这位竹器高手，便向人打听。人们告诉他，是鲁班大师的徒弟——赫赫有名的泰山所做。

鲁班听了，不禁大吃一惊，想起当初之举，深感愧悔，叹道："我真是有眼不识泰山啊！"

"临时抱佛脚"溯源

这个词最初出自唐朝孟郊的《读经》诗："垂老抱佛脚，教妻读黄经。"意思是年老才信佛，以求保佑，有临渴掘井之意。后来就把平日不早做准备或努力,到事情紧急时才匆忙设法称作“临时抱佛脚”,有时也说成“闲时不烧香,急来抱佛脚”。

“万事俱备,只欠东风”溯源

“万事俱备,只欠东风”用来比喻一切都已具备,只差最后一个重要条件。出自《三国演义》四十九回。公元208年,曹操率领80万大军南下,驻扎在长江中游的赤壁,企图打败刘备以后,再攻打孙权。当时,孙权和刘备兵力都很少,只好联合抗曹。诸葛亮和周瑜都主张火攻,可等一切都准备好后,周瑜却发现曹操的船只都停在大江的西北,而自己的船只靠南岸。这时正是冬季,只有西北风,如果用火攻,不但烧不着曹操,反而会烧到自己的头上,只有刮东南风才能成功。周瑜急得口吐鲜血,病倒在床上。诸葛亮猜透了他的心事,就给他开了个16字药方:“欲破曹公,宜用火攻;万事俱备,只欠东风。”周瑜一看,大吃一惊,便请教破敌之策。诸葛亮有丰富的天文气象知识,他预测到近期肯定会刮几天东南风,就对周瑜说,他有呼风唤雨的法术。周瑜很高兴,命令部下做好一切火攻的准备,等候诸葛亮借来东风。半夜三更,果真刮起了东南大风,周瑜部将黄盖率领火船向曹操水寨疾驶,当火船靠近曹军水寨时,士兵们顺风放火,曹营的战船被烧得一干二净,兵马损失不计其数。

“五十步笑百步”溯源

“五十步笑百步”比喻程度不同,但本质相同的做法。出自《孟子·梁惠王上》。有一天,孟子去见梁惠王,梁惠王知道孟子是很有学问的人,就对他说:“我对于国家,可以说是尽心尽力了。邻国的哪位君王也没有谁能像我这样为百姓着想的。可是,邻国的百姓并不因此减少,我的百姓并不因此加多,这是为什么呢?”孟子回答说:“让我拿打仗作个比喻吧!双方军队在战场上相遇,免不了要进行一场厮杀。厮杀结果,打败的一方免不了会丢盔弃甲,飞奔逃命。假如一个士兵跑得慢,只跑了五十步,却去嘲笑跑了一百步的士兵贪生怕死,这对不对?”梁惠王立即说:“当然不对!那些跑五十步的只不过没有跑到一百步罢了,但这也是逃跑呀!”孟子说:“同样道

理，你虽然爱百姓，可你喜欢打仗，百姓就会遭殃。只要你以德治理国家，那么天下的老百姓就会投奔到梁国来了。”这个成语比喻那些以小败嘲笑大败的人。

“才、学、识”溯源

自唐代刘知几提出“才、学、识”三要素后，对此问题的讨论，就从来没有停止过，现代人才学者王通讯又这样表述“才、学、识”的内涵：识，包括三个方面：(1)能看得准时代的方向，善于驾驭各种环境；(2)抓得住业务领域内的具有关键意义的课题；(3) 有较高的审美能力、鉴赏能力和辨别能力。才，就是在自己已有知识的基础上，通过劳动(脑力与体力)而形成的技能的高度发展。学，指各科知识。这三个定义或不无可取之处。我们在这里重新提及一下历代学者关于“才、学、识”三者及其相互关系的论述。

明代著名思想家李贽，认为“才、学、识”三者中，“天下唯识为难”。李贽还提出了“胆”的概念，论证了识与才、识与胆的关系，提出“有其才而无其胆，则有所怯而不敢；有其胆而无其才，不过冥行妄作之人”。天下有“因才而生胆”者，也有“因胆而发才”者。无论哪种情况，只要有见识，虽有四五分胆，也可作出一番事业。“才与胆皆因识见而后充”。

清代诗歌理论家叶燮提出“才、胆、识、力”说。认为“大凡人无才，则心思不出；无胆，则笔墨畏缩；无识，则不能取舍；无力，则不能自成一家”。

清代章学诚认为，人在童蒙之初，即有记性、作性、悟性。“记性积而成学，作性扩而成才，悟性达而为识。”具体到文史人才而言，他指出：“考订主于学，辞章主于才，义理主于识。”又说，“记诵以为学也，辞采以为才也，击断以为识也。”

同时代的袁枚也突出强调了识的作用。他说：“作史三长‘才、学、识’缺一不可，余为诗亦如之，而识最为先，非识则才与学俱误用矣。”

“半部论语治天下”溯源

公元960年，赵普辅佐赵匡胤在陈桥驿黄袍加身登上了皇帝的宝座，也由此成为一人之下、万人之上的开国名相。后来，宋太宗继位，赵普

又两次出任宰相。当时人们纷纷传言赵普读书甚少，仅仅读过一部《论语》而已，宋太宗便问赵普："是不是这么回事儿？"赵普回答道："我平生的学问哪有这么多？只有半部而已。当初我用半部《论语》辅佐太祖皇帝(即赵匡胤)平定天下，现在打算仍用这半部辅佐陛下达到天下太平。"赵普死后，家人在他的书箱中只找到《论语》二十篇。这就是"半部论语治天下"的来历。

"重于泰山与轻于鸿毛"溯源

司马迁在《报任安书》中说过"人固有一死，或重于泰山，或轻于鸿毛"的话。由于后人的辗转引用，现在这句话可以说是家喻户晓、妇孺皆知了。但是，如今人们对这句话的理解和应用，大都与司马迁的原意不符。除去表述方面各异外，其指的内容，甚至可以说正好截然相反。

"死或重于泰山，或轻于鸿毛"，确是涉及死的作用、价值和意义，但这里所说的"重"与"轻"，绝不是分指死的意义的大小有无，而只是对各不同作用、价值和意义的死这一行为本身所持的态度。它的原意应为：人生于世，本来都有一死，但在有的时候，要把死看得很重。比如面临那种没有价值、没有意义、糊里糊涂的死的时候，要认识到生命是宝贵的，对死看得要比泰山还重，切不可盲目轻生。反之，在有的时候，则应该把死看得很轻。比如勇夫殉国，志士死节，在舍生取义的时候，就应该视死如归，把死看得比鸿毛还轻。

"不敢越雷池一步"溯源

原指不要越过雷池，后比喻不敢超越一定的范围和界限。出自晋庾亮《报温峤书》。雷池：湖名，在安徽省望江县南。

晋明帝皇后的哥哥庾亮，在晋成帝即位后担任中书令，掌执朝政。当时西部边境很不安宁，庾亮推荐大臣温峤到江州任刺史。不久，庾亮接到一个报告：历阳太守苏峻企图谋反。庾亮没有马上采取行动，而是想骗苏峻到都城建康来做大司马。大臣们认为这个方法不妥，温峤也写信劝阻，但庾亮不听。苏峻接到朝廷的通知后，敏感地觉察到朝廷已对自己生疑，

于是索性发兵进攻都城。温峤得到这个消息，一方面请求庾亮允许他率兵从小路进入建康保卫京都，一方面号召将士们做好各种准备。庾亮对苏峻的反叛力量估计不足，认为温峤那里的防务非常重要，不希望他率兵来护卫都城。他写信给温峤说："我对西境敌人的担心，超过了对历阳叛兵的担心，你必须留在原地，不要越过雷池一步。"于是，温峤就在江州按兵不动。结果苏峻进攻建康时没有受到大军阻挡，尽管庾亮率军迎战，建康还是陷入了苏峻之手。庾亮赶紧去投奔温峤。温峤并不责怪他，而是请他守卫白石营垒，自己加紧操练水军，准备歼灭叛军。苏峻的一万士兵很快抵达白石，与仅有几千人马的庾亮展开血战。庾亮身先士卒，奋勇杀敌，击退了叛军。后来，庾亮、温峤等人终于杀掉苏峻，平定了叛乱。

"成也萧何败也萧何"溯源

"成也萧何败也萧何"比喻事情的成功和失败都是由同一个人造成的。西汉的萧何是汉高祖刘邦的重要谋臣，他曾向刘邦推荐了善于用兵打仗的韩信做大将军，使之为汉朝的建立立下很大功劳。后来有人向刘邦的妻子吕后告发韩信谋反，吕后想把韩信召进宫来，又怕他不肯就范，就同萧何商议。萧何设计以庆贺平叛胜利为理由，骗韩信进宫。韩信一进宫，就被吕后以谋反罪名杀于长乐宫钟室。民间因此有"成也萧何(韩信成为大将军是萧何推荐的)，败也萧何(韩信被杀是萧何出的计谋)"的说法。

"风马牛不相及"溯源

本指齐楚两国相离很远，即使马牛走失，也不会跑到对方境内，比喻事物彼此毫不相干。公元前656年，齐桓公会盟北方七国准备联合进攻楚国，楚成王知道后，觉得齐国是毫无道理的侵略，一边集合大军准备迎战，同时也决定派大夫屈完迎上前去质问齐国。《左传·僖公四年》载："四年春，齐侯以诸侯之师侵蔡，蔡溃，遂伐楚。楚子使与师言曰：'君处北海，寡人处南海，唯是风马牛不相及也，不虞君涉吾地，何故'?"这段话的意思是说：鲁僖公四年的春天，齐桓公凭借各诸侯国的军队进攻蔡国，蔡国溃败后，接着又进攻楚国，楚成王派屈完为使者，对齐军说，你们居住在大老远的北方，我们楚国在遥远的南方，相距很远，即使是像马和牛与同类发生相诱而互相追逐的事，也跑不到对方的境内去，没想到你们竟然进入我们楚国的领地，这是为什么？"风"在这里是作动词讲的，意思是"放逸、走失"，一说是兽类雌雄相诱叫"风"，因马与牛不同类，不会相诱。这里是形容齐楚两地相距甚远，马、牛不会走失至对方境内。与此相类似的还有一种解释，《古文观止》："牛走顺风，马走逆风，喻齐楚不相干也。"后世则以"风马牛不相及、风马牛、风马不接、风马、风牛"等比喻事物之间毫不相干。楚大夫屈完质问齐军后，齐国著名的政治家、军事家管仲也历数楚国不向周天子纳贡等罪状，屈完说："没进贡包茅，这是我们的不是，以后一定进贡。"屈完走后，齐国和诸侯联军又拔营前进，一直到达召陵。楚成王又派屈完去探问。齐桓公为了显示自己的军威，请屈完一起坐上车去看中原来的各路兵马。屈完一看，果然军容整齐，兵强马壮。齐桓公趾高气扬地对屈完说："你瞧瞧，这样强大的兵马，谁能抵挡得了？"不料屈完不卑不亢地答："……要是凭武力的话，我们楚国以方城(楚长城)作城墙，用汉水作壕沟，你们就是再来更多的军队，也未必打得进来。"听屈完说得挺强硬，齐桓公估计也未必能轻易打败楚国，而且楚国既然已经认了错，答应进贡包茅，也算有了面子。就这样，中原八国诸侯和楚国一起在召陵订立了盟约，各自回国去了。成语"风马牛不相及"的典故，就是源于这一次交战前的唇枪舌剑。

"韩信点兵，多多益善"溯源

"韩信点兵，多多益善"，是形容事物越多越好。出自西汉司马迁《史记·淮阴侯列传》。一次，汉高祖刘邦同韩信闲谈将领们才能的高下，在他俩看来，那些将军无论在沙场征战，还是出谋划策，都各有长处或短处。到后来，刘邦问韩信："你看我能指挥多少军队呢？"韩信说："陛下您最多能指挥十万人。"刘邦又问："那么你能带多少兵呢？"韩信说："臣多多而益善哉。"这一下刘邦受不住了，勉强笑了笑说："既然是越多越好，你为什么始终在我的手下呢？"韩信从刘邦笑的神态中，猛然悟出了自己无意中刺伤了皇帝的虚荣心。他赶忙巧妙地回答说："陛下不善于带兵，却擅长指挥将领，这就是我始终在你手下的原因。况且您是真龙天子，受命于天，哪是我

们这些人所能比拟的！”刘邦这才满意地笑了。

“汗牛充栋”与“汗马功劳”溯源

成语中有“汗牛充栋”和“汗马功劳”两条。“汗牛充栋”是形容书籍极多，“汗马功劳”则指战功。

“汗牛充栋”语出唐朝，唐代著名文学家柳宗元给死去的好友陆文通写墓志铭，说到陆文通学识渊博，读书多、藏书多，“处则充栋宇，出则汗牛马。”意思是书多得堆满屋，往外运时牛马累得出汗。亦作“充栋汗牛”。

“汗马功劳”出于《韩非子》一书，本作“汗马之劳”。古代作战多骑马，马在战场上奔驰冲杀，往往累得汗流浃背，所以这个成语就特指战功。后泛指工作成绩。

“汗牛、汗马”是使牛出汗、使马出汗的意思。此外，还有“汗颜”，是羞愧得脸上出汗的意思；“汗简”，是把竹简烧出汗写成史书。

“学富五车”与“才高八斗”溯源

“学富五车”和“才高八斗”都是称誉学识渊博的。

“五车”，出自《庄子·天下》篇：“惠施多方，其书五车，其道舛驳，其言也不中。”惠施是战国时人。庄子说他方术虽多，却杂乱不纯，而且言而不当，评价并不高。所谓“其书五车”只是说他藏书的丰富，大量的竹简要用好多车辆装下。但多而杂，也并非褒意。后人借“五车”之富来形容饱学之士学问渊博。

“八斗”，是南朝谢灵运称赞曹植时用的比喻。他说：“天下才共有一石，子建独得八斗，我得一斗，自古及今同用一斗。”看来，他对自己的才学也是相当自负的。后世便把“才高八斗”这个比喻用作文才高超的赞语。

“七十三、八十四”溯源

民间有“七十三，八十四，阎王不请自己去”、“能过七十三，难过八十四”的说法，使一些老年人产生思想负担，把 73 岁和 84 岁当成两道“难关”。

这种说法怎么来的?据记载,孔子活了73岁,孟子活了84岁。在长期的封建社会中,孔子被尊称为“至圣先师”,孟子被尊为“亚圣”。一些人认为,圣贤之人在这个岁数上都死了,一般人就很难超过。所以慢慢就形成了上面那种说法。时间长了人们忘了它的由来,便认为73、84是老人的“关口”或“门槛”。其实,“七十三”、“八十四”这两个年岁并不神秘,也不可怕,它只不过是我们民族历史上两个人死亡的年龄罢了。因为孔、孟都是“圣人”,他们归天的年龄便成了不吉利的年龄。这样一来,就使年近73岁和84岁的一些老人产生一种恐惧心理,认为这两个岁数是“关卡”。然而,这是以讹传讹。

在我们周围的老年人中,73岁和84岁死亡的,并不比其他年龄的多。一个人寿命的长与短,取决于多方面的因素,而保持心情愉快是极其重要的,所以,为这种毫无科学道理的说法而忧愁,实无必要!随着生活水平的提高,人的寿命在逐年增加。历次人口普查证明,耄耋之年的老人遍及城乡,而百岁寿星已不足为奇。据老年医学专家研究,人到70岁之后,衰老的速度和身体原有疾病的发展,反而因代谢迟缓而有所减慢。因此,73岁和84岁并不是“危险年龄”。

生物学家根据动物细胞分裂的次数推算人的寿命,人类的正常寿命应在100岁以上。还有生物学家认为,一般哺乳动物的最高寿命,相当于它们性成熟期的8~10倍。如果人类的性成熟期按14~15岁计算,则人类的最高寿命应是112~150岁。事实上,古今中外也确实有不少人是活到百岁以上的,可见,健康长寿是完全可能的。

人虽不能万寿无疆,但只要心情愉快,饮食有节,劳逸适度,起居有常,有病及早就医,是完全可以通过后天的调养延缓衰老,从而达到延年益寿的目的的。随着科学的发展和生活条件的改善以及体育锻炼的加强,人类寿命将不断增长是无疑的。

“大写数目字”溯源

常见的壹、贰、叁、肆、伍、陆、柒、捌、玖、拾这十个字,就是人们沿用已久的十个数目字的大写。这十个字的本义是什么呢?用作数目字的大写历史又是怎样演进的呢?具体说来,这十个字可分为两种类型:一是音义俱同,二是音同义异。有些字之所以成为大写,完全是"假借"的缘故。

第一种情况有壹、贰、叁、伍、柒等字。壹,《说文》解释为:"专一,从壶吉,吉亦声",有表示专一、统一的意思。贰,在古汉语里可当"二"用,有不专一,不一致的含义。古书中无"叁"字,是后人将"参"字的三撇拉平变成的。伍,在《说文》解释为:"相参伍也,从人五。"柒,古字书上本无此字,是后人为表示"七"意而造出来的。起先,七的大写为"桼",即"漆"字。

肆、陆、捌、玖、拾同属第二种情况。对于"肆"字,近人通过对甲骨文、金文的研究,将其解释为用手整治、陈列屠后的死牲的形状。此字后来变化为市肆、纵恣的意思,与"四"无关系,其所以成为四的大写,是出于假借。"陆"字道理亦同。"捌"字出现较晚,最早见于汉代的《急就章》:"无齿为捌,有齿为杷(即耙)。"可见此字是一种农具的名称。玖,按《说文》解释,为"石之次玉黑色者,从王,久声"。可见与九也无关系。拾,《说文》上说,"掇也,从手,合声",实际上是指用手取的意思。

汉字数目的大写,现已公认是武则天的功劳。另据清人记载,明初,户部尚书开济向朱元璋上奏,要求将这十个字用于"官私文书","以防奸胥改窜之弊",朱元璋准奏后这种用法便一直保留至今。

"知识就是力量"溯源

通常认为是英国哲学家弗兰西斯·培根最先提出 "知识就是力量"这一命题。实际上,我国东汉思想家王充(27 ~ 约 97)早已于公元 1 世纪提出了这个论点。他在《论衡》一书中写道:"人有知学,则有力矣。"就是说,人若有了知识,就有了力量,知识就是力量。

王充在书中用许多实际生活的例子说明知识具有何等巨大的力量。他认为,世界上有许多力(力气)所不能及的事,要想解决,只有依靠知识。譬如说,过不了沟,就架桥;走不远,就乘车马。有了知识,虽然力气不足,利用知识,就补足了。他把知识所形成的力量比喻为太阳照到黑暗处,认为如果将相的知识能像"日之照幽",那么他就能克敌制胜,而什么样的文事治理也都不在话下了。

王充是培根之前 1500 多年的人,他那时实际上已提出"知识就是力量",但在《辞海》中只说培根提出了"知识就是力量"的见解,而对王充却只字未提，这似乎是一个遗憾。

第四章　数字趣谈

0

“0”是从无到有，从不存在到存在。“0”是个完整的数，任何数都能被“0”整除，因此，人们把“0”看成是整体、完满、全部的意思。古希腊毕达哥拉斯派认为，“0”是至高无上的，是万物的开端，由“0”而派生了整个世界。

一

在体育比赛和其他竞赛中，对获得第一名的优胜者给以各种赞誉：“冠军”、“魁首”、“榜首”、“独占鳌头”、“桂冠”等等，这些美号各有来由。

冠军——源于我国古代将军的称号。最早见《史记·项羽本纪》中。秦末，各义军伐秦，推举宋义为首领，号“卿子冠军”。西汉的杰出军事家霍去病，征讨匈奴卓立功勋，汉武帝封他为“冠军侯”，意思就是冠于诸军之上的将军。以后魏晋南北朝设有“冠军将军”。在科举时代，借用为考试得首选者，谓之“冠军”，沿用至今。

魁首、榜首——也称胜利夺魁，名列榜首。古代科举以“五经”成绩录取考生。每经之首选者为魁首，亦称经魁。后废其例，乡试中前五名仍称五魁，夺魁就是荣获第一的美称。又因古时往往张贴皇榜公布考试人选人员名单，第一名列于榜首，故名。

鳌头——旧时京考完毕后、赞礼官引东班状元，西班榜眼二人晋见皇帝。殿前石级正中，有一块雕着鳌(大海龟)和龙的大石板，新考中的头名状元要单独站在刻在鳌的石板上，以示尊贵，由此对第一名有“独占鳌头”之誉。

桂冠——据希腊神话说，太阳神阿波罗爱上了露珠女神达芬，但达芬立志独身，后来太阳神追逐女神，正要接近时，她却变成了一棵月桂树。太

阳神无限深情地表示,我还是永远爱你,让你成为最高荣誉的象征。所以欧洲往往用桂树的枝叶编成花环给比赛优胜者戴上作为奖赏,称为桂冠。

三

汉语中的“三”是个奇妙的数字,其概念的内涵和外延相当丰富。“三思”表示考虑成熟,“三味”概括事物精义,孟母“三迁”而后居定,周瑜“三气”而后身亡,太空只“三光”,岁寒唯“三友”,君子有“三戒”,狡兔存“三窟”,“三复白圭”是慎言之意,“三人成虎”谓谣言之恶。

戏曲中的“三”比比皆是。有时候,整出戏是“三”的演变史。《三笑姻缘》笑至三而后姻缘成就,《三难新郎》难至三而后洞房花烛。《三上轿》、《三哭殿》、《三看御妹》、《三戏牡丹》、《三休樊梨花》、《三打祝家庄》、《三反武科场》、《三打陶三春》等无不至三而后戏毕。有时候,关键情节、动人之处也往往借重这个“三”字。《红鬃烈马》中王宝钏与父亲的“三击掌”,虽只是个简单的动作,矛盾冲突却十分激烈,“三击掌”终,亲子情绝;新剧《四姑娘》中四姑娘与姐夫的“三叩门”,二人的心理和情感在三叩之际既曲折隐约,又汪洋恣肆,是全剧最为精彩之笔。如此众多戏与“三”相关联,并非偶然巧合,这里包含着辩证法。

一方面,“三”有多的含义,有了“三”的回环曲折,“戏”就丰富、饱满、有嚼头。所谓“事不过三”,一而再,再而三,至三已极。一至三是递进,是演变,递进时目标如一,演变后又出现飞跃。总是经“三”而矛盾解决。

另一方面,“三”又是少的含义,“楚虽三户,亡秦必楚”,此“三”乃极言其寡。同样,“岁寒三友”就指少数佼佼者。这里的“三”精练、突出、不拖泥带水。如果“三扣门”之后再来一次“四叩门”,观众就会感到琐碎、厌烦,所以,宁可含蓄蕴藉,不使一览无余,好戏不须多,三番足矣!

“三姑六婆”

民间常有“三姑六婆”之说,意思是指家庭关系复杂,姑娘在这一家不好处。其实原来的意思并非是这样。“三姑”指的是尼姑、道姑、卦姑;“六婆”指的是:牙婆、媒婆、师婆、虔婆、药婆、稳婆。后来亦泛指那些走门串户，像三姑六婆类的妇女。

关于“三姑六婆”的来历，最早可追溯到明代。明代陶宗仪所著《辍耕录》第十卷中记述：“三姑者，尼姑、道姑、卦姑也；六婆者，牙婆(贩卖人口的妇女)、媒婆、师婆(女巫)、虔婆(鸨母)、药婆、稳婆(接生婆)也。”

“三只手”

“三只手”这个词是舶来品，最早见于古罗马剧作家普劳图斯的著名喜剧《一坛黄金》。在该剧第四幕第四场中，主人公气急败坏地要奴才伸出手给他看有没有拿他的金罐，他看第一只，又看第二只，最后要奴才伸出第“三只手”给他看。以后，“三只手”就成了小偷或偷窃行为的代名词了。

四

我国有许多民族视“四”为吉祥如意之光，象征平稳通达，盼望“四喜临门”。而在广东却非常忌讳“四”，因为粤语“四”与死谐音，遇到四的时候就来个三。

如有人住在四楼偏不说四楼，说三。连电话号码、身份证号码，凡有四就认为不吉利，如“七四”有“妻死”之危，“二四”有“儿死”之难，“五四”有“我死”之嫌。

日本和韩国有很多人把“四”视为预示厄运的数字。在韩国，昔日旅馆没有四层、门牌没有四号，军队甚至没有第四军、第四师的番号，几乎什么东西都不用“四’。一些家庭生了第四个孩子也被认为是不吉利的。日本人对待“四”的态度与韩国人几乎是一样的。

我国的“四大”知多少

古代四大美女：西施、王昭君、貂蝉、杨贵妃。

京剧四大名旦：梅兰芳、程砚秋、荀慧生、尚小云。

楷书四大家：唐朝颜真卿、柳公权、欧阳询，元朝赵孟頫。

明代四大才子：唐伯虎、祝枝山、文征明、周文宾。

元曲四大家:关汉卿、马致远、郑光祖、白朴。

北宋文坛四大家:欧阳修、王安石、苏轼、黄庭坚。

宋代四大书法家:黄庭坚、苏轼、米芾、蔡襄。

南宋中兴四大诗人:杨万里、范成大、陆游、尤袤。

四大古典小说:《三国演义》、《水浒传》、《西游记》、《红楼梦》。

四大名花:山东菏泽的牡丹(一说河南洛阳牡丹)、福建漳州的水仙、浙江杭州的菊花、云南的山茶花。

四大景观:长江三峡、云南石林、桂林山水、吉林雾凇。

四大河流:长江、黄河、珠江、黑龙江。

四大发明:造纸术、活字印刷术、火药与指南针。

四大石窟:龙门石窟(洛阳)、云冈石窟(大同)、莫高窟(敦煌)、麦积山石窟(天水)。

我国历史上四大卖国贼:南宋秦桧、五代石敬瑭、明末吴三桂、民国汪精卫。

谁都晓得我国古代历史上有“四大美女”,人们形容她们的美丽时常说:“有沉鱼落雁之貌,闭月羞花之容。”但她们也有为众人不知的美中不足。“沉鱼”是讲吴越西施之美。西施在苎萝山下浦阳江边浣纱,江中的鱼儿看到她的天香国色,自感丑陋,便霎时沉到了江底。尽管西施有沉鱼的美貌,可是她的脚比一般少女要大,所以她最爱穿拖地长裙,走起路来飘飘欲仙。

“落雁”是讲汉元帝时王昭君之美。王昭君出塞和亲,天上的鸿雁俯视马上抱琵琶艳美照眼的王昭君,忘记扇动翅膀,从云端跌落下来。昭君虽有落雁美貌,然而却生得双肩仄削,所以她最爱披着有肩垫的披氅以弥补缺陷。

“闭月”是讲三国时貂蝉之美。貂蝉拜月,月里嫦娥看见月光荡漾中的貂蝉妩媚娇柔,自愧不如,便悄悄地躲进了云层。貂蝉虽能“闭月”,却因双耳耳垂肉偏小,不得不垂拉很大的碧玉耳环,结果是细耳碧环,愈是俏丽。

“羞花”是讲唐玄宗的贵妃杨玉环之美。杨玉环梳妆打扮后走进御花园,连“花中之王”的牡丹见了“回头一笑百媚生,六宫粉黛无颜色”的绝代佳人,也相形见绌,羞涩地低垂了花冠。但贵妃却有狐臭小疾,所以常要在华清池用香汤沐浴,同时她穿戴的衣裙,事前都和香妃草一块存放。这样

一来，不但小疾被掩，而且全身散发出阵阵清香。

我国四大名亭

醉翁亭，在安徽省滁州市琅琊山中，为琅琊寺僧智仙所建。北宋庆历六年(1046年)。欧阳修被贬到滁州任太守时，曾来亭中饮酒赋诗，并撰写了脍炙人口的《醉翁亭记》。

琅琊山景色淡雅俊秀，文化渊源久远。据史书记载，琅琊名胜，自唐刺史李幼卿始开于大历年间。他在南山"凿石引泉，酾其流以为溪"，名为琅琊溪，在溪岸"建上下坊，作禅堂、琴台"。继李幼卿之后，唐、宋著名文士如：韦应物、独孤及、李绅、李德裕、欧阳修、辛弃疾等，相继出守滁州，修筑城池楼馆，开发山川名胜，传下众多名篇佳句。尤其是宋代欧阳修谪知滁州期间，修建了醉翁亭、丰乐亭，写下了《醉翁亭记》、《丰乐亭记》等脍炙人口的名篇，"滁之山水得欧公之文而愈光"。文以山丽，山以文传，琅琊山声名日隆，文人墨客、达官显贵，纷纷前来探幽访古，题诗刻石，王安石、曾巩、宋濂、文征明、李梦阳、王世贞等著名诗人、文学家也都在此留下了足迹，唐、宋以来的摩崖、碑刻约有数百处之多。历代书法名家书写的《醉翁亭记》真、草、隶、篆碑刻与山中古道、古亭、古建筑相得益彰。琅琊山的美妙，在于她悠然于喧嚣之外；琅琊山的雅致，在于她融合自然山水与建筑为一体的深幽意境，令人意趣盎然，流连忘返。

陶然亭，是清朝康熙三十四年(1695年)工部郎中江藻所建，初名"江亭"，后以唐代诗人白居易的诗句"更待菊黄家酿熟，共君一醉一陶然"而得今名。

陶然亭周围，有许多著名的历史胜迹。西北有龙树寺，寺内有蒹葭簃、天倪阁、看山楼、抱冰堂等建筑，名流常于此游憩，其知名度在清道光之后，堪与陶然亭相匹。东南有黑龙潭、龙王亭、哪吒庙、刺梅园、祖园；西南有风氏园；正北有窑台；东北有香冢、鹦鹉冢，以及近代的醉郭墓、赛金花墓等。这些历史胜迹产生年代多早于陶然亭，有的甚至早于慈悲庵。它们都有文人墨客觞咏的历史，曾现过各领风骚的辉煌时期。园内林木葱茏，花草繁茂，楼阁参差，亭台掩映，景色宜人。湖心岛上，有锦秋墩、燕头山，与陶然亭成鼎足之势。锦秋墩顶有锦秋亭，其地为花仙祠遗址。亭南山麓有"玫瑰山"，其地为原香冢、鹦鹉冢、赛金花墓遗址。亭北山麓静谧的松林

中,有著名的高君宇、石评梅墓。燕头山顶有览翠亭,与锦秋亭对景,亭西南山下建澄光亭,于此望湖观山,最为相宜。亭北山下为常青轩。

爱晚亭,位于湖南省长沙市岳麓山清风峡口,原名"红叶亭"。清乾隆五十七年(1792 年),为岳麓书院山长罗曲所建,后因唐代诗人杜牧"停车坐爱枫林晚"诗句,而改名"爱晚亭"。亭内有一横匾,上刻毛泽东手迹《沁园春·长沙》一词,亭额上"爱晚亭"三字是 1952 年湖南大学重修爱晚亭时,毛泽东同志接受校长李达之请,亲笔题写的。亭中方石上刻有张南轩和钱南园游山的七律诗,称"二南诗"。亭前石柱刻对联:"山径晚红舒,五百夭桃新种得;峡云深翠滴,一双驯鹤待笼来"。爱晚亭在我国亭台建筑中影响甚大,堪称亭台之中的经典建筑。

湖心亭,位于浙江杭州西湖中心的小岛上,原名"振鹭亭",初建于明朝嘉靖三十一年(1552 年),万历年间重建后改称"湖心亭"。《湖山便览》卷三:明"嘉靖三十一年知府孙孟访得之,建亭其上,名曰'振鹭',未几圮。万历四年按察佥事徐廷祼重建,额曰'太虚一点',司礼监孙隆叠石四周,广其址,建喜清阁,但统称曰'湖心亭'。国朝重加葺治,左右翼以雕阑,上为层楼……"清乾隆二十七年,乾隆帝御书"光澈中边"额。抗日战争杭州沦陷时,喜清阁楼屋旧址改建为财神殿。抗战胜利后又改为观音大士殿。1953 年,在观音殿殿址上新建为一重檐歇山琉璃瓦钢砼方亭,是 50 年代建设西湖风景名胜中第一所庭园建筑。

我国四大名镇

一是景德镇。景德镇得名于北宋景德年间,"景德" 为北宋真宗的年号。其原名昌南镇。据说,当时昌南镇有二种釉色介于青白瓷之间的"影青瓷",达到了"青如天、明如镜、薄如纸、声如磬"的艺术境界,在同类产品中首屈一指,并出现了一大批世代相传的能工巧匠,有"取之不尽,用之不竭"的瓷用原料燃料;加上一条横贯城区的昌江,水运十分方便。皇帝便下诏谕,改"昌南镇"为"景德镇"。景德镇历史悠久,文化灿烂,雄踞长江之南,素有"江南雄镇"之称。

二是佛山镇。地处珠江三角洲平原。相传这里有一名叫"塔波岗"的土丘,每到夜深便发出异彩,活像宝石垒成的山。人们诧异之余,掘地三尺,

挖出三尊铜佛像，从此，“佛山”之名就传开了。佛山镇是我国南方著名的手工业城镇，今为我国四大丝织业中心之一。古籍记载：“诸宝货南北互输，以佛山为枢纽，商务益盛。”繁荣的商贸带动了以手工业为主的制造业迅速发展。到明清时期，佛山与湖北汉口镇、江西景德镇、河南朱仙镇合称为“中国四大名镇”，逐步发展成为岭南地区商品集散地和冶铸、陶瓷、纺织、中成药等制造业的中心，以至与京城、汉口、苏州合称为“天下四聚”。

三是汉口镇。因地处汉水入口处而得名。原称“夏口”亦称“沔口”，是武汉三镇中商业最发达的一个镇，曾出现过“十里帆墙依市立，万家灯火彻宵明”的繁荣景象。清朝晚期，依清政府与外国政府缔结的不平等条约，汉口被辟为通商口岸，进入了新的发展时期。外国人在此地大规模投资，有五个国家在此开辟了租界。从上游往下游依次是：汉口英租界、汉口俄租界、汉口法租界、汉口德租界和汉口日租界。周边破产农民更是大规模地涌入汉口。至20世纪初，汉口已经成为了一个具有相当规模的大城市。

四是朱仙镇。在此为水陆舟车会集之所，它作为我国“四大名镇”之一而闻名全国，乃是在元代开通贾鲁河之后。相传这里战国为朱亥故里，亥居仙人庄，故名朱仙镇。朱亥本是一位屠夫，因勇武过人，被信陵君聘为食客，以后曾在退秦、救赵、存魏的战役中立下了汗马功劳，因此，信陵君的盖世英名也是与他发现和任用朱亥分不开的。朱仙镇的全盛时期是明末清初。当时全镇面积为25平方公里，人口20多万，民商4万多户，镇内街道纵横、百货云集。贾鲁河将全镇分为东镇和西镇。明清两代，东镇是重要市街。乾隆以后，因黄河决溢，镇中屡遭水患，东镇地势较低，商贾多由东镇移至西镇。朱仙镇木版年画起源于唐，兴于宋，鼎盛于明清，历史悠久，源远流长，是我国四大木版年画之一。岳飞曾在这里大败金兵，取得朱仙镇大捷。

苏门四学士

苏门四学士是北宋文学家黄庭坚、秦观、晁补之和张耒的并称。苏轼是继欧阳修之后主持北宋文坛的领袖人物，在当时享有盛誉，一时与之交游或接受他指导者甚多，黄、秦、晁、张四人都得他的培养、奖掖和荐拔，苏

轼最先将他四人的名字并提和加以宣传。由于苏轼的推誉，四人很快就名满天下。不过，“苏门四学士”这一称号只表明这四位作家得到过苏轼的垂青和指导，而并不意味着他们与苏轼可统称为一个文学流派，另外，他们在文学风格上也是各不相同的。

黄庭坚是北宋诗人、词人、书法家，为盛极一时的江西诗派开山之祖，擅文章、诗词，尤工书法。诗风奇崛瘦硬，力摒轻俗之习，开一代风气。早年受知于苏轼，诗与苏轼并称“苏黄”，有《豫章黄先生文集》。词与秦观齐名，有《山谷琴趣外篇》、龙榆生《豫章黄先生词》。词风流宕豪迈，较接近苏轼，晁补之云：“鲁直间作小词固高妙，然不是当行家语，自是著腔子唱好诗。”(见《诗人玉屑》)另有不少俚词，不免亵诨。同他的前辈一样，黄庭坚对西昆体也是猛烈攻击的。西昆诗人讲究声律、对偶、辞藻，为了在艺术上摆脱西昆诗人的影响，从欧阳修、梅尧臣开始就企图在立意、用事、琢句、谋篇等方面作些新的探索。黄庭坚书法初以宋代周越为师，后来受到颜真卿、怀素、杨凝式等人的影响，又受到焦山《瘗鹤铭》书体的启发，行草书形成自己的风格。黄庭坚大字行书凝练有力，结构奇特，几乎每一字都有一些夸张的长画，并尽力送出，形成中宫紧收、四缘发散的崭新结字方法，对后世产生很大影响。在结构上明显受到怀素的影响，但行笔曲折顿挫，则与怀素节奏完全不同。在他以前，圆转、流畅是草书的基调，而黄庭坚的草书单字结构奇险，章法富有创造性，经常运用移位的方法打破单字之间的界限，使线条形成新的组合，节奏变化强烈，因此具有特殊的魅力，成为北宋书坛杰出的代表，与苏轼成为一代书风的开拓者。后人所谓宋代书法尚意，就是针对他们在运笔、结构等方面更变古法，追求书法的意境、情趣而言的。黄庭坚与苏轼、米芾、蔡襄被称为“宋四家”。

秦观是北宋文学家。秦观生性豪爽，洒脱不拘，溢于文词。他是北宋后期著名婉约派词人，其词大多描写男女情爱和抒发仕途失意的哀怨。文字工巧精细，音律谐美，情韵兼胜。代表作为《鹊桥仙》(“纤云弄巧”)、《望海潮》(“梅英疏淡”)、《满庭芳》(“山抹微云”)等。《鹊桥仙》中“两情若是久长时，又岂在朝朝暮暮”被誉为“化臭腐为神奇”的名句(见《蓼园词选》)；《满庭芳》中的“斜阳外，寒鸦数点，流水绕孤村”被称做“天生的好言语”(《能改斋漫录》引晁补之语)。

晁补之，北宋时期著名文学家。晁补之诗以古体为多，七律次之，其诗善学韩愈、欧阳修，骨力遒劲，辞格俊逸。也有失于散缓，散文化倾向较显著。题材除写景、咏花、赠和、悼亡而外，还多写贬谪生涯和田园风光，而绮艳语较少。有的篇章气象雄俊，追步东坡，如《摸鱼儿·东皋寓居》、《水龙吟·问春何苦匆匆》等篇，词气慷慨，笔如游龙，为后来名家所竞效，有人认为亦是辛弃疾词所本。晁词时有健句豪语，如“牙帐尘昏余剑戟，翠帷月冷虚弦索”（《满江红·次韵吊汶阳李诚之待制》），但缺乏苏词的旷达超妙，而趋于凄壮沉咽。他的诗风与张耒接近，而且以乐府诗见长。他的乐府诗具有浓郁的民歌风味，如《豆叶黄》：“兼葭苍，豆叶黄，南村不见冈，北村十顷强。东家东满箱，西家未上场。豆叶黄，野离离，鼠窟之，兔人畦。豕母从豚儿，豕啼豚咿咿，衔角复衔箕。豆叶黄，谷又熟。翁媪衰，铺糜粥。豆叶黄，叶黄不独豆。白黍堪作酒，瓠大枣红皱。豆叶黄，穰穰何朊朊，腰镰独健妇，大男往何许?官家教弓刀，要汝杀贼去。”这是一幅农村的风俗画，它画出了农民生活的艰辛和负担的沉重。另一首著名的长篇歌行《芳仪怨》，是写南唐后主李煜的妹妹人宋后嫁孙某，又在宋辽战争中被辽圣宗所掳，封为芳仪的悲剧：“秦淮潮水钟山树，塞北江南易怀土”，“国亡家破一身存，薄命如云信流传”，词句凄婉动人，当时曾传诵一时。

张耒是宋代著名的诗人，“苏门四学士”中辞世最晚而受唐影响最深的作家。由于他自己早年生活穷困，颠沛流离，后又屡遭贬谪，长期任地方卑官，对社会现实体察甚深，因而对劳苦百姓的关心也颇切，如在《劳歌》一诗中对那些“筋骸长彀”、“半衲遮背”的“负重民”以怜悯；在《和晁应之悯农》一诗中对那些“夜为盗贼朝受刑”的“南山壮儿”以同情等等。也正因为其“哀哉天地间，生民常苦辛”（《粜官粟有感》）的悯农意识，才使他在政治观点上追随苏轼，反对王安石的“变法”，而在实践中则主张富国强民，改革弊政，以减轻人民负担，这与司马光等人纯粹的因循守旧乃是有着本质区别的。张耒对诗文创作亦有他自己的观点，其核心则是以理为主，辞情翼之。“学文之端，急于明理，如知文而不务理，求文之工，世未尝有也。夫决水于江、河、淮、海也，顺道而行，滔滔汩汩，日夜不止，冲砥柱、绝吕梁，放于江湖而纳之海，其舒为沦涟，鼓为波涛，激之为风飙，怒之为雷霆，蛟龙鱼鳖，喷薄出没，是水之奇变也。水之初，岂若是哉!顺道而决之，因其所遇而变生焉。……江、河、淮、海之水，理达之文也，不求奇而奇至矣。”平心而论，强调在创作过程的发抒真情、笔随意驱，自有其合理性

的一面，而且的确也是把握了文艺创作的规律，但一味地否认构思、修饰、琢磨、锤炼等在创作过程中的必要性，则又不免矫枉过正。

我国民间四大传说

在我国民间，流传最广的四大传说是牛郎织女传说、孟姜女寻夫传说、梁山伯与祝英台传说、白蛇许仙的传说。

牛郎与织女

牛郎每天天刚亮就下地耕田，回家后还要自己做饭洗衣，日子过得十分辛苦。谁料有一天，牛郎干完活回到家，却看见屋子里被打扫得干干净净，桌子上还摆着热腾腾、香喷喷的饭菜。牛郎吃惊得瞪大了眼睛，心想：这是怎么回事？神仙下凡了吗？不管了，先吃饭吧。

在这之后，一连几天，天天如此。牛郎耐不住性子了，他一定要弄个水落石出。这天，牛郎像往常一样，一大早就出了门，其实，他走了几步就转身回来了，没进家门，而是找了个隐蔽的地方躲了起来，偷偷地观察着。果然，没过多久，来了一位美若天仙的姑娘，一进门就忙着收拾屋子、做饭，甭提多勤劳了！牛郎实在忍不住了，站了出来道："姑娘，请问你为什么要来帮我做家务呢？"那姑娘吃了一惊，脸红了，小声说道："我叫织女，看你日子过得辛苦，就来帮帮你。"牛郎听得心花怒放，赶忙接着说："那你就留下来吧，我们同甘共苦，一起用双手建设幸福的生活！"织女红着脸点了点头，他们就此结为夫妻，男耕女织，生活得很美满。

过了几年，他们生了一男一女两个孩子，一家人过得开心极了。一天，突然间天空乌云密布，狂风大作，雷电交加，织女不见了，两个孩子哭个不停，牛郎急得不知如何是好。正着急时，乌云又突然全散了，天气又变得风和日丽，织女也回到了家中，但她的脸上却满是愁云。只见她轻轻地拉住牛郎，又把两个孩子揽入怀中，说道："其实我不是凡人，而是王母娘娘的外孙女，现在，天宫来人要把我接回去了，你们自己多多保重！"说罢，泪如雨下，腾云而去。牛郎搂着两个年幼的孩子，欲哭无泪，呆呆地站了半天。"不行，我不能让妻子就这样离我而去，我不能让孩子就这样失去母亲，我

要去找她，我一定要把织女找回来!”这时，那头老牛突然开口了：“别难过!你把我杀了，把我的皮披上，再编两个箩筐装着两个孩子，就可以上天宫去找织女了。”牛郎说什么也不愿意这样对待这个陪伴了自己数十年的伙伴，但拗不过它，又没有别的办法，只得忍着痛、含着泪照它的话去做了。到了天宫，王母娘娘不愿认牛郎这个人间的外孙婿，不让织女出来见他，而是找来七个蒙着面、高矮胖瘦一模一样的女子，对牛郎说：“你认吧，认对了就让你们见面。”牛郎一看傻了眼，怀中两个孩子却活蹦乱跳地奔向自己的妈妈，原来，母子之间的血亲是什么也无法阻隔的!

王母娘娘没办法了，但她还是不甘心织女再回到人间，于是就下令把织女带走。牛郎急了，牵着两个孩子赶紧追上去。他们跑着跑着，累了也不肯停歇，跌倒了再爬起来，眼看着就快追上了，王母娘娘情急之下拔出头上的金簪一划，在他们中间划出了一道宽宽的银河。从此，牛郎和织女只能站在银河的两端，遥遥相望。而到了每年农历的七月初七，会有成千上万的喜鹊飞来，在银河架起一座长长的鹊桥，让牛郎织女一家再次团聚。

孟姜女寻夫

孟姜女有一天在自家的院子里做家务，突然发现葡萄架下藏了一个人，吓了她一大跳，正要叫喊，只见那个人连连摆手，恳求道：“别喊别喊，救救我吧!我叫范喜良，是来逃难的。”原来秦始皇为了造长城，正到处抓人做劳工，已经饿死、累死了不知多少人!孟姜女把范喜良救了下来，见他知书达理，眉清目秀，对他产生了爱慕之情，而范喜良也喜欢上了孟姜女。他俩儿心心相印，征得了父母的同意后，就准备结为夫妻。成亲那天，孟家张灯结彩，宾客满堂，一派喜气洋洋的情景。眼看天快黑了，喝喜酒的人也都渐渐散了，新郎新娘正要入洞房，忽然只听见鸡飞狗叫，随后闯进来一队恶狠狠的官兵，不容分说，用铁链一锁，硬把范喜良抓到长城去做工了。好端端的喜事变成了一场空，孟姜女悲愤交加，日夜思念着丈夫。她想：我与其坐在家里干着急，还不如自己到长城去找他。对!就这么办!孟姜女立刻收拾收拾行装，上路了。一路上，也不知经历了多少风霜雨雪，跋涉过多少险山恶水，孟姜女没有喊过一声苦，没有掉过一滴泪，终于，凭着顽强的毅力，凭着对丈夫深深的爱，她到达了长城。这时的长城已经是由一个个工地组成的一道很长很长的城墙了，孟姜女一个工地一个工地地找过来，却始终不见丈夫的踪影。最后，她鼓起勇气，向一队正要上工的民工询

问:“你们这儿有个范喜良吗?”民工说:“有这么个人,新来的。”孟姜女一听,甭提多开心了,她连忙再问:“他在哪儿呢?”民工说:“已经死了,尸首都已经填了城脚了!”猛地听到这个噩耗,真好似晴天霹雳一般,孟姜女只觉眼前一黑,一阵心酸,痛哭起来。整整哭了三天三夜,哭得天昏地暗,连天地都感动了。后来秦始皇看到孟姜女很美丽,想逼她做妃子。孟姜女假意答应了他,但要求秦始皇先办三件事:请和尚给范喜良念四十九天经,然后把他好好地埋葬;秦始皇要亲自率文武大臣哭祭范喜良;埋葬范喜良后,孟姜女要去游山玩水,三天以后才能成亲。秦始皇只得答应了孟姜女的要求。三件事办完以后,孟姜女纵身跳进了波涛滚滚的大海。

白蛇传

西湖岸边花红柳绿,断桥上面游人如梭,偏偏老天爷忽然发起脾气来,霎时间下起了倾盆大雨,白素贞和小青被淋得无处藏身,正发愁呢,突然只觉头顶多了一把伞,转身一看,只见一位温文尔雅、白净秀气的年轻书生撑着伞在为她们遮雨。白素贞和这小书生四目相交,都不约而同地红了脸,相互产生了爱慕之情。小青看在眼里,忙说:“多谢!请问客官尊姓大名。”那小书生道:“我叫许仙,就住在这断桥边。”白素贞和小青也赶忙作了自我介绍。从此,他们三人常常见面,白素贞和许仙的感情越来越好,过了不久,他们就结为夫妻,并开了一间叫“保和堂”的药店,小日子过得可美了!

由于保和堂治好了很多疑难病症,而且给穷人看病配药还分文不收,所以药店的生意越来越红火,远近来找白素贞治病的人越来越多,人们将白素贞亲切地称为“白娘子”。可是,保和堂的兴隆、许仙和白娘子的幸福生活却惹恼了一个人,谁呢?那就是金山寺的法海和尚。因为人们的病都被白娘子治好了,到金山寺烧香求菩萨的人就少多了,香火不旺,法海和尚自然就高兴不起来了。这天,他又来到保和堂前,看到白娘子正在给人治病,不禁心内妒火中烧,再定睛一瞧,哎呀!原来这白娘子不是凡人,而是条白蛇变的!

法海虽有点小法术,但他的心术却不正。看出了白娘子的身份后,他就整日想拆散许仙白娘子夫妇、搞垮保和堂。于是,他偷偷把许仙叫到寺中,对他说:“你娘子是蛇精变的,你快点和她分手吧,不然,她会吃掉你

的!"许仙一听,非常气愤,他想:我娘子心地善良,对我的情意比海还深。就算她是蛇精,也不会害我,何况她如今已有了身孕,我怎能离弃她呢!法海见许仙不上他的当,恼羞成怒,便把许仙关在了寺里。

保和堂里,白娘子正焦急地等待许仙回来。一天两天,左等右等,白娘子心急如焚。终于打听到原来许仙被金山寺的法海和尚给"留"住了,白娘子赶紧带着小青来到金山寺,苦苦哀求,请法海放回许仙。法海见了白娘子,一阵冷笑,说道:"大胆蛇妖,我劝你还是快点离开人间,否则别怪我不客气了!"白娘子见法海拒不放人,无奈之下,只得拔下头上的金钗,迎风一摇,掀起滔滔大浪,向金山寺直逼过去。法海眼见水漫金山寺,连忙脱下袈裟,变成一道长堤,拦在寺门外。大水涨一尺,长堤就高一尺,大水涨一丈,长堤就高一丈,任凭波浪再大,也漫不过去。再加上白娘子有孕在身,实在斗不过法海,后来,法海使出欺诈的手法,将白娘子收进金钵,压在了雷峰塔下,把许仙和白娘子这对恩爱夫妻活生生地拆散了。

小青逃离金山寺后,在深山练功数十载,最终打败了法海,将他逼进了螃蟹腹中,救出了白娘子。从此,白娘子和许仙以及他们的孩子幸福地生活在一起,再也不分离了。

梁山伯与祝英台

古时候女子不能进学堂读书,祝英台只好日日倚在窗栏上,望着大街上身背书箱来来往往的读书人,心里羡慕极了!"难道女子只能在家里绣花吗?为什么我不能去上学?"她突然反问自己:"对啊!我为什么就不能上学呢?"想到这儿,祝英台赶紧回到房间,鼓起勇气向父母要求:"爹,娘,我要到杭州去读书。我可以穿男人的衣服,扮成男人的样子,一定不让别人认出来,你们就答应我吧!"祝员外夫妇开始不同意,但经不住英台撒娇哀求,只好答应了。

第二天一清早,天刚蒙蒙亮,祝英台就和丫鬟扮成男装,辞别父母,带着书箱,兴高采烈地出发去杭州了。到了学堂的第一天,祝英台遇见了一个叫梁山伯的男同学,他学问出众,人品也十分优秀。她想:这么好的人,要是能天天在一起,一定会学到很多东西,也一定会很开心的。而梁山伯也觉得与她很投缘,有一种一见如故的感觉。于是,他们常常一起诗呀文呀谈得情投意合,冷呀热呀相互关心体贴,促膝并肩,无话不谈。后来,两人结拜为兄弟,更是时时刻刻形影不离。

春去秋来，一晃三年过去了，学年期满，该是打点行装、拜别老师、返回家乡的时候了。同窗共烛整三载，祝英台已经深深爱上了她的梁兄，而梁山伯虽不知祝英台是女生，但也对她十分倾慕。他俩恋恋不舍地分了手，回到家后，都日夜思念着对方。几个月后，梁山伯前往祝家拜访，结果令他又惊又喜。原来这时，他见到的祝英台，已不再是那个清秀的小书生，而是一位年轻美貌的大姑娘。再见的那一刻，他们都明白了彼此之间的感情，早已是心心相印。

此后，梁山伯请人到祝家去求亲。可祝员外哪会看得上这穷书生呢，他早已把女儿许配给了有钱人家的少爷马公子。梁山伯顿觉万念俱灰，一病不起，没多久就死去了。

听到梁山伯去世的消息，一直在与父母抗争以反对包办婚姻的祝英台反而突然变得异常镇静。她套上红衣红裙，走进了迎亲的花轿。迎亲的队伍一路敲锣打鼓，好不热闹！路过梁山伯的坟前时，忽然间飞沙走石，花轿不得不停了下来。只见祝英台走出轿来，脱去红装，一身素服，缓缓地走到坟前，跪下来放声大哭，霎时间风雨飘摇，雷声大作，“轰”的一声，坟墓裂开了，祝英台似乎又见到了她的梁兄那温柔的面庞，她微笑着纵身跳了进去。接着又是一声巨响，坟墓合上了。这时风消云散，雨过天晴，各种野花在风中轻柔地摇曳，一对美丽的蝴蝶从坟头飞出来，在阳光下自由地翩翩起舞。

说“五”

五谷：常指稻、黍、稷、麦、豆五种谷物。“五谷丰登”中的“五谷”泛指粮食作物。

五味：指酸、甜、苦、辣、咸五种味道。“五味俱全”中的“五味”泛指各种味道。

五香：指茴香、花椒、大料、桂皮、丁香五种调味香料。

五荤：佛教指大蒜、韭菜、薤、葱、兴渠五种有气味的蔬菜。

五毒：指具有剧毒的蝎、蛇、蜈蚣、壁虎、蟾蜍五种动物。

五彩：指青、黄、赤、白、黑五种颜色。“五彩缤纷”中的“五彩”泛指各种颜色。

五音：古时指宫、商、角、徵、羽五个音阶。音韵学中指唇音、舌音、齿音、牙音、喉音五个发音部位。

五脏：指心、肝、脾、肺、肾五种器官。

五官：指眼、耳、鼻、口、身。医学上指眼、耳、鼻、口、舌。

五体：两手、两膝和头。

五伦：封建社会指君臣、父子、兄弟、夫妻、朋友五种伦理关系。

五金：本指金、银、铜、铁、锡五种金属制品。

五更：从黄昏到天明一夜间分为五个更次，即一更、二更、三更、四更、五更。

浅谈“阴阳五行”

阴阳五行之说，发源于商周时期，原与儒家无关，但到了汉代却非常时髦。后经儒家折中融合，简直成了统辖天地万物的学说。

据阴阳五行之说而言，天下事物，虽源于一，但可综合而别为二，即一阴一阳。所以在自然界有天与地、日与月等等的对立；在人事方面有男女、父母等之分；在抽象精神领域里，有动静、刚柔、强弱等等之别；在中医理论里，寒热两性是不可忽略的理论。总之，一切的事物都化分为二，在实用上，便通过“中庸之道”互相调剂，配合为用。

“五行”是金、木、水、火、土，在表面上是五种不同的物质，但各有内在的力量，汉朝时称之为“五德”。古人相信天下事物都是五行掺合而成的，并以五行来统辖时令、方向、神灵、音律、服色、食物乃至道德，《荀子·非十二字》曰“案往旧造说，谓之五行”。杨注：“五行，五常，仁、义、礼、智、信是也。”另外，古代的医学、风水、星算、命运等，都以此为基础。地分东、西、南、北、中五方，色分青、赤、白、黑、黄……凡此以五划分，不胜枚举。

阴阳五行思想，后来也应用在哲学上，宋儒周敦颐的《太极图说》认为：“二五之精，妙合而凝，乾道成男，坤道为女，二气交感，化成万物。万物生生，而变化无穷焉。唯人独得其秀而最灵。”这是一套以阴阳五行为本体的宇宙论。

阴阳五行思想，也应用到宗教。汉武帝曾在长安南郊立泰一坛，在甘泉建泰畤坛。汉武帝相信宇宙里有三位最高的神，天一、地一、泰一。泰一

最高，天一及地一次之。在他们底下还有五帝，辅佐他们处理天上的政务。五帝就是五色的名：青帝、赤帝、白帝、黑帝和黄帝。这是秦汉一整套以阴阳五行为本的郊祀典制。

阴阳五行思想应用到历史中，我国有上古史里的“三皇五帝”之说。三皇就是人皇、天皇、地皇，五帝又是青、炎、白、黑、黄帝。黄帝是公认的中华民族的祖先。这是一套用阴阳五行排列下来的古史。我们现在读古书，在经、史、子方面，许多地方三者几乎分不开。因为他们都是用阴阳五行思想随意排比，让熟知阴阳五行的古代知识分子易懂、易记就行了。至于哪一个是哲学的名词，哪一个是宗教的神名，哪一个是历史人物，都是次要的。

五谷

五谷，是我国相传下来的名词，常见于我国古籍中。据研究，最早记载这一名词的是《论语》，当时的五谷是指稻、稷、菽、麦、黍，即稻子、谷子、豆子、麦子、黍子，后泛指粮食作物。《管子》中曾将“稷”改为秫(指高粱)，《素问》中曾将“菽”改为“豆”，仍与之相同。

五谷，在古籍中还有不同的说法。例如《札记月令》中把五谷解释为：麻、黍、稷、麦、豆；《楚辞王逸注》中，则说是：稻、黍、麦、豆、麻。而在比《论语》更古的《诗经》、《尚书》等书里，是没有“五谷”的记载的，只提到“百谷”，意思也只是说明谷物品种数量很多，并非普遍将稻、稷、黍、麦、豆称为五谷。

有句俗语：“四体不勤，五谷不分。”四体就是四肢，“四体不勤”就是怕走路，怕动手干活；五谷就是指谷、黍、麻、麦、豆。这句话的意思是说一个懒人就没有分辨事物的本事了。因为古时大多数人都是农业劳作，不去劳动的人，到了农田也就不认识什么样子的农作物是五谷了，尤其幼苗小时候样子有点相似。谷的特征是生活在北方的干旱地的几种作物，所以五谷不可能有稻。谷子去壳，就是现在的小米；黍子去壳，就是黄米，磨粉可以做糕，北方俗称黄糕；麻主要是用来农作生产的，麻子可以吃，就像瓜子一样的吃法，大小像黄豆一样，茎与皮可以做绳子、麻衣、麻纸，是很好的粗纤维，去皮后的茎，古时可以当柴烧，可以盖房子，有点木质的感觉，现在的皮与秆，可以提炼纤维，做宣纸等各种高档纸；麦子与豆子，也都是众所

周知的作物。

五谷中的粟、黍等作物，由于具有耐旱、耐瘠薄、生长期短等特性，因而在北方旱地原始栽培情况下占有特别重要的地位。至春秋、战国时期，菽所具有的“保岁易为”特征被人发现，菽也与粟一道成了当时人们不可缺少的粮食。与此同时，人们发现宿麦(冬麦)能利用晚秋和早春的生长季节进行种植，并能起到解决青黄不接的作用，加上这时发明了石圆磨，麦子的食用从粒食发展到面食，适口性大大提高，使麦子受到了人们普遍的重视，从而发展成为主要的粮食作物之一，并与粟相提并论。儒家经典《春秋》一书中，它谷不书，至于禾麦不成则书之。可见，圣人在五谷之中最重视麦与禾。西汉时期的农学家赵过和氾胜之等都曾致力于在关中地区推广小麦种植。

汉代关中人口的增加与麦作的发展有着密切的关系。直到唐宋以前，北方的人口都多于南方的人口。但唐宋以后，情况发生了变化。中国人口的增长主要集中于东南地区，这正是秦汉以来被称为“地广人稀”的楚越之地。宋代南方人口已超过北方，有人估计是6:4；此后至今一直是南方人口密度远大于北方。南方人口的增加是与水稻生产分不开的。水稻很适合于雨量充沛的南方地区种植，但最初并不起眼，甚至被排除在五谷之外，然而却后来居上。

唐宋以后，水稻在全国粮食供应中的地位日益提高，据明代宋应星估计，当时在粮食供应中，水稻占十分之七，居绝对优势，大麦、小麦、黍、稷等粮食作物合在一起，只占十分之三的比重，已退居次要地位，大豆和大麻已退出粮食作物的范畴，只作为蔬菜来利用了。但是在一些作物退出粮食作物的行列时，一些作物又加入了粮食作物的行列。明代末年，玉米、甘薯、马铃薯相继传入中国，并成为现代中国主要粮食作物的重要组成部分。

五月五日端午节

端午节与春节、清明节、中秋节并称为中国汉族的四大传统节日。端午又名端五、端节、午节、重节、重五、地腊、中天等。农历以地支纪月，正月为寅，二月为卯，顺次至五月为午，因此称五月为午月。“五”与“午”通，

"五"又为阳数,所以一些地方又将端午节称之为五月节、艾节、夏节。从史籍上看,"端午"二字最早见于西晋人周处《风土记》:"仲夏端午,烹鹜角黍"。端午节是我国汉族人民的传统节日,这一天必不可少的活动逐渐演变为吃粽子、赛龙舟,挂菖蒲、蒿草、艾叶,熏苍术、白芷,喝雄黄酒,系百索子,做香角子,贴五毒,贴符,放黄烟子,吃十二红。据说,吃粽子和赛龙舟,是为了纪念屈原,所以解放后曾把端午节定名为"诗人节",以纪念屈原。至于挂菖蒲、艾叶,熏苍术、白芷,喝雄黄酒,贴符,则据说是为了辟邪。对端午节的起源众说纷纭,如:

(一)南朝《续齐谐记》所写的吃粽子的起源,《荆楚岁时记》所写的龙舟竞渡的始源,认为端午节是纪念伟大爱国诗人屈原。据说,屈原于五月初五自投汨罗江,死后为蛟龙所困,世人哀之,每于此日投五色丝粽子于水中,以驱蛟龙。又传,屈原投汨罗江后,当地百姓闻讯马上划船捞救,一直行至洞庭湖,终不见屈原的尸体。那时,恰逢雨天,湖面上的小舟一起汇集在岸边的亭子旁。当人们得知是打捞贤臣屈大夫时,再次冒雨出动,争相划进茫茫的洞庭湖。为了寄托哀思,人们荡舟江河之上,此后才逐渐发展成为龙舟竞赛。看来,端午节吃粽子、赛龙舟与纪念屈原相关,有唐代文秀《端午》诗为证:"节分端午自谁言,万古传闻为屈原。堪笑楚江空渺渺,不能洗得直臣冤。"这种说法比较流行。

(二)认为端午节是祭祀龙——传说中祖先的节日。华夏族的先人以龙为部族标志,即华夏族是以龙为图腾的民族,伏羲、女娲、颛顼、禹都是龙族著名领袖。龙是法力最大的神灵,后人也把这些祖先视为龙。华夏族的后人也就有祭祀龙的盛典, 端午节便是其中最隆重的节日。《史记·匈奴传》有"五月大会龙城"的记载,以五月五日最为隆重。现在学术界大多沿用此说。

(三)为纪念伍员说。伍员,字子胥,春秋时楚国人,楚平王杀害其父、兄后,他投奔吴国,帮助吴王阖闾成霸业,并打进楚国,鞭楚王尸三百。后吴王夫差打败越国,骄傲轻敌,伍子胥力劝,太宰伯嚭进谗言,于是夫差赐"厉镂"剑令伍员自刎,并将尸体扔到江中。伍员含冤死后,传说变成了"波涛之神", 江浙一带百姓每逢端午节都要举行各种祭祀活动以悼念伍子胥。

(四)认为端午节起源于夏、商、周时期的夏至节,《风土记》写道:"俗重

五月五日与夏至同。”

(五)认为端午节起源于恶日。因历史上某些坏人生于五月五日,故有“不举五月子”(意为不要把五月生的孩子抚养成人) 之说。这纯系封建迷信,并由此导致端午节的一些风俗都是为了镇妖辟邪。

从上可以看出,端午在古人心目中是毒日、恶日,在民间信仰中这个思想一直传了下来,所以才有种种求平安、禳解灾异的习俗。其实,这是由于夏季天气燥热,人易生病,瘟疫也易流行;加上蛇虫繁殖,易咬伤人,所以要十分小心,这才形成此习惯。种种节俗,如采药,以雄黄酒洒墙壁门窗,饮蒲酒等,看似迷信,但又是有益于身体健康的卫生活动。端午实在可算是传统的医药卫生节,是人民群众与疾病、毒虫作斗争的节日。今天这些卫生习俗仍然是应发展,并应弘扬传承的。

艾草代表招百福,是一种可以治病的药草,插在门口,可使身体健康,在我国古代就一直是药用植物。针灸里面的灸法,就是用艾草作为主要成分, 放在穴道上进行灼烧来治病。有关艾草可以驱邪的传说已经流传很久,主要由于它具备医药的功能。像宗懔的《荆楚岁时记》中记载曰:“鸡未鸣时,采艾似人形者,揽而取之,收以灸病,甚验。是日采艾为人形,悬于户上,可禳毒气。”一般人也有在房屋前后栽种艾草,求吉祥的习俗。台湾民间也有在端午时贴“午时联”,它的作用和灵符一样,有些午时联上有下列的句子:“手执艾旗招百福,门悬蒲剑斩千邪”,就说明了艾草的作用。

躲端午,是端午节习俗,指接新嫁或已嫁之女回家度节。简称“躲午”,亦称“躲端五”。俗以五月、五月五日为恶月、恶日,诸事多需避忌,因此有接女归家躲端午之俗。此俗宋代似已形成,陆游《丰岁》诗有“羊腔酒担争迎妇,遣鼓龙船共赛神”之句。《嘉靖隆庆志》亦记云:“已嫁之女召还过节。”又,《滦州志》:“女之新嫁者,于是月俱迎以归,谓之‘躲端午’。”

端午雨,是民间岁时占验习俗。俗信端午节下雨,不吉;反之则吉。此种俗信在宋代即已存在。陈元靓《岁时广记》引《提要录》云:“五月五日晴,人曝药,岁无灾。雨则鬼曝药,人多病。此闽中谚语。”又许月卿《次韵蜀人李施州芾端午》自注云:“临川人谓端午日雨,鬼旺人灾。”清赵怀玉诗自注亦引有“端阳无雨是丰年”的谚语。

五禽戏

东汉时期我国名医华佗，在总结前人健身经验的基础上创造了一种模仿虎、鹿、熊、猿和鸟五种动物的动作进行锻炼的“五禽戏”。千百年来，宗衍子蕃，形成许多流派，影响甚广。这主要是一种导引方法。有关华佗五禽戏的史料，载于《后汉书》、《三国志》本传。他的学生吴普按照华佗的方法去做，果然效果很好，到九十多岁时，还耳聪目明，牙齿坚硬。可见“五禽戏”有增强体质，防止疾病等功效。1982年6月28日，中国卫生部、教育部和当时的国家体委发出通知，把五禽戏等中国传统健身法作为在医学类大学中推广的“保健体育课”的内容之一。2003年，中国国家体育总局把重新编排后的五禽戏等健身法作为“健身气功”的内容向全国推广。

五禽戏锻炼要做到：全身放松，意守丹田，呼吸均匀，形神合一。练熊戏时要在沉稳之中寓有轻灵，将其剽悍之性表现出来；练虎戏时要表现出威武勇猛的神态，柔中有刚，刚中有柔；练猿戏时要仿效猿敏捷灵活之性；练鹿戏时要体现其静谧恬然之态；练鸟戏时要表现其展翅凌云之势，方可融形神为一体。常练五禽之戏，可活动腰肢关节，壮腰健肾，疏肝健脾，补益心肺，从而达到祛病延年的目的。

新春说“五福”

每到春节，到处可见张贴的大红“福”字，以示迎春接福之意，对这“福”字的含义，大概要数《尚书》讲得透彻了。

《书·洪范》论“九畴”，提出治理天下的九种方案，其第九种即为“五福”，哪五福？“一曰寿，二曰富，三曰康宁，四曰修好德，五曰考终命”。仔细品味“古圣先贤”用以激励人们的“五福”之说，其中闪烁着智慧的哲理之光。

“五福”之中，除去一(长寿)和五(善终)算是属于自然法则以外，其余三福都是与人的因素有关，而且密切关联，互为作用，给我们以有益的启示。

“五福”之说也把“富”列为“福”之本，实为高见。本来福要靠自己的双手去创造，使物质财富增加，生活不断改善，否则，穷愁潦倒，何以言福？

而这富还得与德结合，靠勤劳致富，守法致富，才是正道。倘若为富

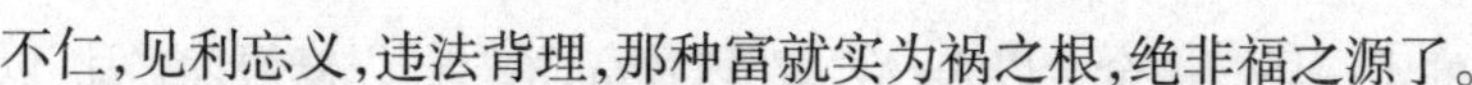

不仁，见利忘义，违法背理，那种富就实为祸之根，绝非福之源了。

更有意义的是，“五福”之中包含了“康宁”。即幸福不仅意味着健康的体魄，而且表现为安宁的社会生活，“安居”才能“乐业”。这是福之本。

自古以来，寿命就是一个非常神秘的问题。除非在心智上下过工夫的修行人，否则谁都不知道死神什么时候会跟我们碰面，也许二十年后或者明年，也许是今天或者下一分钟，随时可能有车祸、地震、心脏病等意外灾害，真是太恐怖了。因为我们大家都不知道自己的死期，所以把“朝不保夕”这句成语用在我们身上，真是显得格外贴切。佛陀在《四十二章经》中告诫弟子“人命只在呼吸间”，意思是说，一气不来，便属隔世。要趁活着的时候，努力学习，积极行善，用功修行，免得临命终至，急得像一只落汤的螃蟹。察觉“人命无常”的事实，对我们有很大的益处，因为体会到生命无常的人，便不会再放荡和贪图安逸了。对于生命无常的觉醒是智慧的开端。

世间的成就不一定和生死有关，财富、学识、地位、美貌和生死是多半不相干的。纵使富贵如王侯，世俗的学识渊博如大海，地位高如公卿，容貌美若西施，大难来时，仍不免手忙脚乱，一命呜呼。假如佳人才子就可以长寿，那么就不会有“自古红颜多薄命”的说法了，所以不可因美丽的容貌而生骄傲心。

不可以为我们年纪轻而就认为阎罗王还在睡觉。须知：棺材里所装的死人不一定是年老的。在人生旅途上，走不到终点而躺下来的大有人在。因此，古人警惕我们说：“莫待老来方学道，孤坟多是少年人。”

有了财富和地位也不能够傲慢。你看，中国从秦汉到清朝，历代皇帝的平均寿命才三十多岁，美国总统肯尼迪有地位、有才干又有魄力，可是没有人会想到他会那么早就死了。以歌唱起家的猫王普雷斯利拥有私人喷气式客机、剧院、保镖，可是死得却很突然。

把富、德、宁有机地结合起来，再加上寿、考，就成了福的完整概念。五福合起来才能构成幸福美满的人生，一分开可就不妙了。有的人虽然长寿而没有福气，有的人富贵而健康情况不佳，有的人为贫贱而烦恼，有的人身虽富贵但十分操心，有的人满足于清贫悠闲的生活，有的人贫贱而善终，有的人富贵长命而最后却遭遇横祸不得好死。人生境遇多得不胜枚举，五福临门才是十全十美的，其余的各种情况都是美中不足，是有缺陷

的福。党的十一届三中全会以来,治“穷”以致富,治“愚”以修德,治“乱”以致宁,已成为祖国大地不可逆转的时代潮流。这一切,正是“五福”的宝贵成果,正是要把“五福”理想化为现实。

五 更

我国古代把夜晚分成五个时段,用鼓打更报时,所以叫做五更、五鼓,或称五夜。如今,半夜三更、打更、更夫等概念已不再与我们的生活直接相关,但在史籍与大量的文学作品中,古计时名称仍然十分重要。如《孔雀东南飞》:“仰头相向鸣,夜夜达五更。”《群英会蒋干中计》:“伏枕听时,军中鼓打二更。”《李愬雪夜入蔡州》:“四鼓,愬至城下,无一人知者。”《登泰山记》:“戊申晦,五鼓,与子颍坐日观亭。”《与妻书》:“辛未三月念六夜四鼓,意洞手书。”

古人把一夜之间分为五更,一更为戌时,就是晚7点至9点,称黄昏,又名日夕、日暮、日晚等。此时太阳已经落山,天将黑未黑,天地昏黄,万物朦胧,故称黄昏。这个时候,人还在活动着。二更为亥时,是9点至11点,名人定,又名定昏等。此时夜色已深,人们也已经停止活动,安歇睡眠了,人定也就是人静。

咣、咣——两声,吹锣带着两声梆子点儿,习俗上的称谓是“二更二点”。比起一更,二更的天色已经完全黑去,此时人们大多也都洗洗睡啦。三更为子时,是11点至次日凌晨1点,名夜半,又名子夜、中夜等。这是十二时辰的第一个时辰,也是夜色最深重的一个时辰。这无疑是一夜中最为黑暗的时刻,这个时候黑暗足以吞噬一切。而传说中的鬼,便在这个时候出来活动了。四更为丑时,是1点至3点,名鸡鸣,又名荒鸡,十二时辰的第二个时辰。虽说,三更过后天就应该慢慢变亮,但四更仍然属于黑夜,且是人睡得最沉的时候,于是在这伸手不见五指的夜里,就有贼人趁着这黑夜开始捣起了乱,所以四更也可称为是“狗盗”之时。五更为寅时,是3点至5点,称平旦,又称黎明、早晨、日旦等,是夜与日的交替之际。这个时候,鸡仍在打鸣,而人们也逐渐从睡梦中清醒,开始迎接新的一天。俗话说:“一更人,二更锣,三更鬼,四更贼,五更鸡。”

人类五大需要

1.生理需要,具有自我种族保存意义,具体内容包括饥渴、睡眠、性欲等,是人类最低层次需要。

2.安全需要,生活在世界上要免遭危险,要保障工作、经济收入、生活的稳定,身体及财产不遭受损害,到医院看病,锻炼身体,参加保险等属于安全需要。

3.相属与相爱需要,这是更高一层的社会需要。它包括爱别人和被别人爱,与同志朋友间的团结友谊,或依附于人及某一组织,为各种团体接纳等。恋爱、结婚也是属于这种需要,具有社会意义。

4.尊重需要,这是较高层次的需要。自我尊重,包括自由、信念、独立、成就等,更重要的是社会尊重,包括名誉、地位、认可、被尊重等。这是有关个人荣辱的需要。

5.自我实现需要,这是最高层次的需要,即自我实现的需要,希望能充分发挥自己的才能,做一些有意义的事,渴望责任、权力、实现抱负,争取对人类社会作出贡献。人人都有这种需要,社会就能进步。

形形色色的“六”

在我们常用的口语或俗语中,时有数字出现,其中有的数字是有所指的,比如“六”就是如此。据有关辞书及一些笔记中的记载,大致如下:“六朝金粉”中的六朝指:吴、东晋、宋、齐、梁、陈。六个朝代都以今日的南京为首都。

“九卿六部”中的六部指:兵、工、户、礼、吏、刑部。

“六经三史”中的六经指:《易》、《书》、《诗》、《礼》、《乐》、《春秋》。

《六韬》、《三略》中的六韬是指古代兵书《六韬篇》,包括《霸典》文论、《文师》武论、《龙韬》主将、《虎韬》偏裨、《豹韬》校尉、《犬韬》司马。

“六丁六甲”为传说中的天神,分别是:丁卯、丁丑、丁亥、丁酉、丁未、丁巳、甲子、甲戌、甲申、甲午、甲辰、甲寅。

“六神无主”中的六神指:心、肺、肝、肾、脾、胆。有人认为它们各有神

灵支配，这六神是：青龙、朱雀、勾陈、螣蛇、白虎、玄武。

六根清净中的六根指：眼、耳、鼻、舌、身、意。佛教认为六根与六尘即色、声、香、味、触、法相接。

六畜指：马、牛、羊、鸡、犬、猪。

“五脏六腑”中的六腑指：胆、胃、大肠、小肠、膀胱、三焦。

“六道轮回”中的六道指：天、人、阿修罗、地狱、饿鬼、畜生。

六月六

“六月六”是汉族和一些少数民族的传统佳节，由于居住地区不同，过节的日期也不统一。汉族和有些布依族地区六月初六过节，称为六月六；有些布依族地区六月十六日或农历六月二十六日过年，称为六月街或六月桥。

有关“六月六”的来历，在民间流传着这样一个传说：上古时代，本来大地上山清水秀，人们过着平静无争的生活，不料水神和火神打起架来，一个发来滔滔的大水；一个燃起熊熊的烈火。他们从天上打到人间，又从人间打到天上，只搅得天昏地暗，民不聊生。突然，一声巨响，他们把好端端的天宇打了个大窟窿。这下不得了，火红的太阳不见了，美丽的月亮不见了，闪烁的星星不见了，人们生活在黑暗的世界里，缺衣少食，受尽熬煎。这时出现一个女娲氏，她心地善良，勤劳勇敢，见到人们这种悲惨苦难的情景，实在无法忍受，于是，她就在江河里捡来许多五彩石，又引来山火，炼石补天。女娲把坚硬的石头炼成石液，又把石液擀成石饼，一张一张地向破碎的天宇贴去。经她千辛万苦，不息的劳动，终于把天补好了。碧蓝光洁的天光又恢复如初，日月星辰又普照大地，青山绿水美丽如前，人们又重新获得光明，过上好日子，但是好心的女娲因过度劳累不幸死去。人们为了纪念她，每当农历六月初六这天，都要举行各种祭祀活动，以示对她的怀念。

进入数伏，以农历六月初六为中心，湖南资兴有一句老话叫“六月六，打个泡子长块肉”，意思就是这一天洗晒，让人好处多多。老北京有很多民俗：洗浴、晒物、洗象、晒经、赏荷、看谷秀等。

农历六月初六，民间称为“洗晒节”。因这时天气已非常闷热，再加上

正值雨季，气候潮湿，万物极易霉腐损坏，所以在这一天从皇宫到民间，从城镇到农家小院都有很多洗浴和晒物的习俗。当年一般百姓家没有洗浴设备，但人们也很讲清洁卫生，习惯在每个节日或节气时，都要进行沐浴洁身，信佛者尤其要以洁净之躯去焚香拜佛以示虔诚。

在元明清时期，农历六月初六还是法定的“洗象日”。那时皇帝在朝会、祭祀或出巡时，为显示威严，要摆出一支由车马象、鼓乐幡伞组成的庞大仪仗队，每有盛大庆典，大象是不可缺少的成员。700多年前，忽必烈在建元大都城后，那时的属地暹罗、掸国、安南、高丽、爪哇等都带贵重礼物来朝贺，其中暹罗、掸国、安南每年都要带大象进奉。暑热天时，大象就在元大都城附近的积水潭中洗浴嬉戏，引来百姓争看围观。皇上为了大象的驯养与管理，还专门建立了象房、演象所和驯象所，并从缅甸招来象奴和驯象师，平时由象奴饲养并由驯象师指导训练。乾隆时期大象最多达三十多头，象奴驯象师多达百人。象房当时就设在宣武门内西侧城墙根一带，据说旧址即现在的宣武门新华社大院处，至今留有“象来街”、“象房胡同”的美名。明清时期，六月初六初伏之时，都要举行洗象仪式。清杨静亭《都门杂咏》中记载：“六街车响似雷奔，日午齐来宣武门。钲鼓一声催洗象，玉河桥下水初浑。”在这一天，象房的象奴和驯象师打着旗敲着鼓，引着大象出宣武门，到城南墙根的护城河中让象洗澡。这天在洗象处附近还要搭棚张彩，有监官负责监洗。当天也会临时设有很多茶棚、小吃摊，如同赶庙会一般，车轿人马如潮，观者如蚁。为了观看洗象活动，有钱的人家会提早占据附近酒肆茶楼的好位置，以一饱眼福。大象对那时的百姓来讲，终究是稀罕之物。观象时，大象戏水之声、观者的惊讶赞叹之声以及小商小贩的吆喝声，欢声笑语连成一片。

布依族人民十分重视这个节日，有过“小年”之称。节日来临，各村寨都要杀鸡宰猪，用白纸做成三角形的小旗，沾上鸡血或猪血，插在庄稼地里。传说这样做，“天马”(蝗虫)就不会来吃庄稼。节日的早晨，由本村寨几位德高望重的老人，率领青壮年举行传统的祭盘古、扫寨赶“鬼”的活动。除参加祭祀的人外，其余男女老少，按布依族的习惯，都要穿上民族服装，带着糯米饭、鸡鸭鱼肉和水酒，到寨外山坡上“躲山”(当地汉族人民称为赶六月场)。祭祀后，由主祭人带领大家到各家扫寨驱“鬼”，而“躲山”群众则在寨外说古唱今，并有各种娱乐活动。夕阳西斜时，“躲山”的群众一家

一户席地而坐，揭开饭箩，取出香喷喷的美酒和饭菜，互相邀请做客。一直等到祭山神处响起“分肉了!分肉了”的喊声，人们才选出身强力壮的人，分成四组，到祭山神处抬回四只牛腿，其余的人，相携回到家中，随后各家派人到寨里领取祭山神的牛肉。节日娱乐活动，以丢花包最为有趣。花包由各种彩色花布做成，形似枕头，内装米糠、小豆或棉花籽。花包的边沿缀有花边和“耍须”。丢花包时，男女青年各站一边，相距数米，互相投掷。其方法有右侧掷、左侧掷和过顶掷，但不准横掷。要求甩得远，掷得快，接得牢。花包在空中飞来飞去，煞是好看。如果小伙子将花包向自己心爱的人投掷，没有过肩，包就落地，姑娘就向对方送一件礼物，如项圈、戒指、手镯等物，所送之物，被视为爱情的信物，小伙子将长期保存。

如今，虽然有关“六月六”的传说被人们淡忘了，然而，有些习俗还被保留下来：在炎热的盛暑，曝晒一下衣服、被褥，进行一次日光消毒，杀虫灭菌，去病消灾，于人身体健康大有好处；六月六还未进入雨季，井水比较清洁，这时储水以备造酱、醋是合乎卫生的。

“六亲不认”

人们常说：“秉公断案，六亲不认。”六亲是指哪六亲呢?

现在，“六亲”泛指亲属。其实，历史上的“六亲”有特定的内容，其代表性的说法有：1.《左传》所说：父子、兄弟、姑姐(父亲的姐妹)、甥舅、婚媾(妻的家属)及姻娅(夫的家属)。2.《老子》以父子、兄弟、夫妇为六亲。3.《汉书》以父、母、兄、弟、妻、子为六亲。

后人比较赞同第三种说法。清代人翟灏在他的《通济篇》中，引用《吕氏春秋》“父、母、兄、弟、妻、子曰六亲”为例，肯定此种说法为是。从亲戚的结构分析看，第三种在血缘和婚姻关系中是最亲的。

耐人寻味的“六”字

在我国古代文学传统中，“六”是一个有趣的数字。这个“六”字和文学艺术结下了不解之缘，虽说巧合，却颇耐人寻味。

“竹溪六逸”，是说唐代诗仙李白客居任城(今山东济宁市)，与孔巢父、

韩准、裴政、张叔明、陶沔六人共隐徂徕山，酣歌纵酒，时号“竹溪六逸”。

“苏门六君子”，指的是北宋诗圣苏轼门下的六位文学家：黄庭坚、秦观、晁补之、张耒、陈师道、李廌。

“元曲六大家”是元代六个著名的杂剧作家关汉卿、白朴、马致远、王实甫、乔吉、郑光祖的合称。

“元六家”则是元代山水画家的六名代表画家赵孟頫、高克恭、黄公望、吴镇、倪瓒、王蒙的并称。

北宋文圣欧阳修，自称：“吾家藏书一万卷，集录三代以来金石遗文一千卷，有琴一张，有(棋)一局，前堂置酒一壶：以吾一翁，老于此五物之间，是岂不为六一乎?”故别号“六一居士”，其诗文集也冠以《六一词》、《六一诗话》等。

“六艺”的由来

“六艺”指礼、乐、射、御、书、数六种本领。出自《周礼·保氏》：“养国子以道，乃教之六艺：一日五礼，二日六乐，三日五射，四日五驭，五日六书，六日九数。”

礼者，不学“礼”无以立，《管子·牧民》所谓“仓廪实则知礼节，衣食足则知荣辱”，民间婚嫁、丧娶、入学、拜师、祭祀自古都有礼乐之官(司礼)。孔子上代屡为司礼之官，孔子少即习礼，“为儿嬉戏，常陈俎豆，设礼容”《记·孔子世家》。在国家宗庙祭祀方面，古代官方常设太常寺、祠祭署等礼仪衙曹，设立读祝官、赞礼郎、祀丞等礼仪官。如唐代设立有郊社、太乐、鼓吹、太医、太卜、廪牺六个部门，明代则设置太常司，太常司设卿、少卿、丞、典簿、协律郎、博士、赞礼郎。现代官方则设立外交部礼宾司负责国家之大礼，主管国家对外礼仪事项。涉外酒店则专门设有首席礼宾司职位，负责酒店礼宾事务。正式的首席礼宾司职业资格由国际金钥匙组织认证。

有“礼”则必有庆贺燕飨之“乐”，有庆贺燕飨之乐则必有五音宫、商、角、徵、羽伴奏。古代政府设立掌管音乐的官吏，并负责宫中庆贺燕飨之乐。历史记载孔子主要有三位老师，相传曾“问礼于老聃，学乐于苌弘，学琴于师襄”。师襄，春秋时期鲁国著名乐官，孔子的老师之一，孔子曾向他学习弹琴。《史记》里说他“以击磬为官，然能于琴”。唐代的梨园则设立乐官,由梨园教坊使、梨园使、梨园判官、梨园供奉官与都知组成。现代音乐则早已发展为一种文化产业。

射,乃中国古代六艺之一,孔夫子在《论语》中说过:“君子无所争,必也射乎,揖让而升,下而饮,其争也君子。”因此,“射”不但是一种体育活动,更是一种修身养性培养君子风度的方法。中国古代的“射艺”包含两个主要运动——射箭和弹弓,春秋时期还发明了弩。其中射箭由于在军事和狩猎活动中具有非常重要的作用,因此在历史上更受人们的重视。考古工作者在山西峙峪人文化遗址,曾经发现了一件距今两万八千年前的石箭头,这表明当时人类已经在使用弓箭了。唐代武则天设立了武举制度,在武举制度里规定了九项选拔和考核人才的标准,其中五项是射箭,包括长垛、马射、步射、平射和筒射等。如今的“射”艺,其实应该综合古今,包含现代的手枪、步枪等实弹射击运动,也应该包括古代的射箭、弹弓、射弩。

御的范围就是驾驶,但是无论在现代和古代,都包含交通工具的“驾驶学”和政治、领导、管理学领域的“驾驭学”。中国古代著名的案例包括“赵襄王学御于王子朝”和“田忌赛马”,这说明,驾驭之术不仅仅是一种斗勇,更是一种斗智,包含对某一问题在运筹学、驾驭学及领导学方面的综合最优化。

书,顾名思义,即书画艺术。但把书画仅算作一种技艺就错了,中国的书画不仅是一种高雅技艺,更是一种修身养性的工具和法宝。很多官僚寄情于书画,可不仅仅是锻炼技艺。

数,即数学之数,现代已经延伸为“数理化”之数。中国古代数学很早就已经很发达,中国古代数学体系的形成以汉代《九章算术》的出现为重要标志,古代数学家把数学的起源归于《周易》以及“河图洛书”,如宋朝时期著名大数学家秦九韶说:“周教六艺,数实成之。学士大夫,所从来尚矣。……爰自河图、洛书闿发秘奥,八卦、九畴错综精微,极而至于大衍、皇极之用,而人事之变无不该,鬼神之情莫能隐矣。”

七

“七”是一个普通的数字,然而许多国家许多民族却把它视为一个奇妙的数字,对它十分崇仰。

古代的非洲、澳洲、美洲的土著民族，都知道天上有七颗星(日、月、水、火、金、木、土)给人带来光明。玛雅人认定他们的祖先是来自七个山洞的七个神仙。

罗马人认为他们是世界的主人，因为罗马建在七座山上。埃及人认为“七”是排忧解难的数字。

在我国悠久的历史中，“七”这个数字也常常带有神秘色彩。喜怒悲恐忧思惊谓之“七情”；色彩缤纷的世界赤橙黄绿青蓝紫谓之“七色”；乐符1234567谓之“七音”；人有“七窍”，家有“七族”，佛有“七宝”。被称作“唐图”的“七巧板”广泛流传。一个星期七天，全球大陆分“七大洲”，诗歌中则有七言、七绝、七律，民间传说中有所谓牛郎织女七月七夕鹊桥相会。

世界七大奇迹

世界七大奇迹通常指公元前建造的七座令人惊叹的雕像和建筑物。

1.埃及大金字塔。金字塔位于开罗以南10多公里的地方，它是古埃及法老(国王)的坟墓，建造于公元前2700～公元前2300年间。大小70余座，都是些结构严密、外形似汉字“金”的锥角建筑物，其中最大最有名也最为壮观的是被称为“大金字塔”的胡夫(也有译胡福或库孚的)金字塔。有趣的是它坐落于世界各大陆引力的重心，子午线通过塔的中心，并恰巧把地球上海洋、陆地分成匀称的两半；塔的高度乘以109刚好是地球与太阳之间的距离；塔底周长乘以2正好是赤道的时分度；周长除以两倍的塔高，正等于圆周率。更为奇特的是，金字塔内体结构酷似一微波谐振腔体，所产生的“金字塔能”，能杀灭细菌，使尸体脱水而成为“木乃伊”。这些令人迷惑不解的问题吸引着众多科学家去研究和探索。

2.巴比伦空中花园(又称“悬苑”)。公元前6世纪，新巴比伦王国国王尼甲尼布撒二世所建。这个花园采用的是立体造园手法，整个花园就置于沿着幼发拉底河建造的一层层高高的平台之上。每层平台上都栽植着大量花草树木，最上边的平台置放着储水器，通过水管进行灌溉，远远望去，就好像花园悬于空中。

3.奥林匹亚宙斯神像。奥林匹亚的宙斯神像，躯干是木头和石头的，外边镶以象牙。衣饰和其他装饰物则是金子的。这个巨像是希腊著名雕刻家菲提亚斯的杰作。宙斯头上戴着橄榄树枝做成的王冠，坐在饰有金子、象牙、乌檀木和宝石的霍松木宝座上，右手握着胜利女神像，左手握着节仗，上面蹲着一只鹰。这尊神像安放在奥林匹亚的宙斯神庙中，后来罗马教皇德奥特鲁斯一世把它迁到了君士坦丁，于公元 475 年被一场大火烧毁。

4. 罗德岛的太阳巨神像。这个巨像的设计家和雕刻家是公元前 2 世纪的罗马青铜工匠卡埃斯。它竖起后高约 32 米，俯视着整个罗德港。这个巨像费时 12年(前 292 ~ 前 280 年完成)，但仅存 56 年，在公元前 224 年一场地震中倾倒。据说，它的残片在当地一直保留了近 900 年，直到公元 672 年，才由一个穆斯林将军将它们卖给了一个犹太人。

5. 阿苔密斯神殿。这个神殿是为祀奉月亮女神阿苔密斯而造的，设在小亚细亚 12 个爱奥尼亚城市中的第一重要城市以弗所。公元前 6 世纪由建筑师柴西普洛恩设计，当时最富有的吕底亚国国王科利萨斯曾为它捐了款。公元前 356年，一个叫赫洛斯特拉托斯的以弗所人纵火焚烧了这座神殿，意欲以此而留名于后世。在爱奥尼亚各城邦的联合努力下，后来它又被重新建起。公元262 年，哥特人攻占以弗所，这座神殿再次被毁，它的部分支柱残块现存大不列颠博物馆。

6. 哈利卡纳苏的摩索拉斯陵墓。摩索拉斯是小亚细亚加里亚王国的僭主，公元前 353 年死去。他的遗孀为了纪念他，决定修建这座耗资巨大的陵墓。这座建筑物是由皮塞恩斯设计的，它的雕刻装饰是由与菲提亚斯齐名的希腊著名雕刻家普拉克西忒勒斯和另一个雕刻家斯各巴斯完成的。公元 1400 年，它在一场地震中毁掉。

7. 亚历山大城灯塔。这座著名的灯塔建于公元前 270 年，在普托勒枚奥斯王朝二世菲拉德尔福斯统治期间，竖立在亚历山大港外的一个小岛上，它是以后罗马王国海岸上所有同样结构的灯塔的样板。

无穷大的“8”

古希腊人视“8”为丰硕、成就和长寿的意思，其原因说法不一。一说是上帝在惩罚人类的大洪水中，只有 8 个人靠诺亚方舟逃生，因此“8”字意味着幸运。另一种说法是耶稣的兄弟雅各生了8个孩子,这样"8"字成了多子多孙的意思。两戒指上下靠在一起构成一个"8"字,因而"8"又象征着婚姻美满。此外,躺倒的"8"字恰恰是数字中无穷大符号,因此,丰硕、成就、长寿、幸运、美满都变成了无穷大。这样,欧洲人就特别喜欢"8"了。法国人更甚,日常生活中千方百计利用"8",重复得越多越好,如结婚尽力选择"8"字多的日期举行,商人出售商品的标价尾数,也尽量多带几个"8"字。

美国肯塔基州有个小城叫"88城"。100多年前,为了给这个小城取名,当时的邮电局长纽纳利把口袋里的钱全掏出来,只有88分钱,就给这个小城起名"88城"。从此小城的人偏爱"88"这个数字。每年8月8日是全城的假日。有趣的是1948年美国选举总统,"88城"有88位公民投了民主党候选人杜鲁门的票,另有88位公民投了共和党杜威的票。

我国南方人因"8"与"发"谐音,意味着发财,因此"8"字就走红起来。日常生活说话办事总希望带"8",有的人拼命去寻找那个"8"字。香港人喜欢"16888"(一路发发发)。

"八"的悲剧

"八"与"发"同韵。近几年来,"八与发"一直升温。其实,其中悲喜俱全,甚是有趣。

"八"有些像"人",人是万物之灵,是世界的主宰,是最富有创造性的。

"八"有些像"人",人者,收入也。有收入当然是求之不得的好事。

"八"接近于三角形,三角形的最大特性是具有稳定性。谁又不想稳固而不衰呢?

"八"上小下大,可否意味生意越做越大,越做越红火呢?

"8"形似不倒翁,不倒翁永不倒。

将"8"字横过来,成了数学符号无穷大(∞)。生意能做到无穷大,或是官越做越大,当然可求、可喜、可贺。

"8"字上下一个样。无论你将它怎样颠来倒去,总还是个"旷"。

"8"字无棱无角,能做到上下满意,左右逢源。

这些只是从有益的方向去理解、去猜测、去解释、去发挥的,若从另一个角度解释,则结果也正好相反。

“八”字无底,且上小下大,不仅是欲壑难填,而且是进小出大,岂不是终将入不敷出?

“八”形似有裂缝的房顶,正可谓“屋漏偏遇连阴雨,船破又遇打头风”。其狼狈可想而知。

“八”字的笔势,无论是左笔还是右笔都是向下的趋势。登峰造极只是瞬间,似有从顶峰跌下之势。

“8”字横切,为两个“0”。0者,一无所有也。

“8”字纵剖,为一个正“3”和一个反“3”,反3意为负3,那么3+(-3)=0,正负相抵还是一无所有,到头来落个竹篮子打水——一场空。

了解“8”之反意,于清醒头脑,不无小补。

黄道吉日与生辰八字

近年来,在一些地方,封建迷信仍很流行。每当新婚之喜、乔迁之日或商店开张时,总要选择一个黄道吉日;相信鬼神和命运的人,常常提起人的“生辰八字”。究竟黄道吉日和生辰八字是怎么回事呢?这要从我国的历法谈起。

我国传统的历法是用天干和地支来记年、月、日的。这种历法,即是现在仍在用的农历,多记在历书即过去的皇历上。在老皇历上,除了干支记日外,同时把日期上又加上了另外12个字并成口诀。即建满年好黑(黑道),除危定执黄(黄道),成开皆可用(黄道),闭破不能行(黑道)。就这样,人为地把每天划分成“黄道吉日”和“黑道凶日”。“天干”是10个字:甲、乙、丙、丁、戊、己、庚、辛、壬、癸。“地支”即:子、丑、寅、卯、辰、巳、午、未、申、酉、戌、亥。天干和地支相配,可以配成不重样的60对,称为“六十甲子”。用来记载年份的次序,叫“岁次”,60年循环一次;用“干支”计算日子,每60天循环一次。后来,迷信者又把六十甲子配上金、木、水、火、土五气,按照强弱的组合情况来判断日的吉凶,就产生了“吉日”和“凶日”。如“甲申”日,甲属木、申属金,金木相克,因而这天是“凶日”。

太阳在天图上位移的路径,称为黄道,这是一条波形路径,其中夏至时太阳落在波形曲线的最高点,冬至则坐落于最低点。古人认为太阳日行

一度，每天所在的位置都不同，它所在位置的旁边还有很多星星，太阳与这些星星形成某种局面、影响力，可以影响地球上的人，有时是好的影响，称为吉；有时是坏的影响，称为凶。当太阳走到黄道某个位置上，并与星图形成吉祥影响力时，就是所谓黄道吉日。黄道吉日就是万事皆宜的日子。农历或称黄历、通胜可以择吉，宜结婚、嫁娶、订婚、约会、开张、开市和搬家等。所谓黄黑道是天体中的自然现象，前人总结了这种现象对人类影响的规律，围绕二十八宿星运行、值日，制定了黄黑道日，从而对人类的生存与发展、趋吉避凶，提供了一定的参考选择。

我们现在使用的公历是纯粹的阳历，它只以地球绕太阳运动的规律为依据，完全不考虑月球的变化，月份的设置完全是人为设定的。为了方便对外交往和文化交流，也为了我们生活使用简便，公历现在成了我国通用的历法。中国古代历法采用阴阳合历，比起其他国家所采用的纯阳历或纯阴历都要精准。

中国古代历法还包括日、月、五星的运动，位置的计算，昏、旦中星和时刻的测定，日、月食的预报等等。就某种程度来说，中国古代的历法就是一种编算天文年历的工作。它包括中国古代天文学的许多重要内容，是古代科学观察和研究的结晶。宇宙中日、月、星辰的互动，对人可产生什么影响?古今学者都认为，所有的宇宙运动都会不同程度地作用于地球生命，从而在地球生命上打下深深的烙印。在日、月、星的运动中，蕴藏着万物消长的规律，寓含着深奥的物理原理。因此，在研究人与自然的关系中，离不开日月星的运行，而中国古代的历法正是为这种研究提供了最好的时空背景。

历法上的吉凶之说虽然充满迷信色彩，甚至于荒诞无稽，但它包含我国古代哲学、天文、地理、自然生态等诸多方面丰富的内涵，并蕴藏着人们如何顺应自然的论述。重要的是，我们不能否认其中蕴涵的心理因素。迷信附会和不加分析的批判都是不可取的，我们今天以科学态度去深入探究它，对阐明我国古代传统文化应会有所裨益。

生辰八字或者说八字，其实是周易术语“四柱”的另一种说法。四柱是指人出生的时间，即年、月、日、时。古人用天干和地支各出一字相配合分别来表示年、月、日、时，如甲子年、丙申月、辛丑日、壬寅时等，包含了一个人出生时的天体运行的基本状态。每柱两字，四柱共八字，所以算命又称“

测八字”。依照天干、地支所含阴阳五行属性之相生、相克的关系，推测人的休咎祸福。例如某人生于1960年农历10月11日中午12时，这年是庚子年，10月是丁亥月，11日是辛酉日，12时是甲午时，那么“庚子、丁亥、辛酉、甲午”就是这个人的八字。，

通过以上可以看出，生辰八字，最多只能反映一个人出生的天时，用来记录时间也不为过。有些人用生辰八字来算命，这是很不可靠的。因为一个人的命运受多种条件的影响，除了天时之外，还有生长的地域、人群的限制，再加上机遇的差别，出生的天时的影响又能占多大的比重呢?用六十甲子作为计算年、月、日、时顺序的方法，是由术数家们人为编造的，因此是不能反映客观吉凶祸福的。

“9”

《易经》把1–10分为奇数和偶数，奇数象征着天和阳性事物，偶数象征着地和阴性事物。这样“9”是天数中的极数，“9”与汉语中的“久”同音。“9”在我国古代象征着极高、极深、极大、吉祥之意。历代帝王为了表示自己的权力神圣至高无上，许多建筑物的数目是9或9的倍数：皇家建筑物大门的门钉是纵九横九；皇帝祭天一年9次，连故宫的房间也是9999间，还有九龙壁等。

外国音乐家，尤其是作曲家十分忌讳“9”字。许多闻名世界的作曲大师，如贝多芬、舒伯特、德沃夏克等都是在完成第9部交响乐作曲后与世长辞。

日本语“9”字的发音近似“苦”，故日本人也不喜欢“9”字。送礼品时，忌讳与“9”有关的礼物。日本在元旦前三天的“三贺日”两天都制作年糕迎新，唯有12月29日例外，因为29日制作的年糕被认为是“苦饼”，如果吃了，来年都要过苦日子。

“九天”与“九泉”

“九天”与“九泉”这两个词在古诗词中屡见不鲜，如“飞流直下三千尺，疑是银河落九天”，“冥冥九泉室，漫漫长夜台”。

“九”是个位数中最大的数字，因此我国古代常用“九”表示多、大、极的意思。古医书《素问》中说：“天地之至数，始于一，终于九焉。”九天便是指高不可测的天空，极言其高；九泉便是指深不见底的地下，极言其深。

当然，关于“九天”，还有其他的说法。例如古时认为“九”为阳数，天属阳，九天就是指上天。《淮南子》则将天空分为东、南、西、北、东北、西北、东南、西南、中央九方，这称为“九天”。还有人将“九天”说成“九重”：日、月、金、木、水、火、土五星为七重，二十八宿是第八重天，第九重天叫做“宗动天”。《吕氏春秋·有始》曰：“天有九野，谓中央与四正四隅：中央曰钧天，东方曰苍天，东北方曰变天，北方曰玄天，西北方曰幽天，西方曰颢天，西南方曰朱天，南方曰炎天，东南方曰阳天。”另有一种解释：古代传说天有九重，九天是天的最高层。一为中天，二为羡天，三为从天，四为更天，五为晬天，六为廓天，七为咸天，八为沈天，九为成天。“疑似银河落九天”中的“九天”就应取此解。《孙子·形篇》：“善攻者动乎九天之上。”谓兵势难测。《淮南子·天文训》云：“天有九重。”《楚辞·天问》云：“圜则九重。”王逸注：“言天圜而九重。”此九天之为九重天也。唐李白《望庐山瀑布》诗“疑是银河落九天”句引征此典。《楚辞·天问》：“九天之际，安放安属？”王逸注：“九天，东方曰皞天，东南方阳天，南方赤天，西南方朱天，西方成天，西北方幽天，北方玄天，东北方变天，中央钧天。皞一作昊，变一作栾，一作鸾。”

具体来说，在中外历史上，凡形容极高、极大、极广、极远的事物，几乎都用“九”来形容的。例如，天很高，便称“九天”、“九霄”、“九重天”；地很大，便称“九州”、“九垓”等。毛泽东词《蝶恋花·答李淑一》：“我失骄杨君失柳，杨柳轻飏直上重霄九。”这里说的“重霄九”，便是指“上九天”、“九重天”。屈原写的《楚辞》，内有《九歌·湘夫人》、《九章·袁郢》。北京天坛公园内，有一处专门为皇帝祭天用的建筑物，名唤“丘”，从栏杆到石块，都是以“九”代天的。比如，砌的石块也都以“九”为基数的，如九块、十八块、二十七块、三十六块……它的园心亭台先用九块石头围成，然后在外面都是用“九”的倍数去砌的。外面第一层三十六块(九的四倍)，然后就是四十五块、五十四块，一直砌到九九八十一块为止，这就代表了最高处，即九重天。

“九泉”这个词也是有来历的，古代劳动者从打井的经验中获知：当掘地下深入时，就会有泉源。地下水从黄土里渗出来，便常带有黄色，所以古人就把很深的地下叫做“黄泉”。古时有种迷信，认为人死后要到“阴曹地府"去,"阴曹地府"在很深的地方,于是,就把"九"字"泉"字相搭配,成为"九泉"。

"九五之尊"

中国古代称皇帝为"九五之尊",其典故出于《易·乾卦》:"九五,飞龙在天,利见大人。"后来,人们就据此而以"九五之尊"来称皇帝了。

九在个位数中最大,所以古人特别爱好代表最大最多的九。如称天高为九天,形容器物之美为九华,皇帝周围要设九卿等。

现在流传下来的《易经》版本据说为周文王所演,因此也称为《周易》。《周易》六十四卦的首卦为乾卦,乾者象征天,因此也就成了代表帝王的卦象。乾卦由六条阳爻组成,是极阳、极盛之相。从下向上数,第五爻称为九五,九代表此爻为阳爻,五为第五爻的意思。九五是乾卦中最好的爻,乾卦是六十四卦的第一卦,因此九五也就是六十四卦三百八十四爻的第一爻了,成为了帝王之相。这里的"九"本不是具体的数字,而是判别数字阴阳属性的符号。后来人们把"九"和"五"作为具体的数字来运用,一来是为了契合代表帝王的"九五"之爻;再者,"九"和"五"两个数字在建筑上的使用也是非常符合美学原则。《周易》的释义词句有"乾道变化,各正性命,保合太和,乃利贞"。太和殿名字的由来据说就源于此。《周易》是中国最古老的经典之一,历来被尊为六经之首,对中华民族的各个领域都有深远影响,因此"九五"一词来源于《周易》之说应比较可信。

五是一至九数列的中数,古人讲究中庸之道,所以对这个中数也就有所偏爱。故皇宫要设置五门,称人博学为"学富五车",对人表示感谢说"铭感五内",把人与人的关系称为"五伦"等。古人把九五说成"飞龙在天",符合"圣人有龙德,飞腾而居天位",皇帝也就"德备天下"了。这就是皇帝被称为"九五之尊"的典故。

清朝皇帝的龙袍,据文献记载,也绣九条金龙。然从图像及实物看,前后相加只有金龙八条,与文字对照尚缺一条。有人认为还有一条就是皇帝本身。其实这条龙纹被绣织在衣襟里面,一般不易看到。这样,每件龙袍的实际绣龙数仍为九条,而从正面或背面单独看时,所见都是五条(两肩之龙前后都能看到),与九五之数正好吻合。

"九 流"

俗语"三教九流"中,"三教"指儒、释、道是尽人皆知的,至于"九流",能尽述其几种含义的则不是很多。《汉书·艺文志》对"九流"的解释为儒家、道家、阴阳家、法家、名家、墨家、纵横家、杂家、农家。其实在封建社会,民间对"九流"还有两种说法。

一种是把"九流"分为上、中、下三种。"上九流"是:"一流佛祖二流仙,三流皇帝四流官,五流员外六流客,七烧八当九庄田。"其中"客"指商客,"烧"是烧锅,"当"是开当铺的。"中九流"是:"一流举子二流医,三流风鉴四流批,五流丹青六流工,七僧八道九琴棋。"其中"风鉴"就是看风水的阴阳先生,"批"指批八字的。"下九流"是:"一修脚,二剃头,三从四班五抹油,六把七娼八戏九吹手。"其中"班"是班头衙役,"抹油"指开饭馆的,"把"是指江湖上卖艺的人。

另一种虽然也分上、中、下九流,但具体内容与前一种又有所差异。具体如"上九流"是帝王、圣贤、隐士、童仙、文人、武士、农、工、商;"中九流"是举子、医生、相命、丹青(卖画人)、书生、琴棋、僧、道、尼。"下九流"是师爷、衙差、升秤(秤手)、媒婆、走卒、时妖(拐骗及巫婆)、盗、窃、娼。

十二生肖趣谈

作为古老的民俗文化事象,有关十二生肖的起源,众说纷纭。有人认为生肖与地支同源,可追溯到史前的传说时代。《史记》中所载黄帝"建造甲子以命岁","大挠作甲子"就是这类说法的反映,这里甲子就是指十二生肖。清代学者赵翼则认为生肖最早源于我国北方的游牧民族,他在《陔余丛考》中说:"盖北俗初无所谓子丑寅之十二辰,但以鼠牛虎兔之类分纪岁时,浸寻流传于中国,遂相沿不废耳。"有的学者持生肖外来说的观点,认为生肖是由古巴比伦传入中国的,持这种观点的有郭沫若,他在《甲骨文字研究·释支干》中讲"十二肖像于巴比伦、埃及、印度均有之,然均不甚古,无出于西纪后百年以上者。意者此始汉时西域诸国,仿巴比伦之十二宫而制定之,再向四周传播者也。"认为生肖为中东地区居民模仿巴比伦黄道十二宫而制定，其传入中国的时间，当在汉武帝通西域之时。以上观点见仁见智，但通过大量的文献资料证明，生肖的确起源于中国，是华夏先民动物崇拜、图腾崇拜以及早期天文学的结晶。

关于十二生肖，《诗经》记载最早。《诗经·小雅·吉日》里有"吉日庚午，即差我马"八个字，意思是庚午吉日时辰好，是跃马出猎的好日子，这是将午与马相对应的例子。可见在春秋前后，地支与十二种动物的对应关系已经确立并流传。1975年，在湖北云梦县睡虎地十一号墓出土的竹简，进一步证明十二生肖在春秋前后已存在。

和今天流行的十二生肖说法完全一致的是东汉王充的记载，王充《论衡·物势》载："寅，木也，其禽，虎也。戌，土也，其禽，犬也。……午，马也。子，鼠也，酉，鸡也。卯，兔也。……亥，豕也。未，羊也。丑，牛也。……巳，蛇也。申，猴也。"以上文字中，十二生肖动物谈到了十一种，唯独缺了辰龙。该书《言毒篇》说："辰为龙，巳为蛇。辰、巳之位在东南。"如此，十二生肖便齐了，且与现今流行的十二生肖配属完全相同，这的确算是古文献中关于生肖较早的最完备的记载。

用生肖(亦称属相)表示年龄，是中国有之已久的纪岁方法。

据说日本前首相田中角荣初访中国时，给当时任总理的周恩来同志出过一道谜："(你们)全国十二个，人人占一人，外国不曾有，请问是什么？"周总理听了哈哈一笑，脱口而出："十二属相。"这一趣闻已传为佳话，十二生肖的十二种动物是怎样入选的?据宋朝人洪巽考证："子、寅、辰、午、申、戌俱阳(阳性地支)，故取相属中具有奇数特征的为名，即鼠、虎、龙、猴、狗皆五指，而马单蹄也；丑、卯、巳、未、酉、亥俱阴(阴性地支)，故取相属中具有偶数特征的为名，即牛、羊、鸡、猪皆四爪，兔两爪，蛇两舌也。"

选定的十二种动物在生肖中又怎样排位呢？关于十二生肖排位的故事在中国民间早有传说：混沌初分，干支刚定时，玉皇大帝下旨选拔天下的十二属相。四大天王一致认为，鸡司晨，狗守门，兔拜月，牛、马耕田，虎猴锁山，龙蛇治水，猪羊供人食用，猫能念经祈祷，有功当选。玉皇大帝同意四大天王的提议，并定于正月初一在南天门遴选，谁先进到玉皇殿就排谁为第一，谁后到谁为次，按顺序排列。由四大天王负责分头通知选出的十二种动物依时参加。

这年除夕，牛踏着大步往南天门而去，路上遇到了老鼠。老鼠说："明

天十二生肖的座次,第一非你莫属,反正我无力与你相争。为了确保牛大哥第一,小弟我唱支歌给你助助兴,好吗?"牛说:"好是好,只是你的脚步那么小,听你唱岂不误了我的行程。"老鼠说:"这好办,你让我骑到你的背上,边唱歌边给你助兴,如何?"牛答应了。

正月初一这天,南天门鼓乐齐鸣,天兵天将分列两旁迎候参加选序的动物。一阵震天鼓响,牛飞奔到了南天门,众将喝:"唷,牛到的最早!牛的躯体最大,众将看到的是牛,没有看到牛背上的老鼠。待牛跃进南天门,老鼠从牛背上下来,一个箭步直奔玉皇殿,刚好被玉皇大帝看见。结果老鼠竟排在十二生肖之首。而牛,就只能屈居第二了。

此始汉时西域诸国，仿巴比伦之十二宫而制定之，再向四周传播者也。认为生肖为中东地区居民模仿巴比伦黄道十二宫而制定,其传入中国的时间,当在汉武帝通西域之时。以上观点见仁见智,但通过大量的文献资料证明,生肖的确起源于中国,是华夏先民动物崇拜、图腾崇拜以及早期天文学的结晶。

关于十二生肖,《诗经》记载最早。《诗经·小雅·吉日》里有"吉日凶为吉。我国许多民族都很重视老人的60岁生日,称为"花甲"。花甲为一生中第5个本命年,也是干支纪年的一个轮回,须好好庆祝,以此寄托人们企求长寿、健康、吉祥的愿望。

"13"说法多

西方人忌讳"13"。究其原因,据说古希腊采用12制进位法,12是进位制的殿军,13则是不入流的数之首。因此13被认为是不吉祥的数字,因而派生出许多有关"13"的误传。耶稣是13号被处死的;北欧神话有12神参加天国宴会,闯进13者——凶神罗基,导致光神鲍尔德遭遇不幸,这是较普遍的解释。西方人也有不忌讳13的,如英国前首相撒切尔夫人,就喜爱13。哥伦布就是13日星期五启航出海,并发现新大陆的。美国纽约有人为了抵抗和消除对"13"的一些无端偏见,专门成立"13"俱乐部,英国伦敦成立分部。他们每月13日聚餐,从早8点13分持续13小时。还规定俱乐部的人会费为13.13美元,住房选择13号房间。

1972年,当时的美国总统尼克松访问中国到上海时,他的随员罗杰

斯·格林和其他助手,因宾馆接待人员的疏忽被安排住在13层楼,周总理到罗杰斯等人住的房间看望时,知道他们因住13层楼不愉快,当即巧妙而风趣地说,我们中国有个寓言,一个人怕鬼的时候,越想越可怕,等他心里不怕鬼了,到处上门找鬼,鬼也就不见了。西方的13就像中国的鬼,说得众人哈哈大笑,心中的不愉快烟消云散。

我国因为采用十进位制,对13不存偏见。古时反视为吉祥数字。如皇帝的金带有13个金环;行政机构一般划分为13个;元、明全国有"13"省;明代太医院有"13科";清代的商业组织称"13行";古籍篇目拼凑为"十三章",儒家经典有"十三经",《孙子兵法》共13篇,李贺的诗作有《南园十三首》。

"13"在中国古代是个吉祥的数字。

据《隋书》、《唐书》记载,皇帝上朝的时候所穿朝服和大臣相同,区别之处在皇帝的金带上加有13环,以示尊贵。汉武帝开边扩境,南置交趾,北置朔方,将全国分为13郡。元朝沿袭这一制度,一共设13省。于是,民间口语"十三省"便成了全国的同义语。陕北民歌《兰花花》里唱的"一十三省的女儿啊,唯有兰花花好",正是此意。

《易》、《诗》、《书》、《礼》、《春秋》,汉代称为五经。到了唐代,加《周礼》、《仪礼》、《公羊传》、《谷梁传》,合称为九经。以后又加《孝经》、《论语》、《孟子》和《尔雅》,称为十三经,是儒家奉为经典的必读之书。

古籍篇目使用13这个数字的,最著名的当推《孙子兵法十三篇》,简称《十三篇》。《汉书·艺文志》中的《漆雕子十三篇》、《闾丘子十三篇》、《风后十三篇》,还有唐诗人李贺的《南园十三首》,也很有名。

一些机构也喜欢使用"13",晋代侍御史下面设立十三曹,明代太医院设立十三科,清代广州商业组织叫十三行。

艺术与13有关的就更多。"十三柱"指的是筝,"十三徽"指的是琴,唱词的韵脚编为十三辙。戏曲界有"同光十三艳"。清末小说《儿女英雄传》里有侠女"十三妹"。书法碑帖有"十三行",指王献之书《洛神赋》残存的一段。"十三楼"是宋代杭州的名胜,苏东坡有句云:"游人都上十三楼。"

宝塔,往往造成十三层。无独有偶,明陵恰恰也是十三座。如今坐落在北京昌平的长、献、景、裕、茂、泰、康、永、昭、定、庆、德、思等13座陵墓统称为"十三陵"。

此外，在我国老北京一带，还有两个有名的“13”，一个是百年老店同仁堂药铺的名药，号称“十三太保”。这13味中成药是：安宫牛黄丸、苏合香丸、再造丸、局方至宝丹、安坤赞育丸、紫雪散、活络丹、虎骨酒、参茸养生丸、女金丹、牛黄清心丸、十香返魂丹、乌鸡白凤丸。另一个是北京人爱养鸟，所饲养的百灵、画眉等会模仿其他鸟及动物的叫声，最多的“叫口”为“十三套”。

“十三经”是指哪些书

“经”，是我国古籍的通称，凡带有原理原则性的著述，皆可称作“经”。“经”字的本义是指纵向的线，即订书的线，古人将常读的书串订结实，“经”又有经常必读之书的意思。

经学开辟的时代，当以孔子定六经为始，而正式将《诗》、《书》、《礼》、《乐》、《易》、《春秋》称作六经的，则是庄子。当时的诸子百家，各家都有经，如《山海经》等，名目繁多。但后来所谓经书，系专指儒家所传授的几种书，其余以“经”命名的书，皆不属经书范围。

唐朝时，《春秋》分为“三传”，即《左传》、《公羊传》、《谷梁传》；《礼经》分为“三礼”，即《周礼》、《仪礼》、《礼记》。这六部书再加上《易》、《书》、《诗》，并称为“九经”，也立于学官，用于开科取士。

现在所指的十三经，是历经各代到宋代时候才逐步形成的。其中《尔雅》是解释词义的；《公羊传》、《谷梁传》是解释《春秋》的文字语法的；《易经》是讲卜筮的；《孝经》是讲孝道的；《论语》、《孟子》说理兼引事实，保存有很多珍贵史料；《诗经》是西周社会史绝好的材料；“三礼”(即《周礼》、《仪礼》、《礼记》) 是记述周朝政治社会制度的；《尚书》是讲古代政典的；《春秋》与《左传》均为史书，有一定史料价值。后来所说的《四书》，则是宋代理学家朱熹从《礼记》中抽出《大学》、《中庸》两篇，配上《论语》、《孟子》辑合而成的。

十六字家训

清代著名学者兼医师傅山的家训是十六个字：静、淡、远、藏、忍、乐、

默、谦、重、审、勤、俭、宽、安、蜕、归。

静，不可轻举妄动；淡，消除世外利欲；远，离俗人远，眼看得远；藏，一切小聪明不可卖弄；忍，内谦与外侮当自解；乐，闭门而读；默，谨言而静思；谦，一切有而不居；重，气岸增威严；审，不失其可，又改革其非；勤，读书勿怠；俭，衣食不饥不寒足矣；宽，度量宽宏；安，常以自勉；蜕，求学在变化中长进；归，博后而约，有所归宿。

十六两秤星

相传古代人在发明秤的时候，对秤的设置用心良苦。

据传，16 两制的秤星，每一个秤星代表一个星宿，它们分别是北斗七星，南斗六星，再加上福、禄、寿三星。其星的颜色必须是白色或者黄色，不能用黑色。比喻做生意要用心纯洁，不能昧良心。倘若短斤少两，少一两叫“损福”，少二两叫“伤禄”，少 3 两叫“折寿”。古人在设置秤星时，注意时刻告诉生意人：务必买卖公平，切莫短斤少两。

十八罗汉

十八罗汉是指佛教传说中十八位永住世间、护持正法的阿罗汉，由十六罗汉加二尊者而来。他们都是历史人物，均为释迦牟尼的弟子。十六罗汉主要流行于唐代，至唐末，开始出现十八罗汉，到宋代时，则盛行十八罗汉了。十八罗汉的出现，可能与中国文化中对十八的传统偏好有关。“十八”是一个吉数，中国文化中的许多数量表达都用“十八”；如“十八世”、“十八侯”、“十八般武艺”、“十八学士”等。佛教中也有许多“十八”，如“《十八部论》”、“十八界”、“十八变”、“十八层地狱”等，“十六罗汉”变为“十八罗汉”显然与这种“十八”情结有关。

传说的佛教十八罗汉，在历史上是有其人的，并广泛塑造于我国的各庙宇中，这十八罗汉指的是：

举钵罗汉：名迦诺迦跋厘惰阇，原是一位托钵化缘的和尚。

伏虎罗汉：名宾头卢尊者，曾降伏老虎。

喜庆罗汉：名迦诺代蹉尊者，原是古印度一位雄辩家，与人论“喜”、

“庆”而获其名。

看门罗汉:名注茶半托迦尊者。

长眉罗汉:名阿氏多尊者,传说出生时就有两道长眉。

静坐罗汉:亦称为诺距罗尊者,是一位大力罗汉,原是战士,所以虽静坐仍有力士体格。

挖耳罗汉:名那迦犀那尊者,以论“耳根清静”闻名,故称挖耳罗汉。

骑象罗汉:名迦理迦尊者,本是一名驯象师。

乘鹿罗汉:名宾度罗跋罗堕阇尊者,曾乘鹿入宫劝国王修行。

开心罗汉:即戍博迦尊者,曾袒露其心,使人知内唯有佛。

托塔罗汉:名苏频陀,是佛陀所收最后一名弟子,他因怀念佛陀而常手托佛塔。

芭蕉罗汉:又称伐那婆斯尊者,出家后常在芭蕉树下修炼用功。

过江罗汉:名跋陀罗尊者。

布袋罗汉:名因揭陀尊者。

降龙罗汉:名庆友尊者,传说曾降伏恶龙。

笑狮罗汉:即罗弗多罗尊者,原为猎人,因向佛不再杀生,狮子来谢,故有此名。

沉思罗汉:名罗怙罗尊者,为佛陀十大弟子之一。

最早记录这件事的是宋代苏轼,他在《自南海归过清远峡宝林寺敬赞禅月所画十八大罗汉》一文中,一一列举出十八罗汉的姓名。前十六位罗汉即《法住记》中列的十六罗汉名,新增补的两位罗汉,第十七位是“庆友尊者”,即《法住记》的作者。第十八位是“宾头卢尊者”,这与第一位其实是同一位,只不过一个用全称,一个用尊称而已。后来,宋代志盘在《佛祖统计》卷三十三中提出新见解,认为第十七位应是迦叶尊者,第十八位应是君徒钵叹尊者,也就是“四大罗汉”中不在“十六罗汉”中的那两位。

但是,到清代乾隆年间,皇帝和章嘉呼图克图认为第十七位罗汉应是降龙罗汉即迦叶尊者,第十八位应是伏虎罗汉,即弥勒尊者。皇帝钦定,自此十八罗汉就以御封为准了。藏传佛教十八罗汉的第十七位是释迦牟尼的母亲摩耶夫人,第十八位是弥勒。十八罗汉取代十六罗汉后,影响越来越大。十八罗汉的石窟雕像不多,但在寺庙中则比较常见,一般塑在大雄宝殿中,作为释佛或“竖三世佛”的环卫存在。

十八罗汉原本没有固定的形象，是后来的艺术家凭着自己的想象画出来的，现存最早的十六罗汉雕像在杭州烟霞洞，是吴越王的妻弟发愿所造的。

十八般武艺

在古代，称赞一个人武功高强，通常就说“十八般武艺件件精通”。而武艺，一般就是指掌握和使用兵器的技艺。从这个意义上说，十八般武艺也就是十八般兵器。那么，有哪十八般呢?明代有明确记载：“一弓、二弩、三枪、四刀、五剑、六矛、七盾、八斧、九钺、十戟、十一鞭、十二锏、十三挝、十四殳、十五叉、十六钯、十七绵绳套索、十八白打。”白打俗称拳，是徒手的。这样，“十八般武艺”实际上只有十七种兵器。

可是，在我国历代长期斗争实践中创造的兵器品种纷繁，远远不止“十八”之数；由兵器演变的武术器械，更是内容丰富，它们有长有短、有单有双、有近有远、有明有暗、有硬有软。从用法上看，打、杀、击、射、挡样样都有。瞧外形，带钩的、带刺的、带尖的、带刃的，多姿多彩。

二十四节气

早在春秋战国时代，我国就有了日南至、日北至的概念。随后人们根据月初、月中的日月运行位置和天气及动植物生长等自然现象，利用它们之间的关系，把一年平分为二十四等份，并且给每等份取了个专有名称，这就是二十四节气。到战国后期成书的《吕氏春秋》“十二月纪”中，就有了立春、春分、立夏、夏至、立秋、秋分、立冬、冬至等八个节气名称。这八个节气，是二十四个节气中最重要的节气。这八个节气标示出季节的转换，清楚地划分出一年的四季。后来到了《淮南子》一书的时候，就有了和现代完全一样的二十四节气的名称。

二十四节气是根据太阳在黄道(即地球绕太阳公转的轨道)上的位置来划分的。视太阳从春分点(黄经零度，此刻太阳垂直照射赤道)出发，每前进 15 度为一个节气；运行一周又回到春分点，为一回归年，合 360 度，因此分为 24 个节气。节气的日期在阳历中是相对固定的，如立春总是在阳

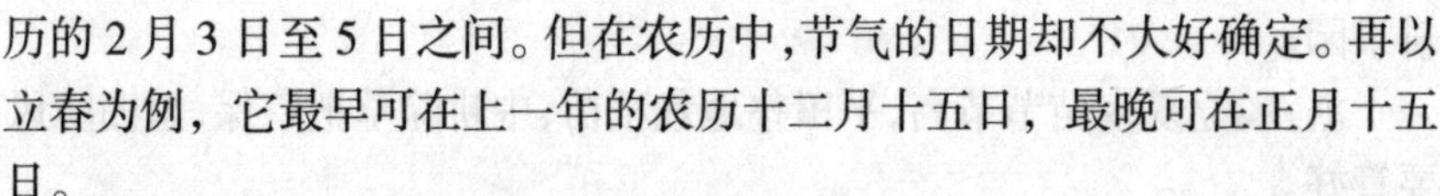

历的2月3日至5日之间。但在农历中,节气的日期却不大好确定。再以立春为例，它最早可在上一年的农历十二月十五日，最晚可在正月十五日。

从二十四节气的命名可以看出,节气的划分充分考虑了季节、气候、物候等自然现象的变化。其中,立春、立夏、立秋、立冬、春分、秋分、夏至、冬至是用来反映季节的,将一年划分为春、夏、秋、冬四个季节。春分、秋分、夏至、冬至是从天文角度来划分的,反映了太阳高度变化的转折点。而立春、立夏、立秋、立冬则反映了四季的开始。由于中国地域辽阔,具有非常明显的季风性和大陆性气候,各地天气气候差异巨大,因此不同地区的四季变化也有很大差异。

小暑、大暑、处暑、小寒、大寒等五个节气反映气温的变化,用来表示一年中不同时期寒热程度;雨水、谷雨、小雪、大雪四个节气反映了降水现象,表明降雨、降雪的时间和强度;白露、寒露、霜降三个节气表面上反映的是水汽凝结、凝华现象，但实质上反映出了气温逐渐下降的过程和程度:气温下降到一定程度,水汽出现凝露现象;气温继续下降,不仅凝露增多,而且越来越凉;当温度降至零摄氏度以下,水汽凝华为霜。

小满、芒种则反映有关作物的成熟和收成情况;惊蛰、清明反映的是自然物候现象,尤其是惊蛰,它用天上初雷和地下蛰虫的复苏,来预示春天的回归。

二十四节气气候农事歌

立春:立春春打六九头,春播备耕早动手,一年之计在于春,农业生产创高优。

雨水:雨水春雨贵如油,顶凌耙耘防墒流,多积肥料多打粮,精选良种夺丰收。

惊蛰:惊蛰天暖地气开,冬眠蛰虫苏醒来,冬麦镇压来保墒,耕地耙耘种春麦。

春分:春分风多雨水少,土地解冻起春潮,稻田平整早翻晒,冬麦返青把水浇。

清明:清明春始草青青,种瓜点豆好时辰,植树造林种甜菜,水稻育秧选好种。

耕果园。

立夏：立夏麦苗节节高，平田整地栽稻苗，中耕除草把墒保，温棚防风要管好。

小满：小满温和春意浓，防治蚜虫麦秆蝇，稻田追肥促分蘖，抓绒剪毛防冷风。

芒种：芒种雨少气温高，玉米间苗和定苗，糜谷荞麦抢墒种，稻田中耕勤除草。

夏至：夏至夏始冰雹猛，拔杂去劣选好种，消雹增雨干热风，玉米追肥防黏虫。

小暑：小暑进入三伏天，龙口夺食抢时间，玉米中耕又培土，防雨防火莫等闲。

大暑：大暑大热暴雨增，复种秋菜紧防洪，勤测预报稻瘟病，深水护秧防低温。

立秋：立秋秋始雨淋淋，及早防治玉米螟，深翻深耕土变金，苗圃芽接摘树心。

处暑：处暑伏尽秋色美，玉米甜菜要灌水，粮菜后期勤管理，冬麦整地备种肥。

白露：白露夜寒白天热，播种冬麦好时节，灌稻晒田收葵花，早熟苹果忙采摘。

秋分：秋分秋雨天渐凉，稻黄果香秋收忙，碾谷脱粒交公粮，山区防霜听气象。

寒露：寒露草枯雁南飞，洋芋甜菜忙收回，管好萝卜和白菜，秸秆还田秋施肥。

霜降：霜降结冰又结霜，抓紧秋翻蓄好墒，防冻日消灌冬水，脱粒晒谷修粮仓。

立冬：立冬地冻白天消，羊只牲畜圈修牢，培田整地修渠道，农田建设掀高潮。

小雪：小雪地封初雪飘，幼树葡萄快埋好，利用冬闲积肥料，庄稼没肥瞎胡闹。

大雪：大雪腊雪兆丰年，多种经营创高产，及时耙耘保好墒，多积肥料找肥源。

冬至:冬至严寒数九天,羊只牲畜要防寒,积极参加夜技校,增产丰收靠科研。

小寒:小寒进入三九天,丰收致富庆元旦,冬季参加培训班,不断总结新经验。

大寒:大寒虽冷农户欢,富民政策夸不完,联产承包继续干,欢欢喜喜过个年。

“二十八宿”

我们阅读中国古代神话小说,经常可以发现“二十八宿”。尤其是《西游记》,“二十八宿”成了协助唐僧师徒赴西天取经的得力神将。

其实,二十八宿是我国天文学家为观察天象及日、月、星辰在天空中的运行,在黄道带与赤道带两侧绕天一周,选取二十八个星宫作为观察时的标志。它以北斗星斗柄所指的角宿为起点,依次排列,平均分为四组,每一组七宿,与东西南北四个方位和苍龙、白虎、朱雀、玄武(龟蛇)四种动物相配,称为“四象”。其名称和四象的关系是:

东方苍龙:角、亢、氐、房、心、尾、箕;

北方玄武:斗、牛、女、虚、危、室、壁;

西方白虎:奎、娄、胃、昴、毕、觜、参;

南方朱雀:井、鬼、柳、星、张、翼、轸。

关于二十八宿与四象的记载,早在战国初期即已发现。后来,逐渐加以系统化。一些统治者为了把自己说成是天神下凡,便也把周围的文臣武将附会为天上的星宿。最有名的要算是东汉初期,更是直接把与刘秀一同起事的功臣封为“二十八宿”。汉明帝时亲自派人将这些宿将图画于南宫云台阁,以彰其绩,使后人瞻仰。这“二十八宿”中,最为百姓熟悉的有太傅邓禹(刘秀手下第一功臣),大司马吴汉,左将军贾复(戏剧中盘肠大战的猛将),建威大将军耿弇,卫尉铫期,捕虏将军马武。有一个人,曾为东汉的创建立下了汗马功劳,但却未被列入“二十八宿”,此人便是极有名气的伏波将军马援。对此,当时就有人提出异议,皇帝说是为了避嫌(因马援之女为皇后)。后人也觉得马援很冤,无论其人品功德,均不应被排除在“二十八宿”之外。可见,这“二十八宿”并非天上星宿下凡,只不过是由皇帝一口说定的。

从神话小说中所塑造的“二十八星宿”形象看却并不是严肃的，似乎是开个玩笑，把他们说成是二十八种动物，有的是极常见的六畜，无论如何也引不起对他们的尊敬。对这些形象稍加分析可见有一定规律，即每四个为一组，按日月金木水火土排列，可排成七组：

日：星日马、昴日鸡、虚日鼠、房日兔；

月：毕月乌、危月燕、心月狐、张月鹿；

金：牛金牛、鬼金羊、娄金狗、亢金龙；

木：角木蛟、斗木獬、奎木狼、井木犴；

水：箕水豹、壁水㺄、参水猿、轸水蚓；

火：尾火虎、室火猪、觜火猴、翼火蛇；

土：女土蝠、胃土雉、柳土獐、氐土貉。

当然，我们并不以貌取人，只要这些“动物”肯为百姓做好事，不管是飞禽，还是走兽，都应当表示欢迎。这一点，唐僧师徒也很明白，不然他们是取不回经的。

“三十六行”

根据社会分工，有所谓“三十六行”之说。这一说法，大约始于唐代。据《清波杂录》记载，三十六行内容如下：

肉肆行、宫粉行、成衣行、玉石行、珠宝行、丝绸行、纸行、海味行、鲜鱼行、文房用具行、茶行、竹木行、酒米行、陕器行、顾绣行、针线行、汤店行、药肆行、扎作行、仵作行、巫行、驿传行、陶土行、棺木行、皮革行、故旧行、酱料行、柴行、网罟行、花沙行、杂耍行、彩舆行、鼓乐行、花果行等。

到了宋代，随着生产的发展，行业也逐渐增多。徐珂《清稗类钞·农商类》中说：“三十六行者，种种职业也。就其分工而约计之，曰三十六行；倍之，则为七十二行。”可见唐时的三十六行，至宋代已经增加为七十二行了。元朝时期，又把七十二行转记为一百二十行。如《元曲选·关汉卿》云：“想一百二十行，门门都好着衣吃饭。”

至于“三百六十行”之说，最早见于明代田汝成的《西湖游览志余》，谓“杭州三百六十行，各有市语也”，明杂剧《白兔记·投军》中也有此说。不过，史籍中查无这些新增行业的记载。到了现代，社会的行业分工越来越

细，与其相适应，便产生了更多的难以计数的种种行业。对于这些行业，即使是用“三百六十行”，也是远远不能概括的了。因此，“七十二行”或“三百六十行”之说，是含有天下全部行业之意，是前人对各行业的统称，并非实指。

“三十六计”

《三十六计》是我国古时的一部兵书。作者杨南柯，秦朝咸阳人。这是根据我国古代卓越的军事思想和丰富的斗争经验总结而成的兵书，是中华民族悠久文化遗产之一。“三十六计”一语，语源可考自南朝宋将檀道济(?~436年)，据《南齐书·王敬则传》：“檀公三十六策，走为上计，汝父子唯应走耳。”意为败局已定，无可挽回，唯有退却，方是上策。此语后人赓相沿用，宋代惠洪《冷斋夜话》：“三十六计，走为上计。”及明末清初，引用此语的人更多。于是有心人采集群书，编撰成《三十六计》。但此书为何时何人所撰已难确考。

全书共分六套计，前三套是处于优势之计。后三套是处于劣势之计。

胜战计：瞒天过海、围魏救赵、借刀杀人、以逸待劳、趁火打劫、声东击西；

敌战计：无中生有、暗度陈仓、隔岸观火、笑里藏刀、李代桃僵、顺手牵羊；

攻战计：打草惊蛇、借尸还魂、调虎离山、欲擒故纵、抛砖引玉、擒贼擒王；

混战计：釜底抽薪、浑水摸鱼、金蝉脱壳、关门捉贼、远交近攻、假途伐虢；

并战计：偷梁换柱、指桑骂槐、假痴不癫、上屋抽梯、树上开花、反客为主；

败战计：美人计、空城计、反间计、苦肉计、连环计、走为上。

其中每计名称后的解说，均系依据《易经》中的阴阳变化之理及古代兵家刚柔、奇正、攻防、彼己、虚实、主客等对立关系相互转化的思想推演而成，含有朴素的军事辩证法的因素。解说后的按语，多引证宋代以前的战例和孙武、吴起、尉缭子等兵家的精辟语句。《三十六计》是我国古代兵

家计谋的总结和军事谋略学的宝贵遗产，为便于人们熟记这三十六条妙计，有位学者在三十六计中各取一字，依序组成一首诗：金玉檀公策，借以擒劫贼。鱼蛇海间笑，羊虎桃桑隔。树暗走痴故，釜空苦远客。屋梁有美尸，击魏连伐虢。全诗除了"檀公策"外，每字包含了三十六计中的一计，依序为：金蝉脱壳、抛砖引玉、借刀杀人、以逸待劳、擒贼擒王、趁火打劫、关门捉贼、浑水摸鱼、打草惊蛇、瞒天过海、反间计、笑里藏刀、顺手牵羊、调虎离山、李代桃僵、指桑骂槐、隔岸观火、树上开花、暗度陈仓、走为上、假痴不癫、欲擒故纵、釜底抽薪、空城计、苦肉计、远交近攻、反客为主、上屋抽梯、偷梁换柱、无中生有、美人计、借尸还魂、声东击西、围魏救赵、连环计、假道伐虢。

第五章　语言文字专家

朱　星

朱星(1911～1982),字星元,是我国著名语言学家。其研究范围涉及古今汉语语法、词汇、修辞、文字、音韵、训诂及普通语言学、语言学史,乃至通俗语文教育等各个方面。

朱星历任河北天津师范学院中文系语言学教授、系副主任、副教务长、副院长,天津市语文学会副理事长,天津市科学联合会社会科学部副主任委员,河北北京师范学院中文系语言学教授、副院长,河北师范学院副院长,中国大百科全书出版社编审,天津师范学院副院长,中国语言学会理事,中国音韵学研究会理事等。

在古代汉语研究方面,著有《古代汉语概论》、《古代汉语》、《学习古代汉语必须重视古音韵》。

在现代汉语语法研究方面,著有《汉语语法学的若干问题》一书。该书分为 24 个小题目,讲语法学的基本知识与理论知识,也可被看做是有关现代汉语语法研究史的著作。

在汉语史方面,著有《普通话小史》、《汉语普通话的来历》、《古音上的几个问题(提出一个汉语史观问题)》、《汉语史的分期——与李行健同志商榷》、《汉语通语的历史发展》。

在汉语语义学研究方面，著有《试谈汉语语义学》、《汉语词义简析》等。

在文字学方面,著有《周易解放》、《识字教学的基本知识》。

在普通语言学方面,著有《语言学概论》一书。

在训诂学方面,著有《评说文通训定声》、《新训诂学》。

另著有《新文体概论》、《河北方言概述》、《中国文学语言发展史略》、《中国古代文化知识》、《金瓶梅考证》、《中国语言学史》、《注释研究》、《古

汉语概论续编》、《中外语法比较》、《古代外语文法比较》、《汉语难句简释》等。

朱起凤

朱起凤(1874～1948),字丹九,海宁袁花人。出身书香门第,聪明过人,13岁能即席吟咏,15岁应童子试入选。17岁拜海盐名儒徐麟石为师,第二年补廪生。历任硖石米业学堂和国学专修馆教员、硖石图书馆馆长。1911年参加同盟会。辛亥革命南京光复后,参加铁道专家徐骝良组织抢修铁路的铁道大队,随革命军北上,起凤任大队秘书。后任津浦铁路南局秘书。二次革命失败后,回乡潜心著述。后应聘为教育部国语统一筹备委员会特约编纂员,并曾参加编辑《辞海》。毕生研究文字训诂之学。主要著作有《辞通》,凡300余万言,其中收集汉语双音词(包括双声、叠韵、联词、复合双音词等)约4万条,用同声假借等方法加以整理,博举例证,说明其用法、出处,每条下并加按语,阐述该词千百年来形、音、义三者的流变,对阅读和研究古汉语颇有参考价值。《辞通》1934年由开明书店出版后,海内外学术界评价很高,与《辞源》、《辞海》并称中国三大辞书。后两书是集合数十人力量编纂多年才完成的,而《辞通》则是朱起凤独立编成,在中外辞书史上实属罕见。朱起凤在训诂学、校勘学、考订学方面都有很深的造诣。

著有《辞通》、《字类辨证》、《古欢斋杂识》、《尚书正诂》、《周易经正诂》等。

《辞通》初名《蠡测编》,后更名为《读书通》、《新读书通》,最后按照出版社的意见定名为《辞通》。1934年以上下两大册形式由上海开明书店出版。《辞通》的编纂,从搜集资料到研究考订、编次誊写等一切事务都由作者一人完成。全书共300多万字，汇集古籍中各种类型的双音词约4万条。该书重在“因声求义”,所以“以韵分部”。作为一部网罗齐备,集双音词通假之大成而又便于检索的专门词典,其中对古汉语异形词,特别是普遍存在的假借问题这一阅读古书的大障碍进行了很好的研究和解决，在学术上和应用上都具有极大的价值。上海古籍书店1982年影印重版此书。

赵少咸

赵少咸(1884～1966),名世忠,字少咸,语言文字学家。平生致力于汉语语音词义之学,曾任教于成都高等师范、成都大学、四川大学、华西大学、中央大学等校,解放后任四川大学中文系教授。

著有《'广韵'疏证》、《'经典释文'集说附笺》,另有《新校'广韵'》、《古今切语表》、《'说文'集注》、《'广韵'谐声表》等专著,均未正式出版。《新校'广韵' 叙例》、《古今切语表叙》、《斟段》、《跋十三经音略》、《史籀篇疏证辨》、《批判胡适的'人声考'》、《谈反切》、《'广韵'和'《广韵》疏证'》、《'切韵序'注释》等。

章炳麟

章炳麟(1869～1936),号太炎,语言文字学家。是中国传统语言学的集大成者,朴学大师。他博通经史,精研文字、音韵、训诂之学,在使传统的小学脱离经学附庸的地位而成为独立的语言科学方面起了巨大的作用。著述均见于《章氏丛书》和上海人民出版社1980年始陆续出版的《章太炎全集》中。

章炳麟出身书香门第,幼年跟随外祖父读经,接受启蒙教育;后又在其长兄指导下"一意治经,文必法古"。1890年,赴杭州入"诂经精舍",师从经学大师俞樾,兼向黄以周、高学治、谭献等著名学者问学,深造七年。甲午战争后,"遭世衰微,不忘经国,寻求政术,历览前史",同时,开始涉足西学,觅取"学理"。戊戌政变后,因参加维新运动遭通缉,逃到台湾,担任《台湾日日新报》记者。1895年,东游日本,初次会晤孙中山。1903年,在上海因"苏报案"被捕入狱三年。1906年出狱后,加入中国同盟会,任《民报》主编。1911年,回国后被聘为孙中山总统府枢密顾问。1913年,宋教仁遇刺后只身赴京声讨袁世凯,被禁锢三年。1917年,参加护法军政府,任秘书长。1924年,脱离孙中山改组的国民党,"既离民众,渐入颓唐"。"九一八"事变后,年过花甲的章太炎再度拍案而起,奔走于京沪等地,呼吁抗日。1935年,为"阐扬国故,复兴国学",在苏州再办"章氏国学讲习会",以讲学为业。

章炳麟在汉语音韵学方面的成就主要体现在以下几点:

1. 修正王念孙、江有诰的古韵分部，定古音为23部；

2. 首次用汉字描写古韵的音值；提出“古音娘日二纽归泥说”，定古声母为21纽；

3. 注重受梵语语音学影响的音理是其古音学研究的特点；

4. 他继孔广森之后，进一步提倡“阴阳对转”、“旁转”的学说，创造《成均图》，旨在以通转的理论学说解释文字的转注、假借与孳乳的现象。

这些成果集中反映在《国故论衡》《文始》两书中。其中《文始》一书是我国汉语史上第一部理论、方法、体例都初具规模的语源学著作。《新方言》一书利用汉语音韵学来讲解方言词汇，根据语言发展变化的规律，以古语证今语，以今语证古语，以义正声或以声求义，对汉语语源的研究有较大影响。他对儒家经籍、先秦诸子及汉儒著作和史书上的字义的考释，对训诂研究的发展具有重要的参考和指导价值。

周定一

周定一，当代语言学家。笔名周因梦、因梦、许令芳、尹梦华等。湖南省酃县人，1913年11月生。1935年入北京大学中文系，1939年在昆明西南联合大学毕业。毕业后曾在云南任中学教员，后回西南联大中文系任助教等职务。抗日战争胜利后，在北京大学中文系和文科研究所任职。新中国成立后，1950年6月从北大调入中国科学院语言研究所工作。

周定一发表了《词汇的新陈代谢》、《扬雄和他的<方言>》、《博闻强记的郭璞》、《论文艺作品中的方言土语》、《“音译词”和“意译词”的消长》、《所字别义》、《汉语方言的分布情况》、《汉语方言和拼音文字》、《谈汉语规范化》、《语言科学在党的领导下向前迈进》、《努力发挥拼音字母对推广普通话和识字教育的作用》、《汉语语言科学的通俗普及工作》、《学习鲁迅，为汉语规范化而努力》等文章。周定一还曾接受领导交给的任务，承担《罗常培语言学论文选集》的编辑工作，协同谭全基修订原来由郑奠、谭全基编的《古汉语修辞学资料汇编》。花了近两年的时间，把原来八十多万字的《古汉语修辞学资料汇编》稿本整理成四十多万字的定稿。现在这部重要的学术资料终于由商务印书馆出版了，但他并未署名，只写了个简短的

1982 年，在北京市语言学会首届年会上，他提交了一篇札记——《< 红楼梦 > 词义演变一例》。此文以“妥协”一词为例，说明这个词跟它意义相近的一些词的关系，以及这个词怎样由《红楼梦》的用法逐渐演变成今天的用法的。

曾运乾

曾运乾是我国音韵学家。曾历任东北大学、中山大学、湖南大学教授。曾运乾在考古、审音方面的造诣颇高。在音韵学方面的贡献主要表现在对“声纽”的研究上。曾运乾提出了古纽“喻三归匣”“喻四归定”的论点和《切韵》音系不只是韵类有洪熙的区别，声类也有洪熙的不同。

曾运乾著有《切韵五声五十一纽考》、《喻母古读考》、《六书释例》、《说文转注释例》、《论双声叠韵与文学》、《声学五书叙》、《读敖士英关于研究古音的一个商榷》、《广韵韵目原本陆法言切韵证》、《等韵门法驳议》、《毛诗说》、《三礼说》、《荀子说》、《庄子说》、《尚书正读》等。1996 年，中华书局将其末刊论著如《宋元明清之等韵学》、《广韵学》、《广韵之考订》、《古纽及古韵学》等和已刊的部分论著合在一起，以《音韵学讲义》为名出版。

赵元任

赵元任留学美国康奈尔大学，修数学、哲学，后入哈佛大学，获哲学博士学位。后曾历任康奈尔大学物理学讲师、哈佛大学哲学讲师和教授、清华学校研究院导师、中央研究院历史语言研究所研究员兼语言组主任、夏威夷大学教授、耶鲁大学教授、加利福尼亚大学伯克利分校教授、美国语言学会会长、北京大学名誉教授等。

赵元任的研究领域十分广泛，涉及语言学的许多方面，此外还有哲学、物理学、音乐等。在语言文字学领域的贡献主要集中在国语运动、汉语方言研究、汉语语法研究、语言学理论研究、语音研究和记音方法及记音工具的研究等方面。

在国语运动和文字改革方面，他是国语罗马字的主要制定者之一。著有《国语罗马字常用字表》、《中国通字方案》、《国语罗马字语威妥玛式拼法对照表》、《注音符号总表》、《通字方案》等。

在汉语方言研究方面，赵元任曾用十多年的时间参与调查了吴语、粤语、徽州话及江西、湖南、湖北三省的方言。发表了如《现代吴语的研究》、《中国方言中爆发音的种类》、《钟祥方言记》、《中山方言》、《湖北方言调查报告》、《台山语料》、《汉语常用植物词》、《汉语称呼语》、《湖南方言调查报告》、《绩西岭北音系》、《北京、苏州、常州语助词的研究》等方言调查报告和专题论文。

在汉语语法研究方面，赵元任著有《国语入门》、《中国话的文法》、《汉语口语语法》、《北京口语语法》等。

张世禄

语言学家张世禄1926年毕业于南京国立东南大学。张世禄教授在语言文字学的研究与教学方面，涉及的范围很广泛，无论是古汉语的文字、音韵、训诂，还是现代汉语的语音、语法、词汇、修辞，甚至是普通语言学方面，都有很深的造诣。曾任职于福建厦门集美学校、上海商务印书馆、暨南大学、光华大学、云南大学、坪石中山大学、桂林师范学院、贵州大夏大学、重庆中央大学、重庆大学、四川教育学院、中央大学、南京大学、金陵女子文理学院、华东师范大学、复旦大学等校。

张世禄教授主要著作有《中国音韵学史》、《中国音韵学》、《广韵研究》、《中国声韵学概要》、《中国古音学》、《音韵学》、《语言学原理》、《语言学概论》、《语音学纲要》等。译有《语言学通论》、《小学词汇教学基本知识讲话》、《普通话词汇》、《小学语法修辞》、《汉字改革的理论和实践》等。论文有《词汇讲话》、《词义和词性的关系》、《汉语历史上的词汇变化》、《基本词汇的性质》等。

他早期的研究以中国音韵学和普通语言学为主。他认为中国的语言学需受西方语言学理论的指导才能成为一门真正独立的科学，并身体力行，以现代西方语言学理论和研究方法来研究中国传统的音韵学。《中国音韵学史》(上下，商务印书馆，1938年)该书是其音韵学方面最有影响的一部著作。该书共9章，从整个文化发展的角度阐明了音韵学发展变化的轮廓，指出中国音韵学在发展过程中曾受到两次外来文化的影响：因印度文化的输入，产生了反切的注音方法、四声的名称、字母等韵的建立和排

比等；西洋文化的输入，则促进了中国音韵学的科学化和国际化。该书是20世纪30年代继王力的《中国音韵学》(1936年)之后利用现代语言学理论系统地分析、研究中国音韵学的又一部力作。

周祖谟

语言学家周祖谟历任南京中央研究院历史语言研究所助理研究员，北京辅仁大学中文系讲师、副教授，北京大学中文系教授，《国学季刊》、《中国语文》、《语言研究》编委，普通话审音委员会委员，北京大学学术委员会委员，北京市语言学会副会长，中国音韵学研究会名誉会长等。

周祖谟教授在语言文字领域成果最为丰硕的当属在文字、音韵、训诂方面。其代表作《问学集》中收录了他自1934年至1962年间撰写的各种论文共44篇。陈述了他对汉语发展史、汉语研究史及历史方言研究等诸多方面的独特观点，为后人提供了丰富的史料和可贵的研究线索。周祖谟教授的另一部重要著作《汉魏晋南北朝韵部演变研究》探讨了自《周秦音》至《切韵》800年间韵部演变的过程。另外还有著作《唐五代韵书集存》、《广韵四声韵字今音表》。

周祖谟教授在古籍整理与校勘方面，著有《广韵校本》、《方言校笺》、《洛阳伽蓝记校释》、《尔雅校笺》、《释名校笺》等。

周祖谟教授在文字改革运动和汉语规范化方面积极提倡普及语文知识。《汉语词汇讲话》一书在汉语词汇通俗读物中影响比较大。他长期从事教学工作，在为祖国培养语言文字工作者方面作出了贡献。

张怡荪

藏语学家张怡荪1915年入北京大学学习国学。曾先后任教于北京大学、北京女子师范大学、清华大学、山东大学、四川大学等校，曾历任教授、四川大学文科研究所所长、《藏汉大辞典》主编。

他在语言文字领域的贡献主要体现在对藏语和汉语的对比研究及辞书的编纂方面。著作有《大藏经集论》、《藏汉语对勘》、《藏文书牍轨范》、《汉藏语汇》、《藏汉译名大辞汇》等。他的工作促进了汉藏语的比较研究，

突出的贡献。

张志公

语言学家及语文教育家张志公1937年入中央大学，后转入金陵大学外语系，学习外国文学和语言学。曾历任金陵大学、海南大学副教授，开明书店编辑，《语文学习》主编，人民教育出版社汉语编辑室主任，《中国语文》编委，人民教育出版社外语编辑室主任，中国文字改革委员会委员，语言研究所学术委员会委员，北京市语言学会会长，北京外语学会会长，全国中学语文教学研究会副会长，逻辑与语言研究会顾问，北京语文教学研究会顾问，中学语文教学顾问，语文教学与研究顾问，中国民主促进会中央委员会常务委员等。

张志公教授在语言文字学领域的贡献主要体现在汉语语法和修辞及语文教育方面。

在语法修辞方面，张志公教授著有《汉语语法常识》、《修辞概要》、《语法学习讲话》、《语法和语法教学》等。《修辞概要》一书打破以往修辞学著作以讲辞格为主的局面，而将修辞与语法联系起来，并讲到了风格学。此外，他的论文有《关于汉语句法研究的几点意见》、《语法研究的理论意义和实用意义》、《一般的、特殊的、个别的》、《可能的和必要的》等。

在语文教育方面，他著有《传统语文教育初探》、《漫谈语文教学》等。

此外，他还主编了《现代汉语》、《语文教学论集》、《张志公论语文教学改革》、《张志公文集》等著作。

张清常

语言学家张清常1937年毕业于清华大学研究院中文系。曾任教于浙江大学、西南联合大学、内蒙古大学、南开大学、清华大学、北京师范大学、北京语言学院等校，历任讲师、副教授、教授、天津语言文字学会副理事长、中国语言学会理事、中国音韵学研究会顾问等。

张清常教授在语言文字领域的贡献主要体现在音韵学研究、社会语言学研究等方面。早期致力于音韵、音乐、文学三者之间关系的研究。后

期致力于语音史、词汇史及社会语言学的研究。著有《中国上古音乐史论丛》、《胡同及其他——社会语言学的探索》、《北京街巷名称史话——社会语言学的再探索》、《语文学论集》、《战国策笺注》等专著。另有《中国声韵学里的宫商角徵羽》、《中国声韵学所借用的音乐术语》、《古今音变与旧文学的欣赏》、《中国上古 -b 声尾的遗迹》、《李登声类和"五音之家"的关系》、《北京音里边的一字异读问题》、《内蒙古自治区汉语方音与普通话语音对应规律》、《内蒙古自治区汉语方音概略》、《有关京剧十三辙实际运用的几个问题》、《古音无轻唇舌上八纽再证》、《< 中原音韵 > 新著录的一些异读》、《汉语"咱们"的起源》、《内蒙古萨拉齐汉语方言一瞥》、《内蒙古西部汉语方言构词法中一些特殊现象》、《中国古典诗歌平仄格律的历史经验》、《唐五代西北方言一项参考资料 < 天城梵书金刚经戏音残卷 >》等论文多篇。

张弓

语言学家张弓 1924 年毕业于武昌师范大学国文历史部。解放前曾先后任教于天津南开学校、南开大学、北京中国大学、中法大学、北京师范学院、北平临时大学等校。新中国成立后历任河北天津师院文史系教授、河北北京师院中文系教授、中国科学院河北省分院语文研究所研究员、河北大学教授、河北大学中文系主任、全国政协第五届委员、高等学校文字改革学会顾问、中国语言学会理事、河北省语文学会会长、河北省社联副主席、中国修辞学会名誉会长等。

张弓教授在语言文字领域的贡献主要体现在汉语修辞学的研究兼及汉语教学与词汇研究方面。在修辞学研究方面，张弓教授著有《中国修辞学》、《现代汉语修辞学》、《古汉语修辞学讲纲》等。

在汉语教学及词汇研究方面，张弓教授著有《现代汉语》、《现代汉语教学大纲》、《现代汉语同义词的几个问题》、《现代汉语修辞手段对词法词义因素的变通作用》、《现代汉语反义词探讨》等。

朱德熙

朱德熙是我国语法学家、古文字学家。1920 年 10 月 24 日出生在南京政府财政部盐务局一个高级职员家庭,家境富裕。早年习字、背诵古诗词,十一二岁起读古典小说。中学时代接受了进步思想,在上海积极参加抗日救亡运动。曾先后任教于清华大学、保加利亚索菲亚大学、北京大学等校。历任北京大学教授、中文系副主任、副校长、研究生院院长、博士生导师、中国社会科学院语言研究所学术委员会委员、中国语言学会副会长、《中国大百科全书》总编辑委员会委员、第六届全国人大代表等。朱德熙无比热爱教学工作,对教学精益求精,教学艺术炉火纯青,以渊博的学识把枯燥的语法课讲得引人入胜。他一生正直纯粹,光明磊落,追求真理,实事求是,不爱虚荣,淡于名利,严以律己,严谨治学,为祖国、为语言学事业倾注了毕生心血。为人谦虚质朴,温和敦厚,尊重前辈,笃于友情,喜爱音乐和绘画,尤爱昆曲,能笛会唱。尤其擅长京剧,拉一手好京胡,唱起来称得上是"字正腔圆",在系里表演常常博得阵阵喝彩。

他在语言文字领域的贡献主要集中在汉语语法研究、古文字研究及语文教育方面。

在汉语语法研究方面,著作有《语法修辞讲话》、《语法讲义》、《现代汉语语法研究》、《语法答问》。

在古文字研究方面,他著有《寿县出土楚器铭文初步研究》、《洛阳金村出土方壶之校量》、《战国记容铜器刻辞考释四篇》、《战国文字研究六种》、《信阳楚简考释》、《战国铭文中的私官》、《平山中山王墓铜器铭文初步研究》、《江陵望山楚墓竹简考释》、《银雀山汉墓竹简》、《马王堆一号汉墓遣策补释》、《朱德熙古文字论集》等论著。

朱德熙是汉语语法学界伟大的语言学大师，是一位富于开创精神的杰出学者，在中国语法学史上占有极其重要的地位。朱德熙在语法研究上以其独特的语法思想、科学的分析方法,深入地研究汉语语法现象,奠定了汉语描写语法的基础。他丰富而深邃的语法思想是我们的宝贵遗产,对汉语语法研究将产生深远的影响。这些学术成就也让他在国际上赢得了很高的声誉,中国香港、保加利亚、美国、法国、泰国、新加坡和澳大利亚

第七大学授予他荣誉博士学位。他为推动汉语走向世界，扩大中国文化的国际影响作出了积极的贡献。

张涤华

语言学家张涤华1937年毕业于武汉大学中文系。曾任教于国立安徽大学、安徽师范学院、合肥师范学院、安徽师范大学等校；曾任职于安徽师范大学教授兼语言研究所所长、《学语文》杂志主编、中国语言学会常务理事、安徽省哲学社会科学联合会副主席、安徽省语言学会会长、第五届全国人大代表、安徽省人大常委、安徽省语言文字工作委员会顾问、安徽省古籍整理委员会顾问、《汉语大词典》副主编、《全唐诗大辞典》主编等。

张涤华教授在语言文字领域的贡献主要体现在现代汉语的教学与研究、文字学及字书的研究等方面。在现代汉语教学与研究方面，著有《现代汉语》。在文字学及字书研究方面，著有《驳胡适关于标点符号起源的谬说》、《从字数上看汉字的演变》、《论 < 康熙字典 >》、《论秦始皇的书同文》等。

张涤华教授还著有《类书流别》、《张涤华语文论稿》、《汉语语法修辞词典》、《毛主席诗词小笺》、《古代诗文总集选介》、《全唐诗大辞典》、《毛主席对文学语言的经典指示及其重大意义》、《毛主席诗词的语言分析》、《互文和变文》(《语文学习》丛刊1979年第8期)、《读新版 < 辞海 > 偶识》等。

詹伯慧

詹伯慧教授，1953年毕业于中山大学语言学系。在汉语方言、汉语辞书、汉语应用和汉语规范等领域做了大量的研究工作，取得了许多令人注目的成果。历任武汉大学助教、讲师、副教授、教授，暨大复办后首任文学院长、教授，兼任香港大学中文系和语言学系名誉教授。1990年被国务院学位办评为博士研究生导师，在暨南大学中文系建立现代汉语博士点。1992年获国务院颁发有突出贡献证书，享受政府特殊津贴。1992年和1997年他连续两度被国家语言文字工作委员会评为全国语言文字先进

工作者,1997年暨南大学授予他“八五”(1991~1995)期间杰出科研工作者称号,2001年获评为暨南大学优秀研究生导师,2002年被评为暨南大学“十佳先进个人”。1988年他当选第七届全国人民代表大会代表,1993年和1998年又连续两届出任第八届、第九届全国政协委员。他连续15年在全国“两会”中积极参政议政,建言献策,获得过第九届全国政协优秀提案奖。詹教授是中国民主同盟盟员,自1988年起连续两届被选为中国民主同盟中央委员会委员及广东省委员会副主任委员。他又被推举为暨南大学首任老教授协会会长,现任该协会名誉会长。

詹伯慧教授早年参加由北京大学袁家骅教授主持的《汉语方言概要》的编写工作,负责编写粤方言和闽南方言两章,约占全书50万字中的三分之一。曾担任《汉语大字典》编委、《中国大百科全书语言文字卷》中方言分科的副主编。詹教授先后在法国高等社会科学院、新加坡国立大学、美国加州大学、香港大学、香港中文大学、香港科技大学以及台湾“中央”研究院等学术机构担任客座教授或开设讲座。

詹伯慧教授已刊著作逾30部,发表论文300多篇。先后出版过《汉语方言文集》、《语言与方言论集》、《方言共同语语文教学》、《漫步语坛的第三个脚印——汉语方言与语言应用论集》等4部个人的论文选集。詹伯慧教授还主编《珠江三角洲方言调查报告》、《粤北十县市粤方言调查报告》、《粤西十县市粤方言调查报告》、《汉语方言及方言调查》、《广州话正音字典》、《广东粤方言概要》。

周有光

周有光,原名周耀平,祖籍为江苏宜兴,1906年生于江苏常州。经济学教授,杰出的语言文字学家。周有光的曾祖父是清朝的官员,同时也在常州经营棉纺、织布、当铺等产业。清朝咸丰年间,太平军攻打常州,他的曾祖父全力支持清军守城,以家产供守城清军军饷,后常州城被攻破,曾祖父投水自尽,周家的雄厚家财尽失,从此家道开始衰败。周有光1923年开始就学上海圣约翰大学;1927年光华大学毕业。曾任教光华大学、江苏和浙江教育学院、复旦大学经济研究所教授、上海财经学院教授,兼任中国社会科学院研究生院教授。参加制订汉语拼音方案,提出方案的三原

则,该方案在1958年公布。主持汉语拼音正词法基本规则的制订,提出正词法的基本规则和内在矛盾, 基本规则在1988年公布。1979年至1982年出席国际标准化组织的文献技术会议, 该组织通过国际投票认定汉语拼音方案为拼写汉语的国际标准(1S07098)。参加制订聋人教育用的汉语手指字母方案(1963年公布)和汉语手指音节设计。1958年开始在北京大学和人民大学开讲汉字改革课程,讲义(汉字改革概论)1961年出版第1版,1979年第3版,1985年译成日文在日本出版。1980年开始,担任翻译不列颠百科全书的中美联合编审委员会和顾问委员会中国方面三委员之一。出版《新语文的建设》(1992)、《新时代的新语文》(1999),阐述语言生活的历史进程、人类的双语言生活、国家共同语和国际共同语的形成和发展。出版《中国语文纵横谈》(1992),提出汉字效用递减率、汉字声旁的有效表音率,阐述整理汉字的四定原则(定形、定音、定序、定量)。发表《现代汉字学发凡》(1980),出版《汉字和文化问题》(2000),倡导研究现代汉字学;上海师大、华东师大、北京大学先后开设现代汉字学课程。发表《汉语内在规律和中文输入技术》(1983),阐述按词定字的原理和拼音变换汉字的原理,提倡以语词、词组和语段为单位的双打全拼法,使拼音变换汉字技术代替字形编码,1983年制成软件。2001年选取90岁后发表的部分文章编成《周有光耄耋文存》,提倡华夏文化百尺竿头更上一步,适应信息化和全球化时代。先后共出版书籍20多种,发表论文300多篇。退休后,著述不断,2005年亦有《周有光百岁新稿》一书出版。曾任第四、第五、第六届全国政协委员。

作为出生在晚清的周有光,小时候接触的依然是《三字经》之类的书,"那时我们家的书很多,随便我看,但书都是文言,我都看不懂,小时候我对《三字经》也不感兴趣,"给周有光印象最深刻的还是《西游记》,"我们那一代人,小孩子认得几个字以后,都喜欢看《西游记》,不像现在可以看的东西多了,我们以前没什么好看的。"不过,周有光却坦言自己看《西游记》是看了两遍看懂的,"读书是件很好玩的事,第一遍看不懂,不要放弃,看第二遍,也许就能看懂了"。就是通过这样的阅读,周有光认为自己的"阅读能力也就提高了"。

1923年,周有光进上海圣约翰大学就读,"那时教会学校,图书馆随便去看,那时我不仅看中文书,也看英文书。"那时的周有光受到左倾思

潮影响,由此便决心阅读《资本论》,“对我们来说,《资本论》很重要,但是那时没有中文的,我埋头苦读英文版,结果看不懂,不是文字看不懂,而是内容看不懂。”由此,阅读的乐趣往往就跳跃在第一遍的不懂到第二遍的懂之间。

古往今来,学术界、文艺界乃至社会各界,都有一些被称为大师的人。人们崇敬大师,但往往并不清楚大师“大”在何处。我从著名语言文字学家周有光身上感受到一些非常独特的东西。

周有光先生已经103岁了,在不知情的人看来,他肯定已是老态龙钟、朽气十足了。然而,事实恰恰相反。他除了稍微有些耳聋之外,其他方面都“平安无事”,而且思维清晰,充满活力。何以如此?不妨讲两个我所知道的小故事。一是:周有光先生刚从上海调来北京时,住在沙滩原北京大学内民国初年为德国专家建造的一所小洋房里。说是小洋房,但分配给他的房间其实很狭小,而且年久失修,透风漏雨。就此,他专作《新陋室铭》予以写实:“卧室就是厨室,饮食方便;书橱兼作菜橱,菜有书香。”“门槛破烂,偏多不速之客;地板跳舞,欢迎老友来临。”二是:常听老年人说:“我老了,活一天少一天了。”周有光的想法则与此不同。他说:“老不老我不管,我是活一天多一天。”于是,他把81岁视为1岁,从头开始计算年龄。在他92岁的时候,有位小朋友给他送贺年卡,上面写的是:“祝贺12岁的老爷爷新春快乐!”见了这张贺年卡,他高兴得三天没睡着觉。

以上这些,已让我们十分惊奇了,但让我们惊奇的还远不止这些。譬如,他依然在坚持学习。他说:“学然后知不足,老然后觉无知。”他甚至把孔夫子的“学而不思则罔,思而不学则殆”改成了“学而不思则盲,思而不学则聋”。于是,退休以后,他阅读了大量专业以内和专业以外的有关文化和历史的书籍。他不仅自己坚持学习,而且尽一切可能教育别人努力学习、终身学习。前一时期,为大兴学习之风,助推学习型社会建设,中国逻辑与语言函授大学在历届学员中开展了“学习之星”评选活动,并编写、出版了《“学习之星”风采录》一书。就此,他专门致信学校说:“这是知识化时代的号角,祝逻大朝着‘大兴学习之风,助推学习型社会建设’的目标步步前进!”